Klar kenne ich einen Elefanten!
Ich kann ihn beschreiben, habe schon oft
einen gesehen, auf Bildern, als Zeichen-
trick, als Plüschtier. Ich weiß genau, was
ein Elefant ist und ich weiß es doch nicht.

Das wird mir klar, genau dann, als ich zum
ersten Mal einen wirklichen Elefanten
berühre. Ich stehe da und vergesse alles,
was ich davor zu wissen geglaubt habe.
Und so ist es ungefähr mit der Welt...

weit.

EIN REISEMAGAZIN

Vorwort

Wir liegen in Mexiko am Strand, als uns Julian, über den Rand seiner Hängematte hinweg, vorschlägt, gemeinsam ein Buch über unsere Reise zu gestalten. Der Freund von Patrick hat gerade erst seinen Job als Grafikdesigner gekündigt um mehr Zeit für Kunst und kreative Projekte zu haben. Bis zu diesem Moment hatten wir nur daran gedacht nach unserer Rückkehr die Reise filmisch zu verarbeiten. Doch die Idee klingt vielversprechend, zumal wir unterwegs neben Filmmaterial auch viele Texte, Fotos und Gedanken gesammelt haben. Und so beginnt in dieser lauwarmen mexikanischen Sommernacht die Reise dieses Magazins. Aus der Idee wird noch während Julians Sommerurlaub ein Konzept. Und als wir ihn nach unserer Rückkehr in Freiburg wiedertreffen, wird aus dem Konzept ein konkreter Entwurf. Wir lernen die spanische Illustratorin Marta kennen und verlieben uns auf ihrem Reise-Blog (rovingsnails.com) in ihre zauberhaften Zeichnungen. Als wir sie fragen, ob sie Lust hätte das Magazin zu schmücken, ist sie sofort dabei. Fehlt nur noch das Kapital. Deswegen starten wir im August 2016 eine Crowdfunding-Kampagne, um unsere Idee von Magazin und Kinofilm weiterreisen lassen zu können. Erfolgreich. Vielen Dank an all diejenigen, die schon früh an unser Projekt geglaubt und uns unterstützt haben!

Und nun, nach sieben Monaten Schreiben und Gestalten sitzen wir hier und tippen die letzten Worte für dieses Magazin. Ein Magazin, dass von einer Reise ins Vertrauen, von der Begegnung mit Menschen und Landschaften erzählt. Ein Souvenir, das wir nun gerne teilen möchten.

Neben Momentaufnahmen, Gedanken, Rezepten und Ratschlägen haben wir auch kleine Kurzgeschichten und Anekdoten gesammelt und im Magazin verteilt.

Uns zieht es hinaus.
Mit Rucksack, Zelt und nur dem, was wir wirklich brauchen.
Und das alles über land.
Nie den Kontakt zur Erde verlieren.
Immer Strecke spüren.
Über die Meere mit dem Schiff,
denn jeden Meter wollen wir mit all unseren Sinnen wahrnehmen,
mit Zeit reisen.
Wir lernen Grenzen kennen.
Wollen lernen was Verzicht heißt und was Genuss bedeutet.
Es ist der Versuch nicht mehr als fünf Euro am Tag auszugeben.
Zwei oder drei Jahre
Vielleicht mehr, vielleicht weniger.
Wir folgen unserem Weg, sind nichts Besonderes,
hören lediglich auf das Gefühl im Bauch.
Dabei sind Spontanität und Neugierde unsere engsten Begleiter.
Wir verlassen unser Zuhause, um zu lernen was für andere Heimat bedeutet.
Und es wird einen Film geben.
Irgendwann.
Denn dann sind wir so weit in den Osten gereist,
dass wir über den Westen wieder zurück gekehrt sind.

DIE ROUTE

Inhaltsverzeichnis

Momentaufnahmen

Gedanken

Ratschläge & Rezepte

Erstes

Osten

Jahr

DEUTSCHLAND
FREIBURG
ÖSTERREICH
SLOWENIEN
KROATIEN
SERBIEN
BULGARIEN
RUMÄNIEN
MOLDAWIEN
CHISINAU
OBYROK
UKRAINE
TÜRKEI

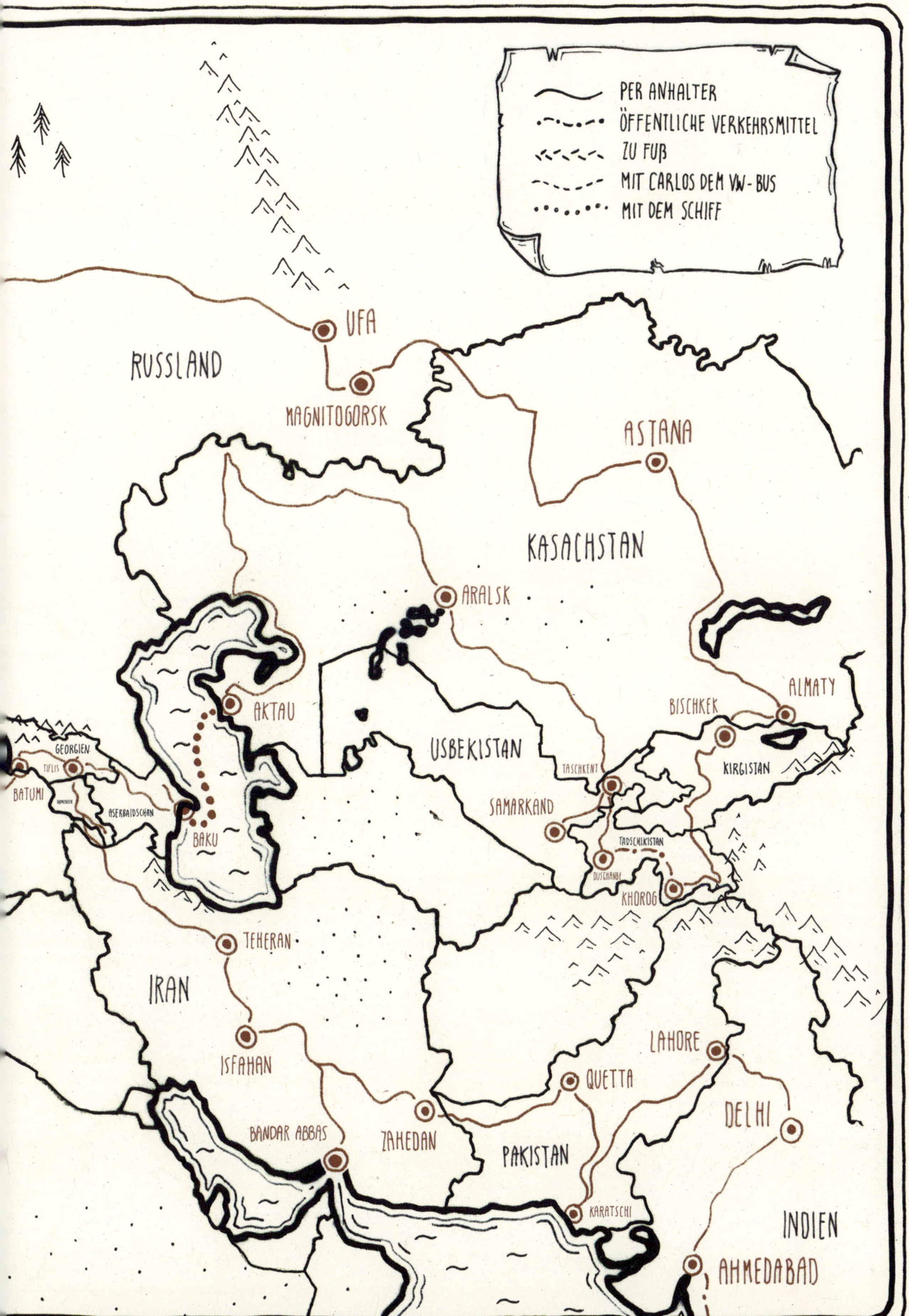
PER ANHALTER
ÖFFENTLICHE VERKEHRSMITTEL
ZU FUß
MIT CARLOS DEM VW-BUS
MIT DEM SCHIFF
RUSSLAND
UFA
MAGNITOGORSK
ASTANA
KASACHSTAN
ARALSK
AKTAU
ALMATY
BISCHKEK
KIRGISTAN
USBEKISTAN
TASCHKENT
SAMARKAND
TADSCHIKISTAN
DUSCHANBE
KHOROG
GEORGIEN
TIFLIS
BATUMI
ASERBAIDSCHAN
BAKU
TEHERAN
IRAN
ISFAHAN
BANDAR ABBAS
ZAHEDAN
QUETTA
PAKISTAN
LAHORE
DELHI
KARATSCHI
INDIEN
AHMEDABAD

Eigentlich ist es gar nicht so aufregend. Wir stehen nach dem Frühstück auf, machen noch einen ausgedehnten Spaziergang mit Freunden und Familie durch den Wald hinterm Haus und packen danach die letzten Dinge in unsere Rucksäcke. *„Auf Wiedersehen“* zu sagen, ist schmerzhaft. Zumal niemand weiß, wann wir uns wieder sehen werden. Doch irgendwann lösen wir uns aus den Umarmungen und laufen einfach los.

Vom Schwarzwald auf den Roten Platz

aus Osteuropa

Text — Gwen

An einem eigentlich ganz normalen Samstag im März. Unsere Familien und Freunde stehen vor dem Haus auf der Straße und winken. Mir laufen gleichzeitig Tränen der Freude und der Trauer die Wangen hinunter. Drehen wir uns vor der letzten Kurve noch einmal um? Ich kann es nicht sagen. Viel zu spannend ist, was vor uns liegt. Ich weiß nur noch, dass Patrick und ich uns anschauen und wissen: Ab jetzt liegt der Heimweg immer vor uns, nicht mehr hinter uns.

In einem kleinen Dorf im Osten Freiburgs beginnt unsere Reise. Hier steht mein Elternhaus. Hier fühle ich mich zuhause. Hier lauert hinter jeder Ecke eine Erinnerung. Bis in den Nachbarort Himmelreich laufen wir. Die Schritte sind schnell, wir schauen uns immer wieder an und können es nicht fassen. Jetzt ist es soweit. Der Moment, der so lange nur Fantasie war, ist jetzt Realität. Kurz vor einem Bushäuschen stellen wir unsere Rucksäcke an den Straßenrand. Wir stellen uns an die Straße, heben fast gleichzeitig die Hand und strecken den vorbeifahrenden Autos unsere Daumen entgegen. Oft sind wir beide schon per Anhalter unterwegs gewesen. Ich bin während meiner Schulzeit jede Ferien irgendwohin gereist. Meistens in den Osten Europas. Oder sonst wohin. Egal. Hauptsache unterwegs und irgendwie schwerelos. Patrick war meist mit alten VW-Bussen unterwegs. Aber einige Male hat auch er den Daumen als Fortbewegungsmittel genutzt. Zum Beispiel in Neuseeland, auf Zypern oder in Skandinavien.

Das erste Auto hält. Ein roter tiefergelegter Schlitten. Eine junge Frau mit wilden Locken steigt aus. Klar könne sie uns mitnehmen, meint Jasmin. Wohin soll es denn gehen? Wir kichern verlegen. Schlecht können wir jetzt antworten: *„Nach Himmelreich, aber aus der anderen Himmelsrichtung. Also erst einmal um die Welt. Müssen Sie da zufällig auch lang?“*. Stattdessen antworten wir nur: *„In den Schwarzwald“* und steigen ein.

Das erste Auto hält. Ein roter tiefergelegter Schlitten. Eine junge Frau mit wilden Locken steigt aus. Klar könne sie uns mitnehmen, meint Jasmin. Wohin soll es denn gehen?

Eine Freundin von mir hatte uns kurz vor der Abfahrt die Schlüssel zur Ferienwohnung ihres Vaters anvertraut. Im Herzen des Schwarzwalds wollen wir erst mal ein paar Tage einfach nichts tun, uns von den anstrengenden und zehrenden letzten Monaten erholen. Noch nie bin ich kräftemäßig so an meine Grenzen gekommen.

Um genug Geld für die Reise zu sparen, habe ich in einer Fabrik Löcher in kleine Metallplatten gebohrt und ausgeschliffen. Habe täglich etwa 2000 bis 4000 mal dieselbe Bewegung gemacht. In einem Spielzeugladen habe ich in der Weihnachtszeit knapp 5000 Geschenke verpackt und dabei über zwei Kilometer Geschenkpapier verbraucht.

Später habe ich noch in einem Versandhaus gearbeitet, habe wochenlang in einem Großlager Artikel in Kisten gepackt und versandfertig gemacht. Wer zu langsam war, musste gehen. Also bin ich Tag für Tag rund acht Kilometer durch die langen Regalreihen gehetzt. Ich brauchte den Job. An Wochenenden, und manchmal auch abends, habe ich zusätzlich in einem Seminarhaus gejobbt. In der Küche helfen, Essen servieren, unzählige Quadratmeter Böden putzen. Die Tage hatten nicht selten 12 Arbeitsstunden für mich.

Wir liegen auf dem großen Bett in der Ferienwohnung im Schwarzwald. Puh. Tut das gut. Schon jetzt nehmen wir uns vor, wieder öfters im Hier und Jetzt zu sein, die Dinge ganz bewusst zu erleben. Vieles wollen wir auf dieser Reise lernen: Langsam essen. So oft wie möglich unter freiem Himmel schlafen. Weniger Dinge brauchen. Und: Nicht zu viel Zeit mit Vorurteilen verschwenden.

In Slowenien schlafen wir die erste Nacht im Zelt. Es regnet und trotzdem, oder gerade deshalb, wirkt die kühle Nacht beruhigend und gemütlich auf uns. Ach, wie schön es ist, die Natur so nah zu wissen. Und wie einfach es ist, sich weit weg zu fühlen. Im Wald vor Ljubljana, keine 500 Meter von der Autobahn entfernt, auf einer kleinen Anhöhe im Dickicht.

Als wir am Morgen aufwachen, ist es warm im Schlafsack und trotzdem ist die Luft in unserem kleinen Zelt kalt und frisch. Der slowenische Wald liegt noch im Nebel, es ist schwer zu sagen, wie spät es ist. Und es ist auch egal.

Vor ein paar Tagen hat es noch geschneit. Jetzt können wir spüren, wie der Frühling uns mit kleinen Gesten begrüßt. Es gibt für mich keine

In einem kleinen ukrainischen Dorf begegnen wir Baba Uljana

schönere Zeit, als die ersten Monate eines Jahres. Wenn die Natur langsam wieder aufwacht.

Was du gibst, bekommst du auch zurück. Daran glaube ich jeden Tag mehr. Ich bin erfüllt von Zuversicht. Bin mir sicher, dass alles was nun vor uns liegt, einen Sinn ergeben wird. Dass es passt. Dass jede Entscheidung, die wir treffen werden, uns auf einen neuen Weg führt, uns eine neue Geschichte erzählt, eine neue wichtige Begegnung bringen wird. Da stehen wir mitten in der Welt, hangeln uns von Stadt zu Stadt, von Dorf zu Dorf, von Straße zu Straße.

Wir sind mittlerweile in Moldawien. Eine kleine versteckte Perle Europas. Wir stehen an der Straße und trampen. Ein Wagen hält, der Fahrer winkt uns selbstverständlich ins Auto. Voller Freundschaft spricht Anton mit uns. Behandelt uns wie lang erwartete Gäste. Nimmt uns mit nach Hause, gibt uns Essen und einen ganz persönlichen Einblick in sein Leben. Packt uns so viel Proviant ein, dass wir Schwierigkeiten haben, alles tragen zu können. Vor allem schenkt er uns aber ein wunderbares Bild von seiner Heimat und Erinnerungen, die bleiben werden. Zeigt uns, wie einfach es sein kann, Fremdem und Unbekanntem zu vertrauen.

Bis Moskau haben wir uns vorgenommen, kein Geld auszugeben. Diese Idee entsteht vor allem deswegen, da wir ab Moskau damit rechnen, die transsibirische Eisenbahn nehmen zu müssen. Wir sparen also sozusagen unser eigenes Gespartes, um uns dann die Tickets leisten zu können.

In großen Teilen Europas kann es einfach sein, ohne Geld zu reisen. Besonders in Supermärkten, Bäckereien, Restaurants oder Tankstellen gibt es Nahrungsmittel, die nicht mehr verkauft werden dürfen, aber für uns durchaus noch genießbar sind. Und wenn das Essen nicht verschenkt werden darf, dann kann man sich auch bestens des Nachts in Müllcontainern an „abgelaufenen" oder „unverkäuflichen" Lebensmitteln bedienen.

Wir kommen ohne Probleme und ohne Hunger bis nach Moskau. Auch, weil wir in der Ukraine für Kost und Logis zwei Wochen lang bei einem Frühlingsfestival mitarbeiten.

Ohne Geld zu reisen ist eine interessante Erfahrungen, die viel Mut verlangt aber ständig mit großer Intensität belohnt wird. Wir entscheiden in Moskau trotzdem, dass wir so nicht mehr weiterreisen wollen. Es ist kein gutes Gefühl, die eigene Herausforderung von anderen abhängig zu machen. Zum einen nicht, da es der Freiheit einen großen Abschlag tut. Vor allem jedoch, da es uns langfristig nicht als fair erscheint, andere Menschen in die Verlegenheit zu bringen, das Gefühl zu haben, uns helfen zu müssen. Lieber setzen wir uns ab jetzt ein Tagesbudget von fünf Euro am Tag für jeden, damit wir für die Befriedigung unserer Grundbedürfnisse unabhängig sind.

Beim Abendessen in Russland: Der Tisch ist voll gedeckt, die ganze Familie anwesend und traditionell wird nun auf das Zusammensein angestoßen. Mir fällt dabei auf, dass die Menschen sich nicht in die Augen schauen. Ich erzähle, dass wir zuhause sagen, dass das sieben Jahre schlechten Sex bringt. Beim nächsten Schnaps schauen sich alle in die Augen, besonders die 90-jährige Baba Soja nimmt es sehr ernst und hält extra bei jedem „Bling" inne und schaut ihrem Gegenüber tief in die Augen.

Einen Rucksack packen

Eigentlich dachte ich immer, dass es nicht so schwierig ist, einen Rucksack richtig zu packen. Bis ich mit Patrick auf Reise ging und er mich eines Besseren belehrte. Sein Rucksack war grundsätzlich verbeult, hing schief am Rücken und flog beim Abstellen immer gleich um.

Doch im Wesentlichen gibt es drei Faktoren, die beim Packen eines Rucksacks wichtig sind:

Wie viel?

Jedes noch so kleine Teil macht beim Tragen einen Unterschied. Deswegen: Gut überlegen, was man wirklich braucht. Ich habe sogar von Reisenden gelesen, die den Stiel ihrer Zahnbürste abschneiden, um Gewicht zu sparen. Als Richtwert gilt: Der Rucksack sollte nicht schwerer sein als 20 Prozent des eigenen Körpergewichts!

Ergonomisches Tragen

Ein schlecht gepackter oder zu schwerer Rucksack kann zu einem Taubheitsgefühl in Armen und Beinen führen und langfristig gesundheitliche Schäden verursachen. Deshalb unbedingt ergonomisch packen. Um den natürlichen Schwerpunkt nicht zu verlagern, möglichst keine Gegenstände außen an den Rucksack hängen! Ordnung und praktisches Packen (Regenjacke oben drauf schnallen, Mittagessen im Deckelfach...) sollten zweitrangig sein. Da Rucksäcke heutzutage sowieso viele Zugänge zu den Habseligkeiten haben, muss man sich lediglich merken, wo die Dinge sind und ist trotzdem immer mit einem Griff an den Sachen, wenn man sie spontan braucht. Auch wichtig: Ein fest auf den Hüftknochen sitzender Hüftgurt – das entlastet die Schultern enorm.

Stopfen

Jede Ecke sollte effektiv genutzt werden! Das Bodenfach, das sich häufig durch einen Reißverschluss von dem Hauptfach abtrennen lässt, sollte offen bleiben und mit dem Schlafsack, Jacken, falls vorhanden einer aufblasbaren Isomatte und anderen im Verhältnis zu ihrem Volumen leichten Gegenständen ausgestopft werden. Kleinere Dinge (wie zum Beispiel der Unterwäschebeutel oder die Regenkleidung (wenn es nicht gerade nach Regen aussieht) habe ich immer gnadenlos neben die größeren Sachen gestopft, bis keine Hand mehr zwischen die Rucksackwand und den Inhalt passte.

So wird der Rucksack kompakt, angenehmer zu tragen, stabiler und er bleibt auch stehen, wenn man ihn beim Trampen am Strassenrand aufstellt.es kommt seltener dazu, dass man Dinge, die keinen Platz mehr gefunden haben, in der Hand mit herum tragen muss.

„Eine russische Sommersuppe“

Okroshka

5 kleine Kartoffeln – gekocht, gewürfelt, abgekühlt
4 Eier – hart gekocht, gewürfelt, abgekühlt
eine Salatgurke – grob geraspelt
2 Frühlingszwiebeln – gehackt
5 große Radieschen – gewürfelt
je 3 Zweige Dill, Petersilie und Koriandergrün – fein gehackt
etwas Zitronensaft – nach Geschmack
Salz und Pfeffer – nach Geschmack
500 ml Kefir – kalt
(wenn nicht vorhanden kann auch Schmand oder Jogurt mit Wasser verdünnt werden)
200 ml Wasser – kalt

FÜR 4 PERSONEN

Alles in einer Schüssel vorsichtig vermengen und mit dem Kefir übergießen. Im Kühlschrank etwa eine Stunde ziehen lassen und danach kalt genießen. Für Nicht-Vegetarier: Die Suppe wird in Russland auch oft genutzt, um Fleisch- oder Wurstreste zu verarbeiten. Einfach würfeln und hinzu geben!

Foto – Janik Gensheimer

Um weiter zu trampen ist es eigentlich zu spät, um einen Zeltplatz zu suchen noch zu früh. Unschlüssig schauen wir uns um. Einen richtig guten Schlafplatz sehen wir hier auch nicht. *„Also gut, noch eine Stunde trampen“*, sage ich zu Patrick und hebe den Daumen zur Straße hin. Es dauert nicht lange und ein LKW kommt auf dem staubigen Standstreifen in einer Wolke aus Sand zum Stehen.

„In 400 Kilometern bitte wenden!“

Text — Gwen

aus Kasachstan

Der Fahrer, Andrej, streckt mir seine Hand entgegen als ich die steilen Stufen in die Fahrerkabine hinauf steige, nimmt mir den schweren Rucksack ab und verstaut ihn auf der Pritsche, die quer hinter die Sitze montiert ist.

Andrejs Bettzeug liegt fein säuberlich gefaltet auf dem Ende der Pritsche, auf die ich klettere um mich zu setzen. *„Aber nicht mit den Schuhen drauf“*, sagt er lachend und steckt sich eine Zigarette an. Er sei spät dran, müsse Äpfel von Weißrussland in Kasachstans Hauptstadt Astana bringen, meint er. Deswegen wolle er die vor ihm liegenden 800 Kilometer durchfahren. Gut für uns, denken wir noch, ohne zu ahnen, dass er schon seit den frühen Morgenstunden fast pausenlos unterwegs ist. Er dreht den Schlüssel im Zündschloss und der große LKW setzt sich schnaubend in Bewegung. Richtung Osten schieben wir uns durch das karge Land, vorbei an einsamen Dörfern, Pferdeherden und verstaubten Straßenrestaurants. Bei einem davon halten wir gegen Abend. Eine fettige Suppe mit Nudeln und großen Fleischstücken wird bestellt, dazu gibt es Brot. Andrej lehnt sich mit einem klebrigen Lächeln über die Theke, um der jungen Bedienung Komplimente zuzuflüstern. Diese winkt nur gelangweilt ab, scheint es gewöhnt zu sein, von den einsamen LKW-Fahrern umschmeichelt zu werden.

Der Tachograf, der eigentlich die Fahrzeit der Fahrer überprüft, kann ausgetrickst werden, meint Andrej und grinst. Und in Kasachstan kann man ohnehin für alles bezahlen, Polizisten verdienen hier so wenig, dass sie sogar auf Schmiergelder angewiesen sind. In Russland sei das nicht möglich. Viel zu streng und teuer, meint Andrej während er seine Schuhe auszieht und es sich auf seinem Fahrersitz gemütlich macht. Es ist eine unterhaltsame Fahrt mit Andrej, wir erweitern unseren Russisch-Wortschatz oder hören zusammen kasachisches Radio. Als es schon seit mehreren Stunden dunkel ist, bietet uns Andrej an, auf sein Bett zu liegen und ein paar Stunden zu schlafen. Er sagt, dass er immer die Nächte durchfahren würde. Wir sollen uns keine Sorgen machen. Ich schlafe unruhig, habe Angst, Andrej könnte einschlafen. Träume: Eine gute schnelle Autobahn. Wache auf: Holprige Wege. Um uns herum: Nichts. Steppe. Finsternis. Schlafe ein. Da, eine Kreuzung. Endlich. Es wird Morgen. Wache auf: Nichts. Träume: 20 km/h. Ein Baum, wir fahren einen Baum hoch. Patrick schreckt hoch, weckt mich. *„Was?“* Er schaut mich erschrocken an. Hat geträumt, wir hätten einen Unfall gebaut. Andrejs Augen sind klein. Er hält das Steuer nur noch schwer in der Hand. Seine Reaktionen sind langsam. Er lächelt nur müde, als ich frage, ob er noch fahren könne. *„Geht schon, geht schon“* murmelt er vor sich hin und kneift die Augen dabei eng zusammen, als würde ihn etwas blenden. Patrick bleibt von jetzt an wach und versucht, Andrej zu unterhalten. Ich wälze mich noch einige Stunden hin und her. Als sich die Landschaft um uns herum aus dem Grau der Nacht windet, gesteht uns Andrej, dass er sich verfahren hat, während wir geschlafen haben. In der Nacht ist er bei einer Baustelle, an der wahrscheinlich einzigen Kreuzung auf der sonst schnurgeraden Straße, falsch abgebogen. Er versucht, die Situation mit Humor zu nehmen, doch das Lachen will ihm nicht so recht gelingen. Er dreht sich beschämt zur Seite. Ich kann ihn nur schwer einschätzen. Ist er wütend? Verzweifelt? Traurig? Mit unserer Landkarte versuchen wir, uns zu orientieren, doch weit und breit sehen wir keinen Anhaltspunkt, an dem wir festmachen könnten, wo wir uns befinden. Wir fahren über kleine nur teilweise asphaltierte Straßen. Keine Häuser, keine Schilder, keine Markierungen an der Straße. Das Navigationssystem funktioniert nicht. Ob er ungefähr wisse, wo wir sind, frage ich Andrej. Er zuckt mit den Achseln. Da, ein kleines schiefes Ortsschild. Mit dem Finger fangen wir an, alle Orte südlich und nördlich der Straße abzusuchen, die wir eigentlich hätten nehmen sollen. Irgendwann stoßen wir viel weiter südlich als erwartet, auf das Dorf, in dem wir uns befinden. Wir sind schon über 400 km in die falsche Richtung gefahren, befinden uns mitten im zentralen Grasland von Kasachstan. Hier leben auf einem Quadratkilometer durchschnittlich fünf Menschen. Wir sind weiter von Astana entfernt als noch gestern Abend. Andrej lässt den Kopf auf das Lenkrad sinken. Er hätte ungefähr jetzt seine Ware abliefern sollen. Wir studieren die Karte und versuchen, eine möglichst kurze Route ausfindig zu machen. Es erscheint uns am sinnvollsten, das Grasland über kleine Straßen diagonal zu durchqueren.

Er dreht den Schlüssel im Zündschloss und der große LKW setzt sich schnaubend in Bewegung. Richtung Osten schieben wir uns durch das karge Land, vorbei an einsamen Dörfern, Pferdeherden und verstaubten Straßenrestaurants.

Umzudrehen und zurückzufahren würde zu viel zusätzliche Zeit kosten. Andrej willigt stumm in unsere Pläne ein und lässt sich anstandslos von uns leiten. Eine Pause einzulegen lehnt er jedoch immer noch ab. Er habe sich vollkommen unter Kontrolle, meint er und dreht dabei den Kopf gedankenverloren zum Fenster. Eigentlich sollten wir aussteigen, denke ich. Doch die Autos, die uns in den letzten Stunden entgegen gekommen sind, kann ich an einer Hand abzählen. Am Horizont sehen wir die gigantischen Skelette von sowjetischen Kolchosen an uns vorbeiziehen. Zudem haben wir kaum Wasser und Andrej jetzt alleine zu lassen, erscheint uns unfair. Patrick bietet an, den LKW zu fahren. Andrej schüttelt energisch den Kopf. Selbst wenn er einschlafen sollte, versuche ich mich zu beruhigen, würden wir höchstens in die Wiese fahren. Als wir gegen Mittag auf eine etwas größere Straße stoßen, wollen wir uns von Andrej verabschieden. Wir sind müde, sehnen uns danach unser Zelt irgendwo aufbauen zu können und zu schlafen. *„Bitte nicht“*, sagt er leise und schaut uns eindringlich an. Als Kompromiss können wir uns auf eine Pause einigen. Oberhalb der Pritsche kann ein zweites, etwa 60 Zentimeter breites Bett ausgeklappt werden. Ich schlafe sofort ein, doch nach drei Stunden klingelt Andrejs Wecker. Ohne sich zu beklagen, setzt er sich wieder hinter das Lenkrad. Ich selbst bin noch unbeschreiblich müde, schaffe es kaum in die Senkrechte.

Als es schon wieder dämmert, kommen wir endlich in Astana an. In einem matschigen Hinterhof parkt Andrej zwischen anderen LKW. Wir befinden uns am Stadtrand, im Industriegebiet. Jetzt ist es vollkommen dunkel. In einigen der anderen Kabinen brennt noch Licht, andere Fahrer scheinen schon zu schlafen.

Andrej lehnt sich seufzend zurück und öffnet feierlich eine Flasche Wodka. Er schenkt drei Plastikbecher voll und reicht sie grinsend in die Runde. Unsere Trinklust hält sich nach den anstrengenden letzten 30 Stunden in Grenzen. Aus Höflichkeit nippen wir aber ein bisschen an dem Getränk. Andrej hingegen trinkt die halbe Flasche leer, legt sich dann auf seine schmale Pritsche über uns und schläft ein.

Wir werden morgen unsere Sachen packen, weiter trampen und die Begegnung mit Andrej als Erinnerung behalten. Er wird morgen früh aufwachen, seine Ware ausliefern und sich danach auf den Heimweg machen. 3500 Kilometer nach Weißrussland. Und danach zu einem anderen Ziel. Immer wieder, hin und her, hin und her…

Jemand in Kasachstan erzählt uns, dass er seinen Führerschein verloren hatte. Wegen Alkohol am Steuer. *„Du kannst ihn gleich beim Polizisten zurückkaufen, das ist aber teuer. Oder du wartest bis zur Verhandlung, das geht ein paar Wochen, und du schmierst dann den Richter. Das ist schon billiger. Wer noch länger warten kann, geht dann nach der Verhandlung zur Polizei und lässt das Urteil fälschen. Das ist am billigsten. Niemand wartet, bis die Strafzeit abgelaufen ist.“*

In vielen Autos, in die wir in Kasachstan einsteigen, läuft Musik. Mit einer sehr hohen Wahrscheinlichkeit „Modern Talking“. Die Band ist nach wie vor sehr beliebt! Klingt in kasachischen Ohren auch immer noch tipptopp: „Dschinges Khan“ von der gleichnamigen Band.

RECHTS **Unermüdlich: Andrej aus Weißrussland.**
LINKS **Unverzichtbar: Unsere kleine Campingküche.**

Central Asia

Wir sind spät abends erst über die Grenze von Usbekistan nach Kasachstan gekommen, da blieb nicht mehr viel Zeit, einen schönen Zeltplatz zu suchen. Der Morgen danach lädt nicht wirklich zum Bleiben ein. Aber auch das gehört zum Draußen sein dazu. Nicht immer schläft man alleine und idyllisch unter dem Sternenhimmel.

Die grünen Berge sehen aus als wären sie mit Samt überzogen. Fast keine Bäume wachsen hier. Eng aneinander gereiht liegen geschwungene Hügellandschaften vor schneebedeckten Gipfeln. Wir stehen an einer zerfurchten Straße und wollen dort hinauf, wo das Grasland den Himmel zu berühren scheint.

Wo Menschen Pferdemilch trinken

Text — Gwen

aus Kirgistan

Ein kleiner Van hält. Omur und Ulan haben zwei Plätze frei und können uns mitnehmen. Zusammen schlängeln wir uns die steilen Bergstraßen hinauf, queren den Töö-Ashun-Pass und biegen dann Richtung Osten in das Hochland ab. Unsere Fahrer, die aus der Hauptstadt kommen, werden hier das Wochenende über einen Campingausflug machen und sich mit Freunden in den Bergen treffen. Als sie uns fragen, ob wir mitkommen wollen, sagen wir spontan ja und holpern nun also mit den beiden, vorbei an Jurten und Schafherden, in die Unendlichkeit der kirgisischen Wiesen. Wir befinden uns gute 2000 Meter über dem Meeresspiegel. Auf einem kleinen Schotterweg fahren wir mehrere Kilometer in ein Seitental.

Am Horizont sehen wir immer und immer wieder Pferdeherden auftauchen. Wer in Kirgistan Pferde besitzt, ist ein wohlhabender Mensch. Denn hier ist es Tradition, für große Veranstaltungen wie Hochzeiten oder Beerdigungen ein Pferd schlachten zu lassen. In Herden von bis zu 50 Tieren galoppieren die Pferde hier scheinbar frei durch das Tal. Die Hirten treiben sie hin und wieder in eine andere Richtung, zählen regelmäßig die Tiere und bringen gegen Abend die Stuten zu ihren Fohlen, die meist nahe der Jurten angebunden stehen, um sie zu melken. Milch ist ein wichtiges Nahrungsmittel für die Nomaden und wird entweder frisch genossen oder zum Gären in großen Eimern stehen gelassen, dann gerührt und mit einem Holzstab aufgeschäumt und als sogenannter „Kimys“ getrunken. So ist die Milch wesentlich länger haltbar und angeblich sehr gesund.

Für uns schmeckt das säuerliche Milchgetränk sehr gewöhnungsbedürftig und die Schalen, die uns gereicht werden, trinken wir langsam und nur mit viel Mühe aus.

Omur und sein Freund parken das Auto neben einem alten Bauwagen, in dem drei Hirten den Sommer verbringen, um ihre Schaf- und Pferdeherden über die saftigen Wiesen zu treiben. Wir setzen uns mit den Hirten auf den Boden und bekommen gleich eine Schale Kimys und einen Schnaps angeboten. Mir fällt auf, dass der jüngste der Hirten den Schnaps nicht anrührt. Später erfahren wir dann, dass es den Kirgisen untersagt ist, in Anwesenheit eines älteren Familienmitglieds zu trinken.

Wir sind dabei, als die Hirten die Stuten zum Melken holen und dürfen selbst auch einmal an das Euter. Es ist schwer, den Eimer zu balancieren und gleichzeitig mit dem Milchstrahl genau hinein zu zielen. Omur war bis vor kurzem Polizist und hat noch, wie wir nun alle präsentiert bekommen, seine Waffe.

Eine Dose wird in der Wiese aufgestellt und die Männer zielen auf das alte Blech. Peng. Die meisten Kugeln verschwinden im Gras. Als ich selbst die Waffe auch in die Hand gedrückt bekomme, überkommt mich ein mulmiges Gefühl. Noch nie habe ich eine geladene Pistole berührt und die Macht der Waffe liegt schwer in meiner Hand. Ich gebe sie Omur zurück, ohne auf die Dose gezielt zu haben. Einer der Hirten soll die Schafherde holen, sagt Omur jetzt und sofort wird ein Pferd herbei geholt. Ich darf mit auf den Rücken des Tieres und zusammen galoppiere ich mit einem der Hirten los. Wir umkreisen die aufgescheuchten Tiere und treiben sie in Richtung des Bauwagens. Als wir wieder zurückkommen, realisiere ich, warum wir die Herde geholt haben. Omur zeigt auf ein braunes Schaf in der Mitte der Herde. Der Hirte pirscht sich an, stürzt sich auf das Tier und bindet ihm die Beine zusammen. Er trägt es zu den Männern und selbstverständlich bilden sie einen Halbkreis um das Tier. Einer spricht einige Sätze, wohl ein Gebet, und alle heben dabei die Hände zum Himmel. Dann schneidet der Hirte dem schreienden Tier die Kehle durch. Ich muss mich abwenden. Für alle anderen Anwesenden wohl ein gewohntes Ritual, doch für mich zu heftig. Innerhalb weniger Minuten wird das Tier gehäutet, in eine Folie gewickelt und auf das Dach von Omurs Van gepackt. Ich muss gestehen, dass ich nicht unglücklich bin als wir kurz darauf die Hirten verabschieden, um noch ein kleines Stück weiter talaufwärts zu fahren, wo eine befreundete Familie von Omur schon Tische aufgestellt und Feuer gemacht hat.

Abends wird das Schaf in Stücke zerlegt und gegrillt. Traditionell bekommen Gäste das beste Stück vom Tier: Den Kopf. Durch die Speiseröhre des Tieres wird ein Stock geschoben, damit man so den ganzen Kopf über das Feuer halten kann. Es fängt sofort an, nach verbranntem Fell zu stinken. Mir zieht sich der Magen zusammen. Müssen wir das gleich essen? Mein Vegetarierinnen-Dasein habe ich in Zentralasien schon nach kurzer Zeit aufgegeben, da die Menschen hier wenig bis gar kein Verständnis dafür haben. Verständlich, Fleisch ist einer der wichtigsten Bestandteile der nomadischen Küche. Bestellen wir ausdrücklich kein Fleisch, bekommen wir Hühnchen.

Traditionell bekommen Gäste das beste Stück vom Tier: Den Kopf. Durch die Speiseröhre des Tieres wird ein Stock geschoben, damit man so den ganzen Kopf über das Feuer halten kann. Es fängt sofort an nach verbranntem Fell zu stinken. Mir zieht sich der Magen zusammen. Müssen wir das gleich essen?

Wollen wir auch das nicht, gibt es Fisch. Und sind wir damit auch nicht zufrieden, dann wird eben doch Fleisch gebracht. Aber einen ganzen Schafskopf? Während der Schädel an seinem Stock über dem Feuer schmort, wird bei den Männern hemmungslos getrunken und gegessen. Überall liegt Essen herum. Teile des Fleisches fallen auf den Boden, die Chipstüten liegen auf der Wiese verteilt. Aus Anstand trinken wir am ersten Abend noch einige Schnäpse mit, was ich aber am nächsten Morgen, oder eigentlich schon am selben Abend, schwer bereue. Nur einen Vorteil hat die Ekstase von Omur und seinen Freunden: Die Sache mit dem Schafskopf fällt, wortwörtlich, unter den Tisch und als es keiner mehr merkt, verschwinden wir heimlich in unser kleines Zelt, das wir etwas abseits auf einem kleinen Hügel aufgebaut haben.

Da uns der Alkoholkonsum auch am nächsten Morgen etwas zu exzessiv wird, distanzieren wir uns ein wenig von unseren kirgisischen Freunden und konzentrieren uns ganz und gar auf die malerische Landschaft um uns herum.

Mit einer Stute der Hirten machen wir einen mehrstündigen Ausritt über die grünen Berge. Von oben sehen wir das ganze Tal, wie es schlank und unendlich schön zwischen den gewaltigen Bergen liegt. Hier oben ist das Bild perfekt. Auf einer dieser dichten saftigen Wiesen, die mit wunderschönen bunten Blumen bespickt ist, übt Patrick ein wenig reiten und ich galoppiere so schnell ich kann durch das Grün. Die Stute ist gutmütig und sehr genügsam. Sie schenkt uns an diesem Tag eine der schönsten Erinnerungen der bisherigen Reise. Gegen Abend reiten wir zurück zu dem Camp. Die Männer sind schon (oder immer noch?) betrunken.

Keiner will uns heute mehr die Ehre des Schafkopfs erweisen. Hoffentlich waren wir gestern nicht unhöflich, denke ich. Doch finde gleichzeitig, dass man auch als Gast Grenzen setzten darf. Leicht neigen wir sonst dazu, in eine Rolle zu schlüpfen, um unserem Gegenüber vollen Respekt zu vermitteln. Das ist zwar gut und meiner Meinung nach eine sehr wichtige Eigenschaft für Reisende, doch ab einem gewissen Punkt müssen wir abwägen – werden unsere Prinzipien, unsere Lebensform durch den Respekt, den wir unseren Gastgebern gegenüber zeigen wollen, zu stark beansprucht oder sind wir im Ausgleich?

Am nächsten Morgen treffen wir zufällig auf Temur. Er hat uns einige Tage zuvor in Bishkek beim Trampen mitgenommen. Ein unfassbarer Zufall – außer uns und den Hirten befinden sich fast keine Menschen in diesem abgelegenen Seitental. Temur ist ein sehr gebildeter Kirgise aus der Hauptstadt. Mit seinen drei Söhnen und seiner Frau wohnt er gerade in einer Jurte, die nur wenige hundert Meter von hier hinter einem kleinen Bachlauf steht. Bis jetzt hatten wir sie noch gar nicht entdeckt, da sie sich geschickt hinter einer kleinen Gruppe Büsche versteckt.

Temur lädt uns ein, zu ihm in die Jurte zu kommen. Zum ersten Mal betreten wir eines der runden Nomadenzelte. Auf dem Boden liegen Teppiche in verschiedenen Farben und Mustern. Ein großes Tuch ist darüber ausgebreitet, auf dem kleine, frittierte Brotstückchen verteilt liegen. Die Stäbe, welche die runde Kuppel des Nomadenzelts tragen, sind orangefarben bemalt und mit filigranen blauen Mustern verziert. Eigentlich sieht es hier aus wie ich es von Bildern aus den mongolischen Jurten kenne. Es ist wunderschön und strahlt Behaglichkeit aus. Gleich bekommen wir eine Schale Kimys angeboten. Wir dürfen uns gegenüber des Eingangs auf den Boden setzten. Das signalisiert Respekt gegenüber den Gästen. Temur und seine Familie machen hier zehn Tage Ferien bei Verwandten. Oder besser gesagt machen sie eine Art Kur. Denn die ganze Familie trinkt sechs Mal am Tag eine Schale von der vergorenen Pferdemilch. Das reinigt den Körper, sagt uns Temur, der zu unserem Glück ein wenig Englisch spricht und uns deswegen viel über die kirgisischen Traditionen erzählen kann. Klar, denke ich, Kimys wirkt ja auch stark abführend.

Temurs Frau trägt ein buntes Kopftuch, so wie die meisten kirgisischen Frauen. Etwa zwei Drittel der Bevölkerung sind sunnitische Muslime und das Kopftuch ist hier, anders als im Iran, keine Pflicht. Es wird eher locker mit einem Knoten im Nacken um die Haare gebunden und gehört zum alltäglichen Erscheinungsbild der Kirgisinnen. Die älteren Männer tragen einen spitzen, bestickten Filzhut, der „wie die Berge Kirgistans“ weit in den Himmel reicht.

Bevor wir losgezogen sind, haben uns Freunde und Familienmitglieder kleine Aufgaben gestellt. Alle Aufgaben sind zeitlich, geografisch und finanziell unabhängig lösbar. Am ersten Tag eines Monats wird eine Aufgabe gezogen. Dieses Mal von Gwens Eltern: *„Legt in den nächsten vier Wochen ein besonderes Augenmerk auf die Kinder um euch herum.“*

S 9149 P

S 9149 P

Auf dem Weg nach Tadschikistan. Ab jetzt wird per Anhalter Reisen anspruchsvoll: Motorschaden, Reifenpanne, manchmal kommt für viele Stunden gar kein Auto...

S 9149 P

I. Wenn der Schnee nicht liegen bleibt

Der „Pamir“. Ein Begriff, den ich vor der Reise nicht kannte und gar nicht einordnen konnte. Hätte mich jemand vor einem Jahr gefragt, was das ist, hätte ich vermutet, dass es sich beim Pamir um ein Tier handelt. Oder etwas Essbares.

Wenn der Schnee nicht liegen bleibt

Text — Patrick

aus Tadschikistan

Jetzt sind wir mitten in Tadschikistan. Auf dem Pamir. Einer Hochebene, die nur über die zweithöchste Fernstraße der Welt zu erreichen ist. Der „Pamir Highway“ führt uns von Kirgistan nach Tadschikistan. Auf das Hochplateau, das über 3500 Höhenmetern liegt.

Kalt und karg erstreckt sich hier eine Weite, die mich fasziniert. Die ich mir stundenlang ansehen kann, obwohl es kaum etwas zu sehen gibt. Eine Landschaft aus Staub und Stein, braungrau und scheinbar ohne ein Fünkchen Leben. Kaum ein Baum, kaum Gras, fast kein Wasser. Nicht einmal Vögel fliegen über dem Gebirge. Vielleicht ist es gerade diese Übersichtlichkeit, diese Einfachheit, die mich in ihren Bann zieht.

Wir haben lange überlegt, ob wir hier oben trampen sollen. Fehlende Alternativen haben uns die Entscheidung abgenommen. Voll bepackt mit Zelt, Proviant und dem Nötigsten, um kalten Sommernächten zu trotzen, haben wir uns an die Straße gestellt und wurden tatsächlich, nach sieben Stunden, vom ersten Fahrzeug, das sich zeigte, mitgenommen.

Wir trampen nach Murgab. Das ist, wenn man so will, die Hauptstadt des Pamirs. 4000 Menschen wohnen hier auf 3600 Meter über dem Meeresspiegel. Die „Fußgängerzone“ besteht aus alten aneinander gereihten Containern, in denen sich die Bewohner kleine Läden eingerichtet haben. Es ist eine wunderliche Gegend hier oben. Fernab von der Welt wie wir sie kennen. Der Wind peitscht immer wieder über die Wege und lässt mich kurz frösteln. Und doch ist es Hochsommer. Das sieht man daran, dass der Schnee, der fällt, nicht liegen bleibt. Das sagt Husseinby. Er hat uns auf der Straße entdeckt, als wir seinen Kindern beim Spielen zugesehen haben. Die kleinen tadschikischen Buben haben getobt und herumgealbert und sich des Sommers erfreut. Husseinby hat uns in sein Haus eingeladen. Hier im Pamir, sagt er, gibt es ohnehin kaum Niederschlag und wenn etwas vom Himmel fällt, dann sei es eben immer Schnee. Regen gibt es so gut wie nie. Im Winter haben sie zwischen -20°C und -40°C. Dann liegen früh morgens sogar in der Wohnung die Temperaturen manchmal 20°C unter Null. Wenn es derart kalt ist, bildet sich sogar an der Innenseite des Schranks eine Eisschicht, erzählt er uns, bevor wir uns zum Tee setzen.

Wie er und seine Familie hier leben können, ist mir unvorstellbar. Die letzten 220 Kilometer von Kirgistan hierher haben wir keinen Baum gesehen. Keine Wiese, kein Feld. Nichts, was das Überleben sichern könnte.

Seine Frau antwortet auf die Frage, was sie im Winter essen, schlicht: Brot, Schaf- und Yakfleisch. Beide sprechen Russisch, langsam und geben sich Mühe, wenn wir etwas nicht gleich verstehen. Ihr Vorrat sind die Tiere und diese sind auch die einzige Möglichkeit, hier überleben zu können. Die Yaks und die Schafe sind zähe Zeitgenossen, fressen die kleinen Sträucher, die hier wachsen, bevor der Wind sie fortträgt. Es gibt erwartungsgemäß kein Holz auf dem Pamir, Murgab liegt oberhalb der Baumgrenze. Feuer machen die Menschen mit Torf oder Yak-Dung.

Sie sind ein Wunder, diese wenigen Menschen hier oben. In dieser besonderen Heimat. Und ob sie es wollen oder nicht:

Wenn ich wieder zuhause bin, in unserer Welt, die nicht ganz so übersichtlich ist wie die Welt hier oben auf dem Pamir, will ich an sie denken und hoffen, dass ihre Tiere durch den Winter kommen und sie nächstes Jahr wieder Sommertage haben werden, an denen der Schnee nicht liegen bleibt.

Husseinby und seine Familie laden uns zu sich nach Hause ein. Zu Tee mit gebratenen Schafinnereien.

„So groß ist die Höhe der Berge, dass keine Vögel in der Nähe ihrer Gipfel zu sehen sind, und wie außerordentlich es auch scheinen mag, es wurde versichert, dass wegen der Schärfe der Luft Feuer, die angezündet werden, nicht dieselbe Hitze geben wie in niedrigeren Gegenden (und) auch nicht so kräftig wirken bei Zubereitung von Speisen." (Marco Polo)

Vom Pamir geht es über Duschanbe (Hauptstadt Tadschikistans) nach Taschkent (Hauptstadt Usbekistans). Hier gibt es wieder Bäume und Vögel.

Tadschikistan besteht zu 93% aus Bergen.

Draußen zu sein ist die Freiheit unserer Reise. Die Natur gibt mir die nötige Kraft, die ich brauche um immer wieder weiterzuziehen. Nach einem anstrengenden und erlebnisreichen Tag gibt es nichts Erholsameres als im Zelt zu schlafen. Auf diesem Weg um die Welt ist das Draußensein eine Art Zuhause geworden. Ein Zuhause, das fast überall möglich ist. Und es passt wunderbar zum Trampen: Irgendwann gegen Nachmittag halten wir Ausschau nach einem schönen Platz in der Ferne. Bitten den Fahrer anzuhalten. Steigen aus.

Die Rucksäcke auf dem Rücken, eine Stofftasche mit Essen und mindestens einen Kanister mit Wasser in der Hand, wandern wir weg von der Straße. In einen Wald, in die Steppe, an einen Fluss, auf eine Wiese, an einen See, an einen Strand oder hinter einen Hügel. Laufen, bis wir einen schönen Platz für die Nacht gefunden haben. Gerne so weit, dass man die Straße nicht mehr hört und sieht. Das Zelt wird aufgebaut, eine geeignete Kochstelle ausfindig gemacht, Isomatte und Schlafsäcke werden im Zelt ausgebreitet, Jacken und Pullover als Kopfkissen gestapelt, die Rucksäcke in die immer selbe Ecke des Zeltes geschoben. Stirnlampen, Zahnbürsten, Tagebuch, Stift, Wasserflasche, Messer und Löffel: Alles hat einen festen Platz. Ich liebe diese Routine, wenn wir draußen sind. Sie ist unser Alltag und zeitgleich unsere Struktur in dieser bunten Welt um uns herum.

DRAUßEN

UNS ZIEHT ES HINAUS. MIT RUCKSACK, ZELT UND NUR DEM, WAS WIR WIRKLICH BRAUCHEN.

Wir kochen mit einem Benzinkocher oder, wenn es die Umgebung zulässt, über dem Lagerfeuer. Ohne die Bequemlichkeiten einer Kücheneinrichtung. Und trotzdem schmeckt es selten so gut wie draußen in der Campingküche.

Wenn wir wildzelten, haben wir nie Probleme. Wenn jemand vorbeikommt, erzählen wir von unserer Reise und davon, dass wir bald wieder weiterziehen werden. Ein paar Male werden wir daraufhin morgens sogar mit Frühstück überrascht.

In den ersten Wochen, in denen wir unterwegs sind, wache ich manchmal noch auf, weil ich mich vor einem Tier an unserem Zelt fürchte. Es ist jedes Mal nur der Wind. Die Angst vor wilden Tieren geht mit der Zeit. Als wir im Kaukasus, kaum entfernt von unserem Zelt, viele Schakale heulen hören, bin ich hellwach. Jemand in Kasachstan hat mal gesagt, vor wilden Tieren müsse man sich nur dann fürchten, wenn sie richtig hungrig seien. Und das sei immer nur nach einem langen, kalten Winter der Fall. Ansonsten hätten die Tiere mehr Angst vor den Menschen als die Menschen vor ihnen.

Draußen zu sein heißt auch, dem Wetter unmittelbar ausgesetzt zu sein. Das ist nicht immer angenehm: ein plötzlicher Regenschauer, 40 Grad in der Wüste oder überraschender Schneefall. Aber das gehört zum Draußensein eben dazu und macht die schönen Momente umso schöner. Wie wunderbar ist es, sich nach einem kalten Tag am Lagerfeuer die Hände zu wärmen und sich danach in den Schlafsack zu kuscheln. Als ich Gwen frage, was für sie Draußensein bedeutet, antwortet sie: *„Mich lebendig zu fühlen"*.

Wie wichtig das Zelt für uns ist, merke ich, als in der Mongolei unser „Haus" einstürzt. Hierzu ein Ausschnitt aus meinem Tagebuch:

„Das Auf- und Abbauen des Zeltes ist eine eingespielte Sache. Nach eineinhalb Jahren Reise sitzt jeder Handgriff, jede Bewegung. Und doch ist heute alles anders. Als wir eine der Zeltstangen in ihre gewohnte Bogenform spannen, knackst es und sie ist gebrochen. Unser Haus ist soeben eingestürzt. „Und jetzt?" Kraftlos stehe ich da, sehe Regenwolken am Horizont. Gwen ist, wie so oft in Ausnahmesituationen, wesentlich gelassener als ich und handelt: Sie trägt das Zelt in eine kleine Mulde, nimmt zwei Schnürsenkel und verknotet sie zu einer langen Schnur. Diese bindet sie an die noch funktionsfähige Zeltstange und zieht sie in die Höhe. Die Schuhbändel-Schnur klopft sie mit einem Hering in den Boden. Ich hatte zwischenzeitlich schon mit dem Gedanken gespielt, mich einfach mit der Zeltplane zuzudecken. Doch jetzt hat Gwen unser eingestürztes Haus wieder aufgebaut. Nicht wirklich gerade, aber den Umständen entsprechend perfekt. Wir richten uns ein, wünschen uns, dass es keinen Sturm oder heftigen Regen geben wird und schlafen ein."

Nicht immer bedeutet Draußensein auch gleichzeitig Ruhe, Weite und Freiheit. Manchmal haben wir Pech und enden abends auf einer vermüllten Raststätte, in einem Stadtpark oder in einem Industriegebiet. Das hat oft nicht den erwünschten Erholungswert und wir bemühen uns umso mehr, am nächsten Tag einen schöneren Platz weit draußen zu finden.

Die gigantische Kuppel über dem Chorsu Basar in Taschkent schützt die Menschen und die Waren vor dem trocken-heißen Klima Usbekistans.

Eindrücke von der Seidenstraße

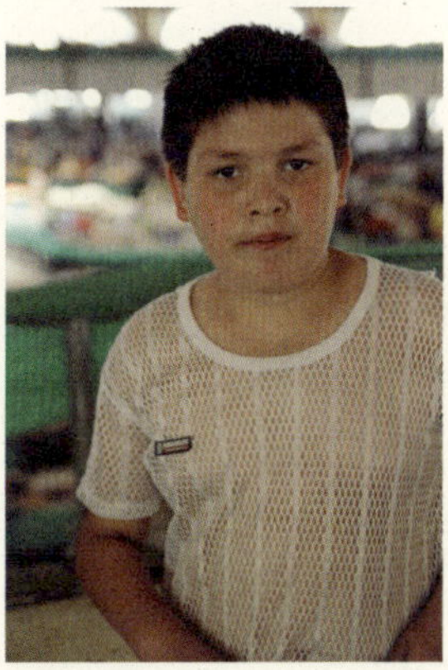

Als wir in Samarkand morgens in einen Linienbus steigen, will der Fahrer uns nicht bezahlen lassen. Stattdessen gibt er uns seine Handynummer und sagt, dass wir ihn auf dem Rückweg anrufen sollen, um wieder mit ihm mitfahren zu können. Das machen wir auch. Als wir also einige Stunden später wieder zu ihm in den Bus steigen, dreht er in der Scheibe vorne das Schild um, auf dem in großen Zeichen die Zahl seiner Buslinie steht und sagt: *„Ich zeig euch jetzt meine wunderschöne Stadt!“*

Den ganzen Tag fahren wir zusammen mit Nasir und seinem Busjungen durch Samarkand und erleben die Stadt und ihren orientalischen Zauber durch die Fensterscheiben eines Linienbusses.

In Usbekistan muss man sich jeden Tag offiziell registrieren lassen. Sonst drohen angeblich sehr hohe Geldstrafen. Beim täglichen Registrieren bekommt man von seinem Hotel eine Bescheinigung ausgestellt. Bei der Ausreise müssen diese Zettel vorgezeigt werden. Da wir von unseren Couchsurfing-Hosts diese Formulare nicht bekommen können, kaufen wir täglich eine Registrierung im naheliegendsten Hotel. Allerdings – bei der Ausreise will niemand unseren Zettelstapel sehen.

RECHTS **Die usbekischen Medresen in Samarkand. Beeindruckende Detailverliebtheit.**
LINKS **Man spürt immer noch, dass Usbekistan einmal zur Sowjetunion gehört hat. Obwohl das Land nun schon mehr als 20 Jahre unabhängig ist.**

Das erste Mal wird „Nicht-Fliegen" zur wirklichen Aufgabe. Wir bekommen kein Visum für Turkmenistan und müssen dann, 2000 Kilometer Umweg durch die kasachische Wüste trampen. Vorbei an den Überresten des Aralsees und Wüstenfriedhöfen. Es wird nun tagsüber bis zu 40 Grad heiß. Wir sehen zu, dass wir immer mindestens zwei Kanister Wasser dabei haben.

Fünf Alternativen zu Nudeln mit Soße

Couscous mit Gemüse

FÜR ZWEI PERSONEN Zwei Tassen gesalzenes Wasser aufkochen, derweil etwa 350gr. Gemüse sehr klein schneiden (verringert die Kochzeit). Eine Tasse Couscous mit dem kochenden Wasser übergießen. Mit geschlossenem Deckel ziehen lassen. Den zweiten Topf auf die Flamme stellen, Zwiebeln und Knoblauch in etwas Öl anbraten und das Gemüse dazugeben. Mit einem großen Schluck Wasser abschrecken und köcheln lassen bis alles gar ist. Würzen. Fertig!

Salzkartoffeln mit Zwiebeln

FÜR ZWEI PERSONEN 1 Liter gesalzenes Wasser kochen, derweil 1 Kilo Kartoffeln schälen und in sehr kleine Würfel schneiden. Kochen lassen bis sie bissfest sind. Derweil zwei große Zwiebeln fein hacken und im zweiten Topf in viel Öl goldgelb anbraten. Großzügig würzen und mit den Kartoffeln vermengen. Fertig!

Schichtpolenta mit zerlassener Knoblauchbutter

FÜR ZWEI PERSONEN Drei Tassen gesalzenes Wasser aufkochen. Derweil Tomaten in sehr dünne Scheiben schneiden. Eine knappe Tasse Polenta in das Wasser geben und kurz aufkochen lassen, dann von der Flamme nehmen und direkt schichten: Eine dünne Schicht Polenta, eine Schicht Tomaten, dann Käse, dann wieder Polenta. Damit fortfahren bis alle Zutaten aufgeschichtet sind. (Meistens entstehen drei bis vier Schichten). Ruhen lassen. Topf mit einem Kleidungsstück zum Warmhalten umwickeln. Derweil Butter in dem zweiten Topf zerlassen und halbierte Knoblauchzehen darin kochen bis sie weich werden. Wenn vorhanden, etwas Salbei hinzugeben. Die Butter mit der Schichtpolenta genießen!

Reis mit Gemüse

FÜR ZWEI PERSONEN Eine Tasse Reis waschen und mit der zweifachen Menge Wasser 5 Minuten aufkochen lassen. Dann von der Flamme nehmen und mit geschlossenem Deckel stehen lassen. Topf mit Kleidungsstücken umwickeln und warmhalten. Gemüse kleinschneiden und im zweiten Topf in Öl anbraten. Mit einem großen Schluck Wasser abschrecken und köcheln lassen bis alles gar ist. Ggf. mit Tomatensauce anreichern oder mit einem Spiegelei genießen. Tipp: Den Reis schon am Morgen in eine Plastikflasche füllen und in der doppelten Menge Wasser einweichen. Vor dem Kochen die Flasche aufschneiden und Inhalt in einen Topf geben und direkt zum Kochen bringen.

Frühstücksbrei

FÜR ZWEI PERSONEN Eine halbe Tasse Grieß auf 3 1/2 Tassen Wasser oder eine halbe Tasse Haferflocken auf 3 Tassen Wasser. Wasser aufkochen, evtl. etwas Milchpulver hinzugeben. Grieß oder Haferflocken hineinrühren und kurz aufkochen. Fertig! Mit Trockenfrüchten, Obst, Nüssen oder Zimt und Zucker verfeinern. Ideales Reisefrühstück!

Am Kaspischen Meer finden wir einen etwas anderen Platz zum Übernachten.

„Als der Herrgott die Länder an die Völker verteilte, waren die Georgier gerade bei Tanz und Wein beisammen und vergaßen den wichtigen Termin. Als sie später zum Herrgott kamen, um auch ein Land zugeordnet zu bekommen, da war keines mehr für sie übrig. So bezirzten sie ihn mit Musik und ihren köstlichen Speisen, bis der Himmelsvater ihnen das einzige Land gab, welches keinem Volk gehörte: Das Land, das er eigentlich für sich selbst als Paradies behalten wollte!“

Pause in einem Paradies

Text — Gwen

aus Georgien

Zusammen mit Besuch aus der Heimat wandern wir viele Tage durch die kaukasischen Berge.

Vielleicht ist es der Sommer, der sich gerade in voller Pracht in den üppig bewachsenen Gärten und Feldern ausbreitet und der mich dadurch diese Legende sofort verstehen lässt. Vielleicht ist es das Heimatgefühl, das mit den Kirchenglocken aufkommt. Vielleicht ist es der märchenhafte Zauber, der hier über den Wäldern und alten Burgen hängt. Ich kann es nicht erklären – Georgien zieht mich schon nach wenigen Tagen in seinen Bann.

In weiser Vorahnung hat Patrick in Tiflis, oder Tbilisi wie die Georgier ihre Hauptstadt nennen, vor einigen Monaten schon ein Zimmer reserviert. Nach einem halben Jahr Reise bräuchten wir bestimmt eine Pause, dachte er. Ich wollte mich erst dagegen wehren, so weit im Voraus schon einen fixen Plan zu machen, doch da wir in Zentralasien sowieso an unsere zeitlich sehr begrenzten Visa gebunden waren, willigte ich schließlich ein.

Wir wohnen also gerade bei Tsira in einer kleinen Pension im Herzen von Tbilisi. In unser Zimmer gelangt man über den kleinen Innenhof, den Tsiras Mann Boris zu einer grünen Oase umgewandelt hat. Überall wachsen und ranken Pflanzen, die alte Holztreppe hat ein Dach aus wildem Grün. In unserem Zimmer stehen zwei alte schmale Holzbetten, die wir zusammenschieben. Auf den Enden der Betten liegen große, alte, gehäkelte Decken. Ein schlichtes Regal an der Wand bereitet uns aber die größte Freude: Endlich mal wieder alles einsortieren. Und nichts kommt in das Regal, was nicht vorher geputzt, repariert und gepflegt wurde. Die Rucksäcke schrubbe ich in der Dusche, die Kleider flicke ich mit Nadel und Faden in der Sonne auf dem Balkon. Es ist herrlich. Und wie Recht Patrick doch damit hatte, dass wir zwischendurch auch mal eine Pause brauchen, in der wir uns neu sammeln und sortieren können.

Jeden Tag schlendern wir zum Einkaufen die Straße hinunter. Erst zu der Käsefrau, bei der wir jeden Tag aufs Neue die verschiedenen Sorten probieren dürfen. Dann zum Laden, wo es die gute Butter gibt, zur Ecke, wo wunderschönes Gemüse und Obst in allen Farben um die Wette leuchtet.

Tsira und Boris vermieten mehrere Zimmer, vor allem an Praktikanten aus Deutschland.

Jeden Abend koche ich für uns und die anderen Mitbewohner der vorübergehenden Wohngemeinschaft. Ich lerne so gerade die Vorzüge von gewissen Küchenutensilien wie Pfanne, Reibe und vor allem einem Ofen neu zu Entdecken. Marmeladen, Kuchen und komplizierte deutsche Gerichte wie Dampfnudeln – ich bin nicht mehr zu stoppen. Tsira nennt mich schon nach wenigen Tagen „Kitchen-Tiger". Muss wohl doch etwas vermisst haben, beim Nudelnkochen auf dem Campingkocher.

Jeden Tag schlendern wir zum Einkaufen die Straße hinunter. Erst zu der Käsefrau, bei der wir jeden Tag aufs Neue die verschiedenen Sorten probieren dürfen. Dann zum Laden, wo es die gute Butter gibt zur Ecke, wo Gemüse und Obst in allen Farben um die Wette leuchten. Gerade ist die Zeit der Pfirsiche. Und der Feigen. Und der Blaubeeren. Und der Auberginen. Und der Kornelkirschen. Und Tomaten-Zeit ist sowieso fast immer in Georgien. Und bald kommen die köstlichen Granatäpfel dazu. Auf dem Rückweg an der Ecke kommen wir dann am Brotmann vorbei. Die länglichen Teig-Schiffe aus feinem und zugleich knusprigem Hefeteig können wir hier frisch kaufen – immer warm, denn er backt von morgens bis abends. „Tonis Puri" heißen die köstlichen Brote. Den länglich geformten Teig klebt der Bäcker mit Hilfe eines mit Stoff bespannten Holzbretts an die Innenseite seines runden Ofens. Dafür muss er sich von oben über die Öffnung des Ofens lehnen, der ungefähr so aussieht wie ein oben offenes Iglu. Ein kleines Feuer brennt auf dem Boden. In seinem kleinen mehlverstaubten Laden ist es heiß. Dem Bäcker laufen Schweißperlen die Stirn hinunter, im Hintergrund scheppert georgisches Radio. Bei manchen Broten muss der Bäcker leicht in die Höhe hüpfen, damit er weit genug in den Ofen hinein fassen kann. Wenn die Brote braun sind, holt er sie mit einer langen Eisenstange wieder heraus, wickelt sie in altes Zeitungspapier oder in die Schulaufgaben seiner Enkelkinder und verkauft sie für etwa 70 Cent. Tbilisi ist die erste Stadt dieser Reise, die mich belebt statt mir Energie zu rauben.

Und wenn wir in unserem zehnwöchigen Aufenthalt doch mal wieder Frischluft schnappen wollen, sind die Berge nicht weit. Mächtig und wild erhebt sich der Kaukasus hinter Tbilisi. Die geteerten Straßen münden schnell in Schotterpisten, die nur gelegentlich mit Fahrzeugen überhaupt zu befahren sind. Abgelegene Dörfer aus grob gemauerten Steinhäusern liegen einsam in den grünen Tälern. Zu Fuß erkunden wir in verschiedenen Ausflügen die Berge, schlagen unser Zelt in der Nähe kleiner Flüsse auf und wärmen abends unsere müden Füße am Feuer.

Von einem dieser Ausflüge trampen wir zusammen mit Patricks Schwester Eva und einer Freundin, die uns gerade besuchen, zurück. Ein kleiner alter sowjetischer Transporter hält. Wir dürfen auf die ramponierte Ladefläche klettern. An einer am Fahrerhäuschen befestigten Stange halten wir uns fest und holpern in schnellem Tempo den mit Steinen und Felsbrocken übersäten Weg hinunter. In einer Kurve halten wir abrupt. Unsere Fahrer treten an den linken Straßenrand und spähen den steilen Abhang hinunter ins Geröll. Sie bekreuzigen sich. Vor einigen Jahren sei hier ein Freund von ihnen verunglückt, samt Fahrzeug in die Schlucht gestürzt. Sofort tot. Betrunken sei er gewesen, sagen die Männer andächtig, bevor einer von ihnen eine Flasche Schnaps aus der Jackentasche zieht und auf den Verstorbenen angestoßen wird.

Ja, so zauberhaft Georgien ist, so beängstigend ist der Straßenverkehr. Überholmanöver werden gerne in Kurven ausgeführt, die Nadel auf dem Tacho ins Unendliche getrieben. Und Alkohol am Steuer ist kein Einzelfall. Am Straßenrand sehen wir unzählige Kreuze.

Alkohol gehört zu dem kleinen Land wie die Berge und das verführerische Essen. „Die Wiege des Weins" wird Georgien stolz genannt. Und mit festen Ritualen und Bräuchen ist dem Trinken eigentlich auch ein klarer Rahmen gegeben. Doch ganz können uns diese Traditionen nicht überzeugen: So lautet da beispielsweise einmal die Antwort auf unsere fragenden Blicke an einer reich gedeckten Abendtafel, ein Schnaps würde doch auch den Kindern nicht schaden!

Aus der Ferne ertönt Musik. Musik, die durch ihre vielstimmigen Gesänge und die klangvolle Sprache betört. Ich bin vollkommen da. In Georgien fühlt sich vieles so passend für mich an. Das Essen, die Gesichter der Menschen, die wilde grüne Natur – ich komme aus dem Staunen nicht mehr heraus und habe schon während der Ausreise Sehnsucht nach der Schönheit Georgiens.

Da viel Second-Hand-Ware aus Deutschland nach Georgien gespendet wird, begegnen wir immer wieder Menschen mit lustigen Aufdrucken auf den T-Shirts. Meine Favoriten: *„Sabrina und Jörg heiraten!"* oder *„Abitur 2003! Wir haben es geschafft!"*. Auch lustig sind Transporter und LKW, die hierher verkauft wurden und immer noch von den alten Werbesprüchen geziert sind: *„Malerbetrieb Beckers. Wir wissen, was In ist."* Oder *„Dachbegrünung, Abdichtungen und Fassadenbau. Wir sind vor Ort, wenn Sie uns brauchen!"*

Ein selbstgebauter Unterschlupf ist zehn Tage lang unser Zuhause.

Wir gehen für zehn Tage in den georgischen Wald. Lassen Straßen, Autos, Stadt, die Zivilisation und ihren Trubel zurück. Winden uns soweit durchs wilde Grün, dass wir sicher sein können, niemanden zu sehen oder zu begegnen. Und dort, wo man außer einem Wasserfall und den Geräuschen von Wind und Wald nichts hört, dort bleiben wir. Sind ohne Uhr. Sind einfach. Der georgische Herbst kommt und prasselt auf das Zelt und unsere gebaute Hütte. Das Feuer wärmt und trocknet, das kalte Bachwasser wäscht uns und das Tageslicht wird unser Gefühl für Zeit. Alles in einer Ruhe, die uns sonst manchmal fehlt...

Foto – Janik Gensheimer

Nigvziani Badrijani

„Eine georgische Vorspeise"

3 lange große Auberginen	– in 1,5cm dicke Scheiben geschnitten
250 Gramm Walnüsse	– geknackt
etwa 6 Zweige Koriandergrün	– fein gehackt
1 Esslöffel Weißweinessig	–
1 große Knoblauchzehe	– gepresst
1 Teelöffel Koriandersamen	– gemahlen
Je eine Prise Chili und Safran	– gemahlen
Salz und roter Pfeffer	– nach Geschmack
Wenn vorhanden: je eine großzügige Prise Bockshornklee und/oder Schabzigerklee	– gemahlen
Granatapfelkerne	– zum garnieren
Wasser	– nach Bedarf
Bratöl	– nach Bedarf

ERGIBT ETWA 15 RÖLLCHEN

Die Auberginen-Scheiben auf einem Blech ausbreiten und großzügig mit Salz bestreuen. Etwa eine halbe Stunde zum Entwässern stehen lassen. Währenddessen mit dem Mixer die Walnüsse mit den restlichen Zutaten zu einer geschmeidigen Creme vermischen. Danach das Salz von den Auberginen waschen, die Scheiben mit einem sauberen Küchentuch abtrocknen und in heißem Bratöl von beiden Seiten goldbraun anbraten. Sie sollten weich werden und sich gut biegen lassen. Wenn sie abgekühlt sind, mit der Creme bestreichen und zu kleinen Röllchen drehen.

Auf einem Teller stapeln und mit den Granatapfelkernen servieren!

Eine Langzeitreise planen

In erster Linie spürt man es einfach. Der Ort, an dem man sich befindet, reicht irgendwie nicht mehr aus. Man weiß, dass da noch mehr wartet. Es ist pure Neugierde. Als kleines Pflänzchen schiebt sich der Traum aus einem festen Boden und will wachsen. Irgendwie hat man gar nicht so richtig Einfluss darauf. Es wächst einfach. Jetzt gilt es zu gießen. Oder eine klare Entscheidung zu treffen und „Unkraut" zu jäten, sonst ärgert man sich später nur über diesen Busch, der einem immer ins alltägliche Sichtfeld wuchert. Wir haben uns damals fürs Gießen entschieden und unser kleines Pflänzchen zu einem großen Baum heranwachsen lassen. Und dann geht es los. Denn so einen großen Baum kann man nicht mehr einfach ausreißen.

Wohin will ich eigentlich reisen? Wie lange? Alleine oder mit Partnerin? Das sind wohl die ersten Fragen, die man sich stellt. Meistens kann man sie aus dem Bauch heraus auch direkt beantworten. Aber dann kommt dieser unübersichtliche Berg aus organisatorischen Dingen, die es vor einer großen Reise zu erledigen gilt und er scheint schier unbezwingbar. Ist er aber nicht.
Und vor allem sollte das Organisatorische nicht davon abhalten, den ersten Schritt zu wagen. Sich am Anfang nur auf den Papierkram zu konzentrieren ist sinnvoll, denn der ist leider unumgänglich. Aber keine Angst: Mit ein bisschen Struktur ist das halb so wild. Die To-Do-Liste sollte ein guter Anhaltspunkt sein.

Ich denke, es ist sinnvoll, zunächst durch kürzere Reisen Erfahrungen zu sammeln. Das zeigt meistens ganz gut, wie man gerne reist. Mit dem Zelt? Mit einem Fahrzeug? Per Anhalter? Nach so einer kleinen Reise kann man auch besser einschätzen, was die eigenen Bedürfnisse sind und wie viel Geld man für seine lange Reise braucht.

Man sollte sich nicht zu viel Stress vor einer Reise machen. Nicht alles muss von zuhause aus vororganisiert werden. Unterwegs ergeben sich so oft Ereignisse, die man sich aus der Distanz gar nicht ausmalen konnte. Es ist sinnvoll, nicht im Vorhinein schon alles zu planen. Vielleicht fallen vor Ort Besonderheiten auf, die man viel lieber in Ruhe erkunden möchte als die Sehenswürdigkeiten, die auf dem Tourplan stehen. Sonst bleibt wenig Spielraum für spontane Aktionen. Und mit Sicherheit wird man unterwegs anderen Reisenden begegnen, die vor Ort die besten Informationen geben können.

Unbedingt vor der Reise über kulturelle Gepflogenheiten in den Zielländern informieren und im Voraus entscheiden, ob man damit umgehen kann und will. Wenn man als Frau zum Beispiel den Gedanken abschreckend findet ein Kopftuch zu tragen, dann reist man besser nicht in den Iran. Es ist sehr unpassend, irgendwo Gast zu sein und sich dann über die Sitten der anderen zu ärgern.

Wer alleine reist, kann sich als „Starthilfe" vielleicht erst mal ein schönes Projekt via „Workaway" oder eine ähnliche Plattform suchen, um Kontakte zu knüpfen und Infos aus erster Hand über die Region zu bekommen (siehe S. 245). Hostels sind ebenfalls immer ideale Punkte, um andere Reisende zu treffen. Und keine Scheu: Im Ausland wächst man schon alleine deswegen zusammen, weil man sich in der gleichen Situation befindet.

Nie zuvor war es so einfach zu reisen wie heute. Und niemand weiß, ob es noch ewig so bleiben wird. Ich betrachte es als das Privileg unserer Generation, die Welt so unmittelbar und unkompliziert erleben zu dürfen. Lasst es uns nutzen!

Und zu guter Letzt: Mut braucht man eigentlich nur für den ersten Schritt. Danach wird die Reise schon leiten. Wenn man wie ein Kind bleibt: Neugierig, aktiv und voller Vertrauen.

Von der Idee bis zur Abreise

- [ ] Träumen
- [ ] Überlegen wie, mit wem und wohin man reisen möchte.
- [ ] Über die jeweiligen Länder informieren. Überdenken, ob das Land zu einem und den eigenen Vorstellungen vom Reisen passt. Einreisebestimmungen prüfen. Klima beachten.
- [ ] Kündigungsfrist von laufenden Verträgen in Erfahrung bringen und ggf. kündigen (Handy, Strom, Vereine, Zeitschriften ...)
- [ ] Impfberatung bei einem Tropenarzt. Impfpass aktualisieren, erste Impfungen machen.
- [ ] Falls man mit Tieren reisen möchte: Frühzeitig Informationen einholen, was man diesbezüglich alles beachten muss.
- [ ] Falls man mit dem Auto verreist: frühzeitig Versicherungen abschließen und „Carnet de Passage“ beantragen.
- [ ] Reisepass auf dessen Gültigkeit prüfen.
- [ ] Versuchen, einen zweiten Reisepass zu beantragen.
- [ ] Job kündigen und sich als Arbeitssuchend bzw. Arbeitslos melden.
- [ ] Haus/Wohnung/Zimmer untervermieten oder Verträge kündigen.
- [ ] Auslandskrankenversicherung abschließen.
- [ ] Ggf. eine Gepäckversicherung abschließen.
- [ ] Internationalen Führerschein beantragen
- [ ] Evtl. die ersten Tickets buchen.
- [ ] Eine Kreditkarte beantragen.
- [ ] Ggf. gemeinsames Reisekonto mit ReisepartnerIn eröffnen.
- [ ] Auto abmelden/ummelden.
- [ ] Equipment zusammenstellen (falls Neuware gekauft wird: Belege für Versicherung behalten).
- [ ] Evtl. erste Visa beantragen (siehe S. 104).
- [ ] Im Rathaus ummelden oder ganz abmelden.
- [ ] Letzte Termine bei Ärzten machen (Zahnarzt, Hausarzt, Gynäkologe...)
- [ ] Geschicke Kleinigkeiten (siehe S. 158-159).
- [ ] „Homebase“ einrichten: alle wichtigen Papiere und Dokumente im Original oder als Kopie gut sortiert einer vertrauenswürdigen und hilfsbereiten Person anvertrauen. Evtl. dieser Person eine Vollmacht erteilen.
- [ ] Zusätzlich alle Dokumente einscannen und in eine „Cloud“ hochladen.
- [ ] Evtl. Steuer vorbereiten für das vergangene Arbeitsjahr.
- [ ] Anruf bei der Krankenversicherung (siehe S. 93).
- [ ] Finanzamt anrufen und Pläne schildern.
- [ ] Haushalt auflösen: Flohmarkt machen, Sachen verschenken und den Rest in Kisten packen.
- [ ] Nachsendeantrag bei der Post stellen.
- [ ] Als Backup etwas Geld in Dollar wechseln und als Bargeld mitnehmen.
- [ ] Auf der Seite des Auswärtige Amts noch einmal über die aktuelle Lage der Reiseziele informieren.
- [ ] Equipment fotografieren (für Versicherung).
- [ ] Abschiedsparty schmeißen.
- [ ] Letzte Besuche bei Omas und Opas und den engen Freunden mit kleinem Skype-Crashkurs.
- [ ] Der erste Schritt...

Jemand hat mal gesagt, die Welt sei geschrumpft. Sie sei mittlerweile so klein, dass man sie in 48 Stunden mit dem Flugzeug umrunden könne.*

Ich erinnere mich noch gut an die letzten Momente vor unserer Einreise nach Indien. Wir hatten uns gerade von unseren pakistanischen Freunden verabschiedet und unsere Rucksäcke wieder auf den Rücken geschwungen, um auf den letzten Metern Indien entgegenzulaufen.

Fünf große Buchstaben stehen am Ende der Straße auf einem Torbogen: INDIA. Es überkommt mich ein unfassbares Glücksgefühl. Vor zehn Monaten und vielen tausenden von Kilometern haben wir unsere Heimat verlassen, um uns auf die erste große Etappe ohne Flugzeug zu machen. Jetzt sind wir da. ***„Gwen, wir sind über Land nach Indien gekommen!“*** Gänsehaut schleicht mir über meine Arme.

ÜBER LAND UND WASSER

NIE DEN KONTAKT ZUR ERDE VERLIEREN. IMMER STRECKE SPÜREN. ÜBER DIE MEERE MIT DEM SCHIFF!

Wir haben gesehen, wie sich Landschaften langsam ändern. Wie aus Wald schleichend Wüste wird, aus Wüste Steppe, aus Steppe tropischer Wald. Aus Weite Berge, aus Bergen Gebirge und daraus wieder die Weite. Wir haben Kulturen gespürt und gefühlt, was sie miteinander verbindet – oft über politische Grenzen hinweg. Wir haben gesehen, wie Gesichter und traditionelle Kleider sich Stück für Stück verändern. Wir haben geschmeckt, wie Essen prisenweise schärfer oder milder wird, wie Ernte mit dem Klima reift. Wassermelonen in Kasachstan, Feigen in Georgien, Granatäpfel in Armenien, Orangen und Datteln im Iran, Mangos in Pakistan und Bananen in Indien.

Wir können nun besser verstehen, was Indien und Deutschland voneinander unterscheidet. Nicht weil wir beide Länder kennen, sondern weil wir wissen, was dazwischen liegt.

Als wir in Tokio auf dem abfahrenden Containerschiff stehen, bin ich froh um meine dicke sibirische Jacke. So kalt ist die Winternacht in Nordostasien. In Manzanillo (Mexiko) gehe ich fünfzehn Tage später in kurzer Hose und Unterhemd vom Schiff. Tropisch warm empfängt uns der neue Kontinent. Zwei Wochen hatte das Klima Zeit, um sich von einem Extrem in ein anderes zu verwandeln.

Es war schön, das langsam und Tag für Tag gespürt zu haben. Zu fühlen, dass Japan und Mexiko bei weitem keine Nachbarländer sind. Als wir von Bord gehen, bin ich froh, dass wir nicht in einem Zehn-Stunden-Flug das größte Meer der Erde überflogen haben.

Und doch ist das Überland-Reisen nicht immer einfach. Es bedarf weit mehr Planung und Vorbereitung als ich mir noch vor der Reise gedacht habe. Geschlossene Grenzen, ablaufende Visa oder komplizierte Einreisebestimmungen bringen uns nicht selten in die Nähe einer geografischen Sackgasse.

Ich denke zurück an Zentralasien, als uns das Visum für Turkmenistan verweigert wurde. Als wir deswegen plötzlich 2000 Kilometer Umweg durch die kasachische Wüste zurücklegen mussten. Oder an Pakistan, das für uns wie eine Hürde auf dem Weg nach Indien lag. Als wir lange abwägten und letztendlich doch so froh sind, dieses Land nicht überflogen zu haben.

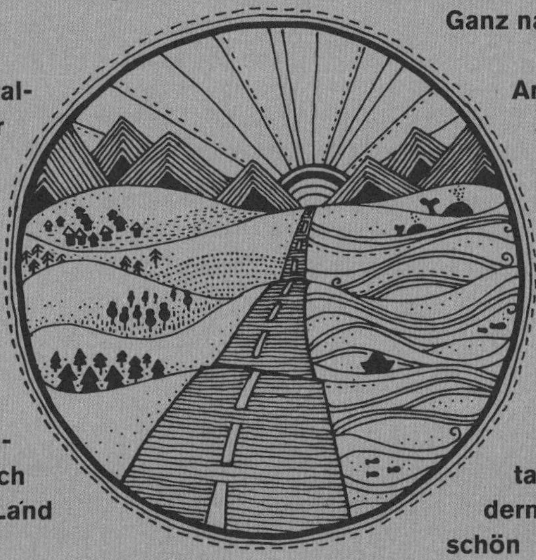

Die konsequente Überland-Weltumrundung ist für uns kein Wettbewerb, wir wollen damit keinen Rekord aufstellen. Es ist vielmehr unser natürliches Bedürfnis, die Welt Stück für Stück zu erfahren. Wenn man so will, haben wir dieses Prinzip dogmatisch gelebt, denn schon ein Kurzstreckenflug hätte dem ganzen Weg davor und danach den Zauber genommen.

Vor der Reise haben wir uns gesagt, bevor wir fliegen, drehen wir lieber wieder um.

Sicher kommt für uns auch viel Romantik mit dem Überlandweg auf, gerade als wir die letzten Kilometer von Spanien nach Hause laufen. Wir wollen die Strecke spüren, wollen selbst die Kraft aufbringen, uns und unsere Habseligkeiten Meter für Meter nach Hause zu bewegen. Ganz nah an der Natur.

Am Ende, in den letzten Tagen auf dem Heimweg, kommt mir der Satz mit der geschrumpften Welt wieder in den Sinn und ich schaue zurück. Ich finde, die Welt hat sich gar nicht so klein angefühlt. Distanz ist heute vielseitiger geworden, ist Ansichtssache und eine Entscheidung. Man misst Distanz nicht mehr in Metern, sondern in Minuten. Ich finde es schön zu wissen, dass die Erde nicht nur 48 Stunden, sondern auch über drei Jahre groß sein kann.

*Die schnellste Weltumrundung eines Unterschallflugzeugs liegt 2013 bei 41 Stunden und sieben Minuten (Quelle: Gulfstreamnews.com, 2013)

Es klopft an der Türe. Ein junger Mann mit Rucksack steht davor. *„Hello, I'm Lubo from Slovakia!" „Welcome!"* antworten wir im Chor. Wir sind jetzt zu sechst. Lubo ist heute nicht der erste, der an Alis Türe klopft. Ali lebt in Isfahan. Er ist leidenschaftlicher Gastgeber und wer in Isfahan eine Anfrage auf der Internetplattform Couchsurfing stellt, wird höchstwahrscheinlich von ihm eingeladen werden.

Eingeladen, Gast zu sein

Text — Gwen

aus dem Iran

Wir kommen gerade aus der Wüste. Waren dort für eine Woche mit alten Motorrädern unterwegs. Sind mit unserem iranischen Freund Amir und dem Franzosen David ins Nichts der Wüste gefahren. Vorbei an Sanddünen, Kamelherden und kleinen Wüstendörfern. Durch eine endlos erscheinende Steinwüste über kleine holprige Straßen. Abends schlugen wir unter dem Sternenhimmel unsere Zelte auf, machten Feuer und fühlten uns unendlich frei. Wie bei Easyrider, nur mit Happy-End, sagte David. An die Motorräder zu kommen, war gar nicht so einfach. Der Iran ist touristisch kaum erschlossen. Wir fragten also mit Hilfe von Amir bei Privatpersonen, ob sie uns zwei Motorräder leihen könnten. Die kleinen Maschinen aus China sind von iranischen Straßen kaum wegzudenken. Fast jede Familie besitzt mindestens eines der kleinen Motorräder. Über Ecken gelangten wir schließlich an zwei sehr alte Modelle, die wir für mehrere Tage leihen konnten.

Als wir nach einer knappen Woche zurückkamen und die Besitzer der Motorräder bezahlen wollten, wurde unser Geld vehement abgelehnt. Stattdessen wurden wir, auch nach hartnäckigem Protest unsererseits, nur angelächelt und mit den Worten *„Welcome to Iran!“* verabschiedet.

Der Slowake Lubo hat sich gerade in einer Ecke des Zimmers sein kleines Lager eingerichtet, als es wieder klingelt. Ali öffnet die Türe und begrüßt einen jungen Schweizer, der heute Nacht auch hier schlafen wird. Ali weiß meistens gar nicht, wie viele Leute ihn täglich wieder besuchen werden. Mit sympathischer Selbstverständlichkeit öffnet er jedem neuen Gast die Tür, der davor steht. Gastfreundschaft wird bei ihm groß geschrieben, so, wie wir es fast überall im Iran erleben.

Schon von dem ersten LKW-Fahrer, der uns im Iran mitgenommen hat, wurden wir nach Hause eingeladen. Zwei Tage verbrachten wir mit seiner Familie. Besuchten den Kindergarten der Enkelin, wurden stolz Verwandten und Freunden vorgestellt. Es gehört hier zur Kultur, Gäste zu verwöhnen. So steht es im Koran und so scheinen es die Iraner im Blut zu haben. In den letzten sieben Wochen wurden wir unzählige Male von Menschen nach Hause eingeladen. Und das nicht nur beim Trampen, wo der direkte Kontakt ja schon hergestellt war. Einmal gab uns sogar ein junger Iraner seine Adresse, als wir uns nur kurz in der Metro mit ihm unterhalten. Auch über Couchsurfing bekamen wir unzählige Einladungen. Als wir in Teheran eine öffentliche Couchanfrage stellten, meldeten sich über 10 Gastgeber bei uns. In anderen Ländern ist es manchmal harte Arbeit, überhaupt jemanden zu finden, der Zeit und die Möglichkeit hat, Besuch zu empfangen.

Unser erster Gastgeber in Teheran heißt Fazad. Fazad lebt mit seiner kleinen Familie in einer Wohnung in einem der weitläufigen Stadtteile Teherans. Als wir bei ihm ankommen, klebt schon ein Schild an der Türe: „Welcome Patrick and Gwen“. Fazad und seine Familie tun alles, um uns einen unvergesslichen Aufenthalt zu zaubern. Auf dem Tisch liegt ein Zettel, auf dem fein säuberlich die für uns ausgedachte Planung des folgenden Tages aufgezeichnet ist. 9 Uhr: Frühstück zuhause. 10 Uhr: Besuche in der Saadabad-Palastanlage. 12 Uhr: Mittagessen in einem traditionellen iranischen Restaurant. 13 Uhr: Mittagspause. 13.30 Uhr: Ausflug in den Park. 16 Uhr: Besuch von der Verwandtschaft, mit kleinem Wohnzimmerkonzert. 18 Uhr: Abendessen in einer berühmten iranischen Fastfood-Kette. Danach: Besuch auf dem Basar.

Wir dürfen vier Tage bei Fazad und seiner Familie bleiben und kennen danach jeden Ort in Teheran, den man gesehen haben muss. Es sind vier unvergessliche Tage.

Es klingelt. Der neunte Couchsurfer steht voll bepackt vor der Türe. Ich stehe in der kleinen Küche und koche zusammen mit dem Schwei-

Tramper aufgepasst: Im Iran sollte man nicht wie gewohnt den Tramper-Daumen raus strecken, sondern mit der flachen Hand Autos heran winken. Der Daumen bedeutet hier so viel wie bei uns ein Alleinstehender Mittelfinger. !!

Ali heißt eigentlich gar nicht Ali, er ändert des Öfteren seinen Namen, da ihm die Polizei auf den Fersen ist. Couchsurfing ist in Isfahan nämlich eigentlich verboten.

zer Pellkartoffeln mit Quark. Auf dem Teppich im Wohnzimmer breiten wir eine Plastikdecke mit kitschigen Blumenmotiven aus. Zu zehnt setzten wir uns auf den Boden darum, so wie man das im Iran eben macht. Für die meisten von uns ist das Essen nichts Besonderes, nur unser Gastgeber Ali wundert sich darüber, wie selbstverständlich wir die Kartoffeln auf die Gabeln spießen, schälen und in den Quark dippen.

Ali heißt eigentlich gar nicht Ali, er ändert des Öfteren seinen Namen, da ihm die Polizei auf den Fersen ist. Couchsurfing ist in Isfahan nämlich eigentlich verboten. Ali ist das egal: Wenn er den Iran schon nicht verlassen kann, dann lädt er die Welt eben zu sich nach Hause ein. Und damit spricht Ali für viele junge Iraner.

Wir sind nun schon seit sieben Wochen mitten in Persien. Und der Iran zeigt sich uns von einer ganz anderen Seite, als wir es vor der Einreise erwartet hatten. Mal wieder der Beweis dafür, dass es sich nicht lohnt, Zeit in die „Vorstellung" von Dingen, Menschen, ja ganzen Ländern, zu investieren. Auf strenge Regeln und festgefahrene Traditionen hatten wir uns eingestellt. Mein Kopftuch trage ich in den ersten Tagen noch straff. Es bedeckt jedes einzelne Haar. Doch ich merke schnell, dass ich damit in den Städten zu einer Minderheit gehöre. Besonders die jungen Frauen zeigen durchaus viel Haar und Kurven. Das Kopftuch ist über die Jahre hinweg, Zentimeter für Zentimeter, nach hinten gewandert. Heute wird es oftmals nur noch von dem hochgesteckten Haar am Hinterkopf daran gehindert, komplett in den Nacken zu rutschen. Klar, es gibt die strengen Regeln. Doch wir haben das Gefühl, als würden die Menschen hier kleine Schlupfwinkel dazwischen finden. Grauzonen, in denen sie ein zumindest halbwegs selbstbestimmtes Leben führen können.

Es ist Zeit, ins Bett zu gehen. Im Wohnzimmer haben sich Schlafende nebeneinander aufgereiht wie Ölsardinen. Wir richten unser kleines Lager auf dem Boden im Schlafzimmer ein. Jede Nacht teilt Ali sein Doppelbett mit einer anderen Person. Heute mit Amir. Wir gehen früh schlafen. Morgen wird der nächste spannende und erlebnisreiche Tag in Persien kommen. Auch Ali will morgen früh aufstehen. Um uns zu verabschieden und um wach zu sein, wenn der erste neue Gast vor seiner Türe steht.

Schönheitswahn Iran. Die offiziellen Zahlen liegen bei etwa 70000 Nasenoperationen im Jahr. Experten gehen aber davon aus, dass das konservative Schätzungen sind. Kein Land der Welt, legt sich so bereitwillig unters Messer wie der Iran.

Besonders in der Hauptstadt gehört es zum Bild dazu: Junge Frauen und Männer, die ein kleines weißes Plaster auf dem Nasenrücken kleben haben. *„Frisch operiert"* sagt dieses Pflaster. Aber auch: Meine Familie kann sich das leisten.

Und: Ich bin frei. Oder zumindest: Ich wäre gerne so frei wie all die Frauen aus dem amerikanischen Fernsehen. Brüste, Hintern, Lippen, Wangenknochen und sogar die Augenfarbe müssen oft an den Schönheitswahn glauben.

Taarof Wer in den Iran reist, sollte dieses Wort kennen. Denn *„Taarof“* beschreibt ein Verhaltensmuster, das auf Selbstlosigkeit und dem Wohlergehen des Gegenübers aufgebaut ist. Ein Beispiel: Du steigst in ein Taxi und fragst nach dem Preis. Der Fahrer winkt ab und gibt dir zu verstehen, dass du nicht bezahlen musst. Eigentlich erwartet der Fahrer aber eine Bezahlung. Er macht nur *„Taarof“*, um sich als höflich und wohlerzogen zu zeigen. Taarof führt häufig zu Missverständnissen, besonders wenn Ausländer involviert sind, die dieses Verhaltensmuster nicht kennen. Faustregel um unangenehme Situationen zu vermeiden: Drei mal nachfragen. Danach ist das Ritual meistens vorüber und du kannst dich auf die Aussage deines Gegenübers verlassen. Wundere dich nicht, wenn die Angebote deiner iranischen Bekanntschaft dann doch ungewöhnlich großzügig ausfallen – Gastfreundschaft gehört zu Persien wie der Deckel zum Topf.

„Persischer Reis mit Butterkruste und cremiger Aubergine nach Amirs Rezept“

Foto – Janik Gensheimer

Tahdig
mit Auberginencreme

Auberginencreme:

3 große Auberginen – geschält in sehr kleine Würfel geschnitten
2 Zwiebeln – gerieben
3 Knoblauchzehen – gepresst
ein halber Teelöffel Kreuzkümmel – gemahlen
Salz und Pfeffer – nach Geschmack
Bratöl – nach Bedarf

Tahdig-Reis:

Pro Person eine Hand voll Basmatireis – gewaschen bis das Wasser sich nicht mehr weiß verfärbt
5 Safran Fäden – in einem Schluck Wasser zerstoßen
Butter – nach Bedarf (hängt von der Topfgröße ab)
Bratöl – im Verhältnis 2:1 zu der Butter
Wasser – nach Bedarf
Salz – nach Geschmack

FÜR VIER PERSONEN

In einem Topf mit Deckel etwa 3 Liter Salzwasser zum Kochen bringen. Den gewaschenen Reis in das kochende Wasser geben, umrühren und kurz aufkochen lassen. Weitere 5 Minuten köcheln lassen. Sobald der Reis außen weich ist und innen noch einen harten Kern besitzt, erneut unter kaltem Wasser waschen. Den nun leeren Topfboden mit einer 1 cm dicken Schicht aus geschmolzener Butter und Bratöl bedecken (Verhältnis 2:1). Den Safran hinzugeben. Danach den Reis in einer Pyramide so auf das heiße Fett türmen, dass er den Topfrand möglichst nicht berührt. Mit dem Stiel eines Kochlöffels 6 Löcher in die Pyramide bohren, damit der Dampf den Reis gleichmäßig garen kann. Auf den Topf ein doppelt gefaltetes Küchentuch legen und danach fest mit dem Deckel verschließen. Ab jetzt den Deckel nicht mehr anheben! Nach etwa 5 Minuten die Hitze auf die kleinste Stufe drehen und für eine weitere Stunde garen lassen. Währenddessen die Auberginen, Zwiebeln und den Knoblauch in viel Öl in einer Pfanne unter stetigem Wenden anbraten bis die Aubergine anfängt zu zerfallen. Mit einem Glas Wasser abschrecken und weitere 20 Minuten köcheln lassen bis eine gleichmäßige Creme entsteht. Zwischendurch immer wieder wenden und die Kruste, die am Pfannenboden entsteht, abkratzen und in die Creme einarbeiten. Am Schluss würzen!

In das Spülbecken 3 Zentimeter hoch kaltes Wasser einlassen und den Topf mit dem Reis vom Herd nehmen und direkt hinein stellen – so löst sich die Butterkruste vom Boden! Danach den Reis auf einen großen Teller stürzen. Die goldbraune Kruste in Stücke zerteilen und mit der Auberginencreme servieren!

Einmal hält eine Frau, 56 mal sind es Männer, die das Steuer lenken. Unser Fahrer ist ein aufgeweckter junger Iraner namens Hussein. Hussein raucht kein Opium. Das ist keine unwichtige Information, bei den letzten beiden LKW-Fahrern war das nämlich anders. Da hat der Beifahrer ein Löffelchen erhitzt und den Rauch mit einem Röhrchen eingesogen. Auch der Fahrer war an der Reihe. Wir haben dankend abgelehnt. Jemand musste ja den Verkehr im Blick behalten.

Hussein fährt 700 km in unsere Richtung, grob gesagt Richtung Pakistan. Eigentlich perfekt. Doch die Dämmerung macht sich schon bemerkbar und wir wollen nicht bis in die Nacht hineinfahren, möchten lieber früher aussteigen, einen guten Schlafplatz finden solange es noch hell ist. Mitten in der Nacht in einer Stadt anzukommen und kein Plätzchen mehr zu finden ist wirklich unangenehm und läuft meistens auf unruhige Nächte unter irgendwelchen Brücken oder in Parks hinaus.

Als wir in der Weite der Steinwüste kleine Hügel erspähen, bitten wir Hussein, anzuhalten. Er ist völlig überrascht und kann nicht verstehen, was wir hier wollen. Er hält in einer kleinen Parkbucht neben dem Highway und wir erklären ihm, mit Händen und Füßen, dass wir hier zelten werden. Ich zeige in die Ferne zu einem Hügel. Worte wie „Zelt“, „Nacht“ und „alles gut“ haben wir unlängst auf Farsi gelernt und schon öfters geübt. Hussein versteht die Welt nicht mehr, mit versteinerter Miene schaut er uns an. Eben war er noch locker und lustig, jetzt wird er ernst. Er schüttelt den Kopf, will nicht, dass wir gehen. Er hat richtig Angst um uns. Es ist nicht das erste Mal, dass wir in solch eine Situation kommen. Gerade im Iran, wo Gastfreundschaft sehr intensiv gelebt wird, setzt man Gäste nicht einfach in der Wüste aus.

Er fährt mit seinen Fingern rechts und links von seinem Mund hoch und runter, imitiert einen Banditen und dessen Bart. *„Bandit!“* sagt er und immer wieder *„Zappzerapp“*! Er zeigt dabei auf die Hügel, die wir schon als Schlafplatz auserkoren haben. Hussein will uns nicht gehen lassen, hält demonstrativ eine unserer Taschen fest im Arm. Schon mehrfach hat er angeboten, mit zu ihm und seiner Frau nach Hause zu kommen. Gegen Mitternacht seien wir dort. Doch wir wollen heute draußen sein, haben im Iran ohnehin nur wenige Nächte im Zelt verbracht. Sehnen uns mal wieder nach einem ruhigen Abend, Weite und Einsamkeit.

Er schlägt vor, uns an einem Hotel abzusetzen, er könne es auch bezahlen. *„Nein! Auf keinen Fall!“* Ich sage *„Man dustaram tschador“*. Frei übersetzt: *„Ich liebe Zelt“*. Wir zeigen ihm Fotos mit unserem Zelt in verschiedenen Landschaften. Fotos aus den letzten Wochen und Monaten.

Aber Hussein bleibt traurig. Sein Verstand kämpft gegen unser Vertrauen, gegen unser gutes Bauchgefühl, gegen unsere bisher so positiven Erfahrungen. Nachdem er alles probiert hat, sich selbst am Hals gepackt und pantomimisch erwürgt, auf Gwen gezeigt und mir zu verstehen gegeben, ich könne sie hier nicht beschützen, zuckt er hoffnungslos mit den Schultern und lässt uns ziehen.

Eine Frau ist einige Tage später den Tränen nahe, als wir uns in den nächtlichen Palmenwald verabschieden. Oft rät man uns ab, draußen zu schlafen. Das fängt schon in Deutschland an, begleitet uns weiter durch Ost-Europa und Zentralasien. In Aserbaidschan haben einige Menschen uns vor den Georgiern gewarnt, in Georgien einige vor den Menschen in Armenien und dort wiederum ein paar vor den Iranern. Und jetzt warnt man uns vor Pakistan. Hier in der Nähe der Grenze leben die Belutschen und die sollen ja bekanntlich zu den Taliban gehören.

Auf der ganzen Reise haben wir nie schlechte Erfahrungen gemacht, beim Draußen Übernachten. Weder Tier noch Mensch waren in den vielen Nächten, die wir im Zelt verbrachten eine Gefahr.

Wir sind gerade eingeschlafen, da schrecke ich plötzlich auf. Ein Geräusch. Das Handy klingelt. Es ist Hussein. Bevor er uns vor ein paar Stunden in die Wüste entlassen hat, hat er unsere iranische Nummer haben wollen. Jetzt möchte er wissen, ob es uns gut gehe. *„Ok?“ Ok?“*. Alles gut!

Zwölf Stunden später stehen wir wieder an der Straße, nicht ohne noch einmal bei Hussein anzurufen, um uns herzlich zu bedanken und mitzuteilen, dass wir sehr gut geschlafen haben.

Im Iran stecken wir auf einer kleinen Insel im persischen Golf fest. Der Seegang ist zu unruhig, um wieder auf das Festland zu kommen. Wir verbringen mehrere Tage im einzigen Dorf. Wir übernachten an den verschiedensten Stellen.

Ein Gastgeber fragt uns: *„Where sleep last night?“ „At Mohammeds place!“* antworten wir. *„Ah. Mohammed! Very, very good!“* Pause. *„Mohammed very very good men!“* Pause. Ungefähr eine Minute später: *„Which Mohammed you sleep?“*

Wir haben gerade erst unseren Turm aus Rucksäcken und Taschen am Standstreifen fertig aufgebaut, da hält schon ein LKW. Die Wartezeit im Iran ist kürzer als in jedem anderen Land, das wir bis jetzt per Anhalter bereist haben. Wir stehen in zehn Wochen 57 mal an der Straße und warten selten länger als fünf bis zehn Minuten.

Na dann... „Gute Nacht!“

Text — Patrick

aus dem Iran

Mit Zeit zu reisen heißt auch sich überraschen zu lassen. In der analogen Fotografie ist das ähnlich. Analoges Reisen. Überraschungen statt Erwartungen.

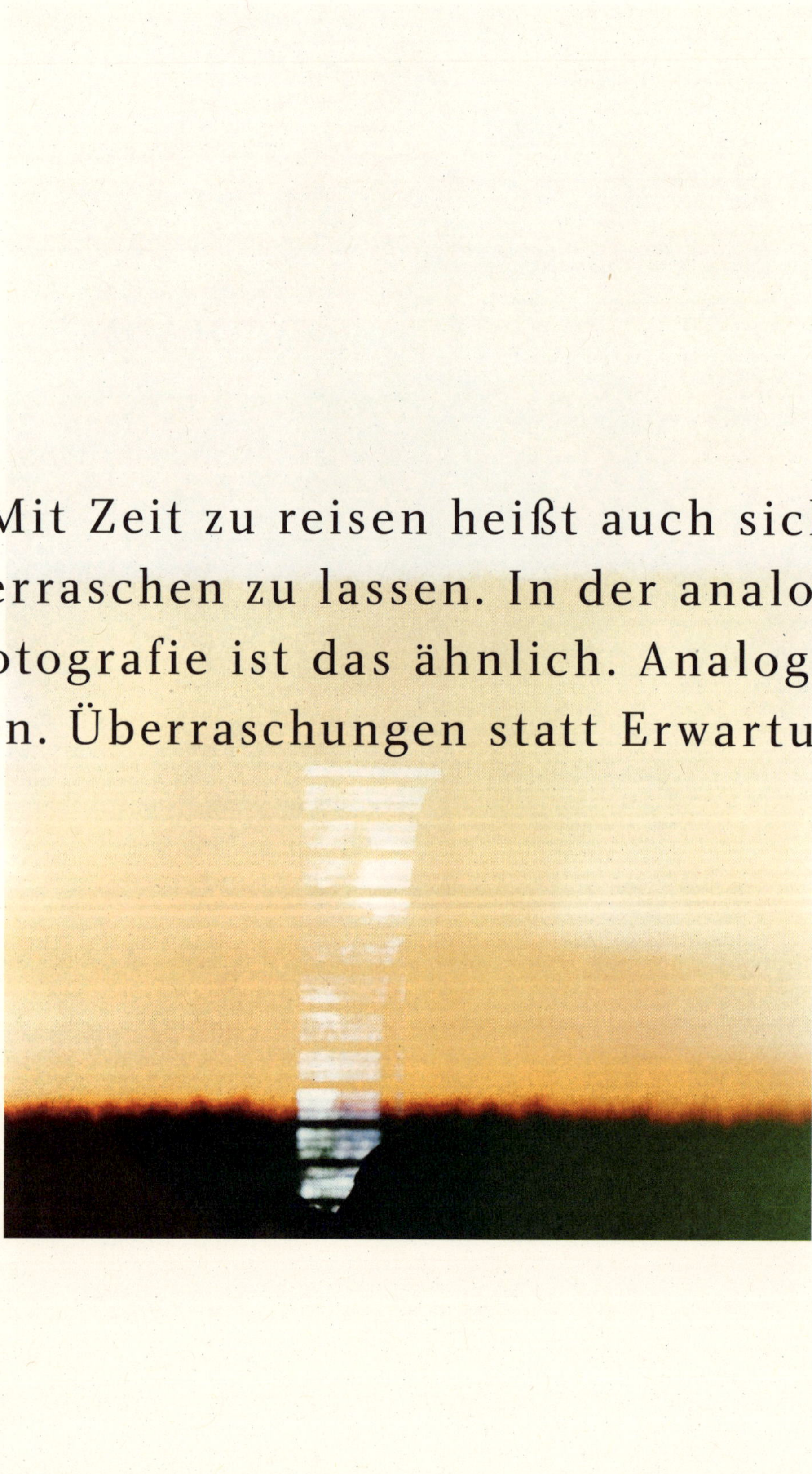

Ich kann mich erinnern, dass ich vor ungefähr fünf Jahren ein Video gesehen habe, in dem ein Reisender die afghanischen und pakistanischen Berge und die Steinwüste gezeigt hat. Das war für mich damals faszinierend. Ich habe die Bilder gesehen und mich gefragt, wie sie entstanden sind, wie der Reisealltag in so einem Land aussehen könnte und wie jemand dazu kommt, solche Aufnahmen zu machen. Es waren vielleicht die beeindruckendsten Aufnahmen, die ich bis dahin von der Welt gesehen hatte.

Eine Linie auf dem Boden. Wir sind da.

Text — Gwen & Patrick

aus Pakistan

Und jetzt bin ich nur wenige Kilometer von der pakistanischen Grenze entfernt. In ein paar Stunden werden wir in Pakistan sein. Die Sonne kommt über die Berge. Das Auto von Amir aus Zahedan führt uns an diesem frühen Morgen durchs Dreiländereck: Iran, Afghanistan und Pakistan. Bei Amir und seiner Familie haben wir geschlafen in Zahedan, der letzten Stadt vor der Grenze.

Zwölf Stunden zurück: Wir packen am Abend unsere Rucksäcke, wollen früh schlafen gehen. Doch dann kommt unser Gastgeber Hamid, bei dem wir seit zwei Tagen couchsurfen und erzählt uns von einer Einladung. Der Onkel eines Freundes, Amir, hätte mitbekommen, dass Fremde in der Stadt seien und wolle uns zum Abendessen einladen. Ich hatte mich schon darauf eingestellt, still und leise dem Iran *„Adieu“* zu sagen und bin fast ein bisschen überfordert mit der prompten Einladung zu einem *„letzten Fest“*, wie es Hamid beschreibt. Eigentlich will ich das gar nicht. Ich bin nervös, will schlafen, will Kräfte sammeln für die nächsten, sicherlich aufregenden Tage in Pakistan.

Zwei Stunden später sitzen wir auf dem Wohnzimmerboden von Amirs Familie und sind froh, uns doch noch aufgerappelt zu haben. Vor uns auf der Decke türmt sich eine zauberhafte Auswahl an iranischen Köstlichkeiten, welche die letzten Monate noch einmal kulinarisch zusammenfassen. Wir sollen essen und uns wohlfühlen, sagt der Gastgeber auf Englisch. Der Gedanke an eine Henkersmahlzeit schwirrt mir durch den Kopf. Er verfliegt jedoch, als Amir mit selbstgemachtem Bier aus der Küche kommt, ein seltener Anblick in den letzten Wochen. Gwen bekommt ein belutschisches Kleid geschenkt. Rosafarben mit viel Geglitzer. Wie aus dem Nichts zaubert die Familie weitere Geschenke hervor: Eine knallgelbe Halskette, ein dazu passendes Armkettchen und Ohrringe: Alles, was die persische Frau aus gutem Hause eben so schmückt. Nun soll es auch Gwen tragen. Es sind Momente, die uns auch nach zehn Wochen hier in dieser Kultur immer noch verlegen machen. Wir bekommen Dinge geschenkt, die wir nicht brauchen, die wir mehrfach dankend ablehnen, um sie dann aus Höflichkeit doch anzunehmen.

Wir machen die letzten Schritte auf iranischem Boden, verabschieden uns von unseren sensationellen Gastgebern. Der Ausreisestempel ist im Pass, durch einen Gang aus Eisengittern laufen wir nach Pakistan. Eine Linie auf dem Boden. Wir sind da.

Die Menschen im Iran, ihre offene Art und ihre Gastfreundschaft werden uns lange in Erinnerung bleiben. Es ist schön, dass wir dieses Land mit so viel Zeit erleben durften.

Es ist Samstagmorgen. Der vielleicht unwirklichste Samstag meines Lebens, der Samstag, an dem wir nach Pakistan fahren. Dieser Morgen hat eine ganz besondere Stimmung. Wunderschönes Licht taucht die pakistanischen Berge am Horizont in zartes Rosa. In meinem Bauch kribbelt es. Alles ist wunderbar friedlich, fast niemand ist auf den Straßen. Wir sind sehr früh aufgestanden, Amir hat es sich nicht nehmen lassen, uns zur Grenze zu fahren. Seine Frau hat uns Proviant vorbereitet, packt Kekse, Marmelade, Käse, Feigen und Brot in zwei große Taschen. Und am Ende steckt sie Gwen noch eine 12er Packung Nagellack dazu.

Vor zehn Jahren bin ich mit Freunden und einem VW-Bus von Deutschland nach Syrien gefahren. Früh morgens haben wir damals unser Elternhaus verlassen, um in Richtung Balkan aufzubrechen. Daran musste ich heute schon mehrfach denken. Es herrscht eine ähnliche Stimmung. Ich bin aufgeregt und spüre das Abenteuer und Unvorhersehbares vor uns liegen. Gwen nimmt meine Hand und legt sie sich an ihre Brust. Ihr Herz schlägt schnell. *„Hast du Angst?“*, frage ich. *„Respekt“* antwortet sie und beobachtet gespannt das Treiben an der Grenze.

Wir machen die letzten Schritte auf iranischem Boden, verabschieden uns von unseren sensationellen Gastgebern. Der Ausreisestempel ist im Pass. Durch einen Gang aus Eisengittern laufen wir nach Pakistan. Eine Linie auf dem Boden. Wir sind da. Die weiß-grüne Flagge empfängt uns. Ein Mann schaut mich an und lächelt. Er trägt einen braunen „Salwar Kameez“, ein traditionelles Gewand, das aus einer weiten dünnen Stoffhose und einem gleichfarbigen knielangen Hemd besteht. Jeder Mann, den ich hier sehe, trägt diese Kleidung. Manche haben sich zusätzlich eine Wolldecke übergeworfen, die Kopf, Oberkörper und Arme verhüllt. Das sieht gemütlich aus. Auch ich und der Ire Patrick Burke der mit uns durch Pakistan reisen wird, tragen einen

Salwar Kameez, um weniger aufzufallen. Natürlich fallen wir trotzdem auf wie bunte Hunde. Patrick B. hat rotblonde Haare und den typischen irischen Gingerbeard. Wir müssen aussehen wie Japaner im Dirndl. Augenpaare folgen uns, wo auch immer wir hingehen. Ich sehe schöne Gesichter, Männer mit sonnengegerbter Haut, mit dichten Bärten und Turbanen. In bunte Tücher gehüllte Frauen und Kinder mit wachen, großen Augen.

Jemand sagt: *„Welcome to Pakistan!“* und möchte, dass wir ein Foto machen. Unsere Nervosität weicht der Faszination. Bunt bemalte LKW fahren an uns vorbei, aufwändig behangen mit Schmuck und Glöckchen.

Vor uns führt eine Straße in die Einöde der Steinwüste. Außer einigen wenigen geduckten Lehmhütten und kleinen Häusern, die hier zur Grenzstation gehören, ist wenig zu sehen. Ein paar Ziegen laufen auf der staubigen Straße entlang. Vor uns erstreckt sich die Provinz Belutschistan. Diese bedeckt etwa ein Drittel der Landesfläche von Pakistan und damit den kompletten Westen des Landes. Die Provinz ist im Vergleich zu anderen Teilen Pakistans dünn besiedelt und besteht zu großen Teilen aus Wüste und schroffen Gebirgszügen. An Trampen ist hier nicht zu denken. Für diesen Teil Pakistans besteht eine hohe Gefährdungsstufe. Wir bekommen, bis wir diese Provinz in ein paar Tagen wieder verlassen, Begleitschutz. Stämme und radikalislamische Taliban belagern hier die Einöde und kämpfen gegen pakistanische Regierungstruppen. Mit harten Mitteln: Der Busverkehr wird immer wieder durch Bombenanschläge erschüttert, die Zuglinie wurde schon ganz eingestellt, da zu viele Attacken den Verkehr unmöglich gemacht haben. Hier herrscht Bürgerkrieg. Die pakistanische Regierung hat schon vor vielen Jahren die Kontrolle über Belutschistan verloren.

Wir bekommen ein Taxi zugewiesen, um die 1000 Kilometer in die östlichen Provinzen Pakistans möglichst sicher zu passieren.

In den letzten Wochen haben wir viel recherchiert. Vor etwa neun Monaten wurden auf dieser Strecke zwei tschechische Rucksackreisende verschleppt, einige Monate zuvor ein Schweizer Paar entführt. Doch wir finden weitaus mehr Berichte von Reisenden, welche die Provinz ohne Probleme durchquert haben.

Alle 30 Kilometer kommen wir an einen Checkpoint. Wir tragen unsere Daten in ein Buch ein. Auch Gwens Cousine Paulina ist vor ein paar Wochen über Land von Indien nach Hause gereist. Ich sehe ihren Namen einige Spalten weiter oben auf der Seite.

Wir verbringen die Silvesternacht 2013/2014 in Karachi am Arabischen Meer. Als es 12 Uhr schlägt, schauen wir gespannt auf die Stadt. Wir erwarten ein gigantisches Feuerwerk. Doch zu unserer Überraschung hören wir zwar das gewohnte Knallen, aber sehen keinerlei Feuerwerk am Himmel. Unsere Begleiter erklären uns, dass die Silvesternacht gerne genutzt wird, um in die Luft zu ballern.

Die Männer laden zu Tee und einem Schwätzchen ein, zücken ihre Handys und machen Fotos. Dazu wird eine AK47 herumgereicht. Bevor ich mich versehe, habe ich sie in die Hand gedrückt bekommen. Als ich sie erleichtert abgeben kann, soll auch Gwen einmal die Kalaschnikow halten. Höflich steht sie da, in ihrem rosafarbenen Kleid, mit Maschinengewehr in beiden Händen. Es wird wie wild geknipst, ein irres Bild.

Unsere Unsicherheit ist jetzt verschwunden. Sie flammt nur noch einmal kurz wieder auf. Gwen schreibt in ihrem Tagebuch: *„Ich bin gerade am Wegnicken, als mich ein lauter Knall hochfahren lässt. Ein lautes Rattern, der Wagen gerät ins Schlingern und wir kommen mitten auf der Straße zum Stehen. Weit und breit nur Wüste. Hat da jemand auf uns geschossen? Wir steigen aus und merken schnell, dass nur ein Reifen geplatzt ist. Puh."*

300 Kilometer später stehen wir auf der Dachterrasse eines Hotels in einer kleinen Stadt, mitten in Belutschistan. Die Sonne ist bereits hinter den Bergen verschwunden, der Abend wirft ein weiches Licht über die Stadt, taucht die Straßen in einen bläulichen Dunst, es wird kalt werden heute Nacht. Gegenüber spielen ein paar Jungs Fußball, ihre kleinen „Salwar Kameez“ wirbeln Staub auf, wenn sie dem Ball nachjagen. Auf einem flachen Hausdach nebenan lassen Kinder grüne Drachen steigen. Pakistanischer Alltag. Wir würden gerne losgehen, um uns alles aus der Nähe anzusehen. Aber wir dürfen unser Hotel nicht verlassen.

Einen ganzen Tag und 12 Checkpoints später kommen wir nach Quetta, in die Hauptstadt Belutschistans. Quetta ist eine vom Bürgerkrieg erschütterte Stadt. Wir dürfen die Gegend zwar nicht selbst erkunden, doch schon der Weg mit dem Auto durch die Straßen zeigt uns ein Bild der Traurigkeit. Menschen ohne Gliedmaßen fahren auf kleinen Wagen an uns vorbei, Kinder suchen im Müll nach Nahrung, die Fassaden der Häuser sind alt und kaputt.

Der Blick aus dem Fenster zeigt eine der schönsten Landschaften dieser Reise. Der Zug schlängelt sich durch enge felsige Täler, vorbei an goldbraunem Sandgestein und türkisfarbenen Flüssen.

Und sogar hier haben wir einen Schlafplatz über Couchsurfing gefunden. Doch „Belal“, unser pakistanischer Polizist und Touristenbeschützer, der uns in Quetta empfangen hat, will und darf uns nicht gehen lassen. Er bringt uns im Polizeirevier der Stadt unter. Im Büro seines Chefs können wir übernachten. Man führt uns in einen kleinen Innenhof, vorbei an einer Zelle. Die Gefangenen kommen an die vergitterte Türe gerannt und strecken uns ihre Hände entgegen, um uns zu begrüßen. *„Tea? Sir, you want tea?“* Anscheinend haben sie eine Gaskartusche und Tee in ihrer Zelle. Ich weiß nicht, warum diese Männer hier eingesperrt sind. Egal, was sie getan oder nicht getan haben, in diesem Moment empfinden wir tiefes Mitleid für sie. Die Zelle ist klein, überfüllt, dreckig und karg. Wir schenken den Männern und Jungs eine Packung Kekse, die sie hastig entgegen nehmen.

Wir richten uns in dem kleinen Büro ein. Bevor wir uns hinlegen können, kommt eine Gruppe von Männern in den Raum, welcher somit randvoll ist. Jetzt heißt es: *„Ruhe bitte! Wir haben eine wichtige Besprechung!“* Ich frage Belal im Flüsterton, was hier los ist. *„Some problems in the police station“*, sagt dieser nur. 20 Minuten später leert sich das Zimmer wieder.

Wir legen uns auf den Boden und packen uns in die warmen Schlafsäcke ein. Es ist schon jetzt bitterkalt. Quetta liegt hoch in den Bergen, es ist Ende Dezember und das Büro überhaupt nicht isoliert. 14 Grad unter Null draußen vor der Tür, sagt man uns später. Ich muss an die Männer in der Zelle denken. Hoffentlich können sie in der Nacht ein Feuer machen oder wenigsten die Türe schließen.

Ich kann kaum schlafen. Ich wälze mich im Schlafsack hin und her. Es wird immer kälter, viel zu kalt um aufzustehen. Ich warte und warte. Die Zeit will nicht vergehen. Und dann muss ich doch los. Ich übergebe mich in die Toilette des Polizeichefs. Als ich spülen will, kommt kein Wasser. Die Leitungen sind zugefroren. Wie unangenehm. Fünf Minuten später bin ich wieder da, stehe schlotternd am Toilettenrand, sehe meine erste Ladung pakistanischen Reis mit Dahl vor mir schwimmen. Der Anblick reicht, um ein zweites Mal nachzulegen. Noch dreimal wiederhole ich das Prozedere. Irgendwann, es muss nach Mitternacht sein, klopft es. Vor der Glastüre steht ein bärtiger bewaffneter Mann, der mit einer Taschenlampe wild herumfuchtelt. Patrick Burke steht auf und öffnet die Tür. Drei Männer und eine verschleierte Frau kommen in das Büro. Sie machen das Licht an, räumen Stühle frei und setzten sich. Eine Art Verhör beginnt. Die Männer sitzen mit den Rücken zu uns, die Frau direkt neben Patrick Burkes Kopf auf der kleinen Couch. Fragen. Antworten. Fragen. Antworten. Ich verstehe nur das Wort „Basar". Irgendwann sind sie fertig. Patrick Burke wird angehalten, die Türe wieder zu verriegeln.

Als wir morgens weitergehen, ist die Spülung noch nicht wieder aufgetaut. Belal bringt uns zum Bahnhof, wo wir den Zug nach Karachi nehmen. Ich fühle mich, als wäre ich gestern einen Marathon gelaufen. Alle Glieder sind schwach und müde. 24 Stunden wird der Zug bis in die 20 Millionen Stadt Karachi am arabischen Meer brauchen. Doch noch sind wir in Belutschistan. Der Blick aus dem Fenster zeigt eine der schönsten Landschaften dieser Reise. Der Zug schlängelt sich durch enge felsige Täler, vorbei an goldbraunem Sandgestein und türkisfarbenen Flüssen. Es sind die letzten Kilometer durch die Provinz, dann sind wir in Sindh. Unser bewaffneter Begleiter verabschiedet sich, nicht ohne uns einen herzlichen Händedruck zu geben und ein letztes Foto mit seinem Handy zu knipsen.

Auslandskrankenversicherung

Im Internet findet man unzählige Angebote für eine gute Auslandskrankenversicherung. Wir können und wollen an dieser Stelle keine von ihnen besonders hervorheben, sondern vielmehr einige kleine Tipps geben, die generell in Bezug auf die Auslandskrankenversicherung für Langzeitreisende beachtet werden sollten.

Generell gilt: Je länger man reist, desto teurer wird der monatliche Beitrag bei der Auslandskrankenversicherung. Die USA und Kanada als Reiseziele in die Police miteinzubeziehen macht meist einen deutlichen Unterschied im monatlichen Beitrag. Viele Langzeit-Auslandskrankenversicherungen sind auf maximal 24 Monate beschränkt. Wer also länger reisen möchte oder noch kein sicheres Reiseende definiert hat, sollte sich unbedingt eine Versicherung suchen, die auch längere Zeiträume abdeckt. Denn von unterwegs eine neue Police abzuschließen ist meist nicht möglich: Zum Zeitpunkt des Unterzeichnens des Versicherungsvertrages muss sich der Versicherungsnehmer in seinem Heimatland befinden. Es gibt auch Versicherungen, die Reisende aufnehmen, auch wenn diese schon unterwegs sind. Allerdings ist dort der monatliche Beitrag deutlich höher.

Wir haben unterwegs auch Reisende getroffen, die ohne Auslandskrankenversicherung unterwegs waren. Das mag funktionieren und in den meisten Fällen wahrscheinlich sogar billiger sein. Was die meisten aber nicht wissen ist, dass die deutsche Krankenkasse bei Rückkehr prüft, ob man in den letzten Jahren durchgehend Versicherungsschutz hatte. Falls es da Lücken gibt, kann es sein, dass man richtig fiese Summen nachzahlen muss. Um beweisen zu können, wann man Deutschland verlassen hat und wann genau man wieder eingereist ist, ist es sinnvoll, vor Abreise die heimische Krankenkasse über das Vorhaben zu informieren und zu besprechen, welche Belege für diesen Beweis benötigt werden. Das ist besonders für Überlandreisende, die keine Tickets vorweisen können, wichtig!

Und noch ein letzter kleiner Hinweis: Kosten für Routineuntersuchungen in Schwangerschaften sowie Geburten ab der 36. Woche werden von den wenigsten Auslandskrankenversicherung übernommen. Falls Familienplanung besteht, lohnt es sich also eine Versicherung zu suchen, die diese Kosten rückerstattet.

In Belutschistan haben Rucksackreisende Seltenheitswert und werden so zu beliebten Fotomotiven.

Als ich mit etwa 15 Jahren zum ersten Mal getrampt bin, hatte ich das Gefühl, etwas streng Verbotenes tun. Ich stand mit meiner Freundin Indra an der Straße, um von Colmar nach Freiburg zu trampen. Einfach um es ausprobiert zu haben. Wir versprachen uns gegenseitig, auf keinen Fall zu einem allein reisenden Mann ins Auto zu steigen. Außer wenn er einen Kindersitz auf der Rückbank hätte. Wir standen keine zehn Minuten, als ein Lieferwagen hielt. Zwei Plätze waren auf der Bank neben dem männlichen Fahrer frei. *„Wohin wollt ihr denn?“* Wir wechselten einen schnellen Blick. *„Nach Freiburg“. „Na dann rein mit euch.“* Ohne zu zögern stiegen wir ein. Es war eine wunderbare Fahrt. Auf einmal unterhielten wir uns mit einem fremden Menschen. Einem Menschen, mit dem wir sonst wohl kaum in Kontakt gekommen wären. Er erzählte uns von Fallen, die er stellt, um seine Gänse vor dem Fuchs zu schützen. Beim nächsten Auto stiegen wir ein, obwohl es schon wieder ein Mann war, der ohne Kindersitz auf der Rückbank fuhr. Eine weitere Geschichte. Ein weiterer Fremder, mit dem wir ein Stück des Weges teilten.

PER ANHALTER REISEN

DABEI SIND SPONTANITÄT UND NEUGIERDE UNSERE ENGSTEN BEGLEITER.

Patrick erzählt gerne davon, dass er in Neuseeland beim Trampen von einem Mann mitgenommen wurde, der einen kleinen Fernsehsender leitete. Er hatte damals gerade seine erste kleine Kamera gekauft und wusste noch nicht so recht, was er mit seinem Leben anfangen wollte, sobald er von der großen Reise nach dem Abitur wieder nach Hause kommen würde. Der Mann lud ihn ein, ein Praktikum in seiner Firma zu machen und schon am kommenden Montag zusammen mit den neuen Azubis anzufangen. Patrick verschob seinen Rückflug nach Hause und blieb zehn Wochen. Danach wusste er, dass die Kamera sein Weg ins Berufsleben war.

Es gehört auch immer viel Mut dazu, seine Wünsche und Bedürfnisse so offen zu äußern, wie man es beim Trampen tut. An der Straße zu stehen, den Daumen rauszustrecken und die Blicke auf sich zu ziehen. Die Reaktionen der Fahrer und Fahrerinnen zu beobachten.

Wenn ein Auto hält, ich die Beifahrertüre öffne und hineinschaue, bin ich immer wieder gespannt, wer dort sitzt. Es sind die einzelnen Begegnungen, die das Trampen so unvergleichlich machen. Jedes Auto hat eine andere Geschichte. Immer wird man überrascht. Die Menschen, die wir dabei mal nur flüchtig, mal aber auch intensiver kennenlernen dürfen, sind meist genauso neugierig und erfreut über uns wie wir über sie. Vor allem aber ist es eine kulturelle Erfahrung wie wir sie sonst selten erleben. Wir sitzen, wortwörtlich, mitten drin. Sind direkt dabei. Im Radio läuft der neuste Hit. Das Fahrzeug ist nach den herkömmlichen Gepflogenheiten geschmückt. Wenn wir Glück haben, bekommen wir von dem Fahrer noch einen Geheimtipp, werden an einer besonders schönen Stelle abgesetzt oder sogar mit nach Hause genommen. So entstehen Einblicke in einen fremden Alltag, die ungeplanter, spontaner und dadurch echter kaum sein könnten.

Auch ist es wunderbar zu beobachten, wie die eigene gute Laune, die eigentlich immer aufkommt, wenn jemand hält, automatisch auf die Fahrer und Fahrerinnen überspringt. Es ist eine Art positiver Kreislauf, der in den Gang kommt. Und wenn wir uns als Gäste nicht nur zurücklehnen und auf der Rückbank schlafen, sondern vielmehr auch von uns und unserer Kultur berichten, eben auch teilen, wird es für beide eine bereichernde Begegnung.

Abends, wenn es dann anfängt zu dämmern, schauen wir aus dem Fenster und suchen eine geeignete Stelle, die als Schlafplatz dienen könnte. Es ist die pure Freiheit, den für diesen Augenblick schönsten Platz zu finden, das Zelt aufzuschlagen, noch eine Mahlzeit zu kochen und dann mitten in der Natur zu übernachten. Natürlich gibt es auch Abende, an denen die Motivation nicht ausreicht um den perfekten Schlafplatz zu finden und wir in einem Graben neben der Autobahn oder hinter eine Raststätte im Müll landen. Aber mit ein bisschen Erfahrung werden diese Nächte selten.

Was man beim Trampen erlebt, steht in keinem Reiseführer. Man kann nichts buchen. So kommt es ständig zu Überraschungen. Jeder Kilometer ist ein Erfolg und ein Grund, sich zu freuen und dankbar zu sein. Enttäuscht ist man manchmal von der Unberechenbarkeit des Glücks, selbstverständlich, doch diese Ungewissheit gehört dazu und macht die Erfolge dafür umso schöner. Trampen ist übrigens auch eine nachhaltige Art der Fortbewegung. Nur wenige der Autos, die auf den Straßen der Welt fahren, sind voll besetzt. Und da das Prinzip des Trampers ja ist, nur mitzufahren, wenn Ziel oder zumindest Richtung übereinstimmen, entstehen durch das Mitnehmen nur minimal mehr Abgase. Zudem finde ich den sozialen Aspekt des Trampens sehr wichtig. Der Idee des Teilens, des Vertrauens und des Aufeinanderachtens wird hier ein Raum geboten, den ich zwischen Vorurteilen und Angst in unserer Gesellschaft oft vermisse.

Man muss als Weitstrecken-Tramperin allerdings auch einiges aushalten können. Raucher, die im Wagen mit geschlossenen Fenstern Kette rauchen, waren für mich immer eine echte Geduldsprobe. Extrem laute Musik oder Leute, die ein eher bescheidenes Feingefühl hatten, gab es natürlich zwischen all den tollen Fahrten auch mal. Einmal ist im Iran ein Fahrer auf der Autobahn in den Sekundenschlaf gefallen. Gerade noch rechtzeitig haben wir es bemerkt und er hatte zum Glück das Steuer fest genug in der Hand, um den Wagen auf der Spur zu halten. Unangenehm waren auch einige wenige Fahrten, bei denen es zu sexueller Belästigung kam. Wir konnten aus diesen Erfahrungen aber lernen und irgendwann die Situationen frühzeitig einschätzen und vermeiden.

Als wir in Guadalajara in Mexiko vom Daumen auf den Bus umstiegen, haben wir uns oft wehmütig darüber unterhalten, wie sehr uns das Trampen doch fehlt. Irgendwie sind wir nie wieder so intensiv mit den Menschen in Kontakt gekommen wie in den ersten zwei Reisejahren.

Umso schöner war es dann aber, wenn wir selbst Menschen am Straßenrand entdeckt haben, die mitfahren wollten. Oft konnten wir auf dem Land Leuten, manchmal sogar ganzen Familien, den Fußmarsch um ein Stück verkürzen oder anderen Reisenden das Glücksgefühl schenken, dass wir selbst so oft gespürt haben. Ich hoffe, dass sich in Zukunft das Trampen wieder etwas mehr etablieren wird – weil es gut für die Umwelt ist, weil es gut für die Gesellschaft ist und weil wir weniger Angst voreinander haben sollten.

IRAN
GORGAN
УФА
TOKYO
東京
TIANJIN
天津
ESFAHAN
ISLAMABAD
МОСК
РАК
БИШКЕК
HR
JAIPUR
VARANASI

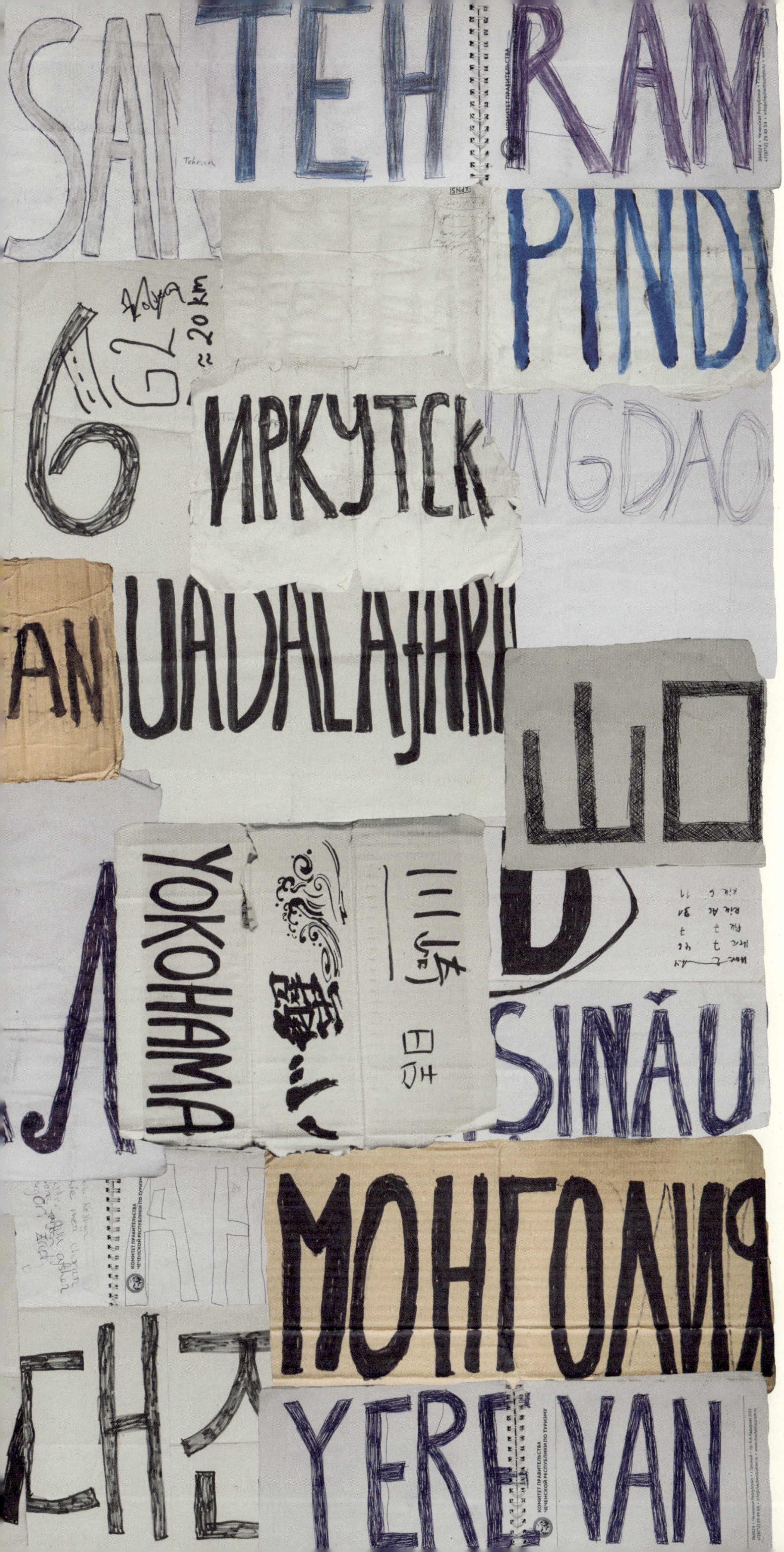

Sammelsurium an Trampschildern. Bei Weitem nicht alle. Zusammengezählt werden wir auf der Reise von 667 verschiedenen Autos mitgenommen, sind 50000 Kilometer per Anhalter unterwegs, bereisen 38 Länder, schlafen rund 350 Nächte im Zelt, beantragen 17 Visa und bekommen 85 Stempel in die Pässe geklopft.

Ein Land und seine Liebe aus Pakistan

Text — Patrick

Sajjad lebt in Lahore. Er leitet das „Lahore Backpackers“ und wird in den zwei Wochen, in denen wir dort wohnen, schnell zu einem Freund. Im Alter von 30 Jahren hat er geheiratet. Es war eine arrangierte Hochzeit. Seine Frau war damals 15.

Das ist immer noch der gängige Weg in Pakistan, zwei Menschen für ein gemeinsames Leben zusammen zu bringen. „Love Marriages“, wie man hier sagt, also Eheschließungen aus Liebe, sind immer noch selten und nicht gern gesehen, erzählt uns Sajjad.

Mädchen dürfen nach dem pakistanischen Gesetz ab einem Alter von 14 Jahren verheiratet werden, Männer ab 17. Die Eltern wählen einen Partner, gerne per Annonce in der Zeitung. All das erzählt uns Anila. Sie ist in Köln geboren, lebt in Deutschland und ist Tochter pakistanischer Eltern. Jedes Jahr ist sie zu Besuch im Heimatland ihrer Verwandtschaft. Wir treffen sie zufällig an der Grenze, als wir zum zweiten Mal in die islamische Republik einreisen. Sie ist sehr überrascht, denn noch nie zuvor hat sie Reisende aus Deutschland in Pakistan getroffen. Jetzt sitzen wir bei ihrem Onkel im Wohnzimmer, dürfen köstlich mit ihnen essen. Anila erzählt uns, wie es in diesem Land um die Liebe steht.

Heiraten hat in Pakistan eine immens hohe Wichtigkeit. Es ist weit mehr als nur der Zusammenschluss zweier Menschen, sondern entscheidet oft über das Wohlergehen ganzer Familien. Dadurch entsteht eine traditionelle Notwenigkeit, die wenig Willkür zulässt. Heiraten ist in Pakistan auch eine pragmatische Planung, um die soziale Schicht zu halten oder, wenn möglich, sogar zu verbessern.

Und so sind es meist die Eltern, die für ihre Kinder auf Partnersuche gehen. Eltern treffen Eltern, um sich die potentielle Braut anzusehen. Der mögliche Bräutigam hingegen wird in einem separaten Treffen begutachtet, erklärt uns Anila. Die Brautleute selbst sehen sich oft am Tag der Hochzeit zum allerersten Mal.

Wenn die Eltern sich einig sind, wird geheiratet. Wenn nicht, wird eben weitergesucht.

Um sich eigenständig zu verlieben, gibt es gerade für Mädchen wenig Möglichkeiten. Bewusst werden sie von der Männerwelt ferngehalten. Ab dem zehnten Lebensjahr sind Mädchen in der Schule unter sich, männliche Freunde werden nicht geduldet. Auch deshalb, glaubt Anila, werden Frauen gerne jung verheiratet. Wer ein-

mal verheiratet ist, ist vergeben und läuft nicht Gefahr, sich in jemanden zu verlieben, der nicht zu den Vorstellungen der Familie passt. Zum Beispiel in jemanden, der einer anderen Islamrichtung angehört. Muslime sind hier nicht gleich Muslime. Anila erzählt uns eine Geschichte, die sie vor einigen Jahren hier miterlebt hat: Ein Mädchen aus ihrer Familie verliebte sich in ihren Schneider. Einen der wenigen Männer, zu dem sie in ihrem Alltag überhaupt regelmäßigen Kontakt haben konnte.

Das Mädchen vertraute sich ihrer Tante an, die wiederum jemanden aus der Familie des Schneiders kannte. Als ihre Familie eine Heiratsanzeige in die Zeitung stellte, sorgte die Tante dafür, dass die Eltern des jungen Schneiders „zufällig" die Annonce zu sehen bekamen. So konnte alles seinen traditionellen Weg gehen, ohne dass der Verdacht aufkam, es könnte sich um eine Liebesheirat gehandelt haben. Würde die Familie nämlich wissen, sagt Anila, dass die beiden sich schon gekannt, gar geliebt hatten, wäre eine Hochzeit erheblich schwieriger geworden.

Sajjad nimmt uns mit auf eine pakistanische Hochzeit. Aus seiner entfernten Verwandtschaft lädt jemand zum Fest. Schon seit fast einer Woche wurde jeden Tag gefeiert, heute sei Abschlussfest, meint Sajjad. Ausländer sind auf Hochzeiten gerne gesehen, ohnehin scheint die Summe aller anwesenden Gäste ein Statussymbol zu sein. Wenn Sajjad von Hochzeiten erzählt, fällt fast immer die Anzahl der Gäste schon im ersten Satz. Heute sollen es 500 sein.

Wir kommen in ein riesiges Party-Zelt, mit Leuchtstrahlern in bunten Farben und ohrenbetäubender Musik. Es gibt eine nach Geschlechtern getrennte Sitzordnung. Gwen wird von einer Gruppe bunt gekleideter Frauen am Eingang empfangen und gleich mitgenommen. Als ich sie das nächste Mal sehe, winkt sie mir frisch geschminkt und mit einer roten Blume in den Haaren aus der gegenüberliegenden Ecke des Festzeltes zu. Sehr zur Freude meiner männlichen Sitznachbarn.

Dann kommt der Bräutigam. Ein trommelndes und Dudelsack spielendes Orchester kündigt ihn an.

In einer Traube aus mindestens 40 Männern wird er ins Zelt geführt. Es herrscht ein großes Durcheinander, ich glaube kurz, eine Schlägerei vor mir zu sehen, merke dann aber, dass das Ganze Teil der Inszenierung ist. Freunde und Verwandte werfen mit Geldscheinen nach dem Bräutigam, wiederum andere Männer schmeißen sich auf den Boden, heben die Scheine auf und stecken sie dem Bräutigam zu. Immer mehr Männer strömen hinzu.

Heute sei gar kein wichtiger Tag, viele Leute kämen nur wegen des Essens, sagt Sajjad. Nun werden dem Publikum Kleider vorgestellt, welche die Braut als Mitgift mit in die Ehe bringt. Und ich kann dem Brautpaar ansehen, dass sie müde sind.

Sajjad erzählt, er habe seine Frau am Tag der Hochzeit auch zum ersten Mal gesehen. Ich versuche, mir solch eine Situation vorzustellen. Wie aufregend und vielleicht auch ernüchternd muss so ein Moment sein.

Ich frage Sajjad, was das für ein Gefühl war, ob er denn zufrieden gewesen sei, ob er seine Frau damals hübsch gefunden habe. *„It was ok!"* kommt seine Antwort daher, mit dieser pakistanischen Gelassenheit, die wir nun schon oft beobachten konnten. Er hat einen Sohn und das zweite Kind ist unterwegs. Ich frage, ob er glücklich ist. Er zögert, und sagt *„Yes, it's normal"*.

Normal ist hier auch, dass unverheiratete Kinder bei den Eltern wohnen. Vor allem die Mädchen wohnen bis zum Tag ihrer Hochzeit zuhause, erst dann ziehen sie aus. Ziehen zu einem Mann, den sie vielleicht davor noch nie gesehen haben, der von da an ihr Ehemann ist. Mit ihm teilen sie fortan ein Bett, ein Haus, ein ganzes Leben.

Wir hatten uns vorgenommen, nur fünf Tage in Pakistan zu bleiben und nicht zu trampen. Am Ende bleiben wir fünf Wochen und trampen 2000 Kilometer durch die Islamische Republik.

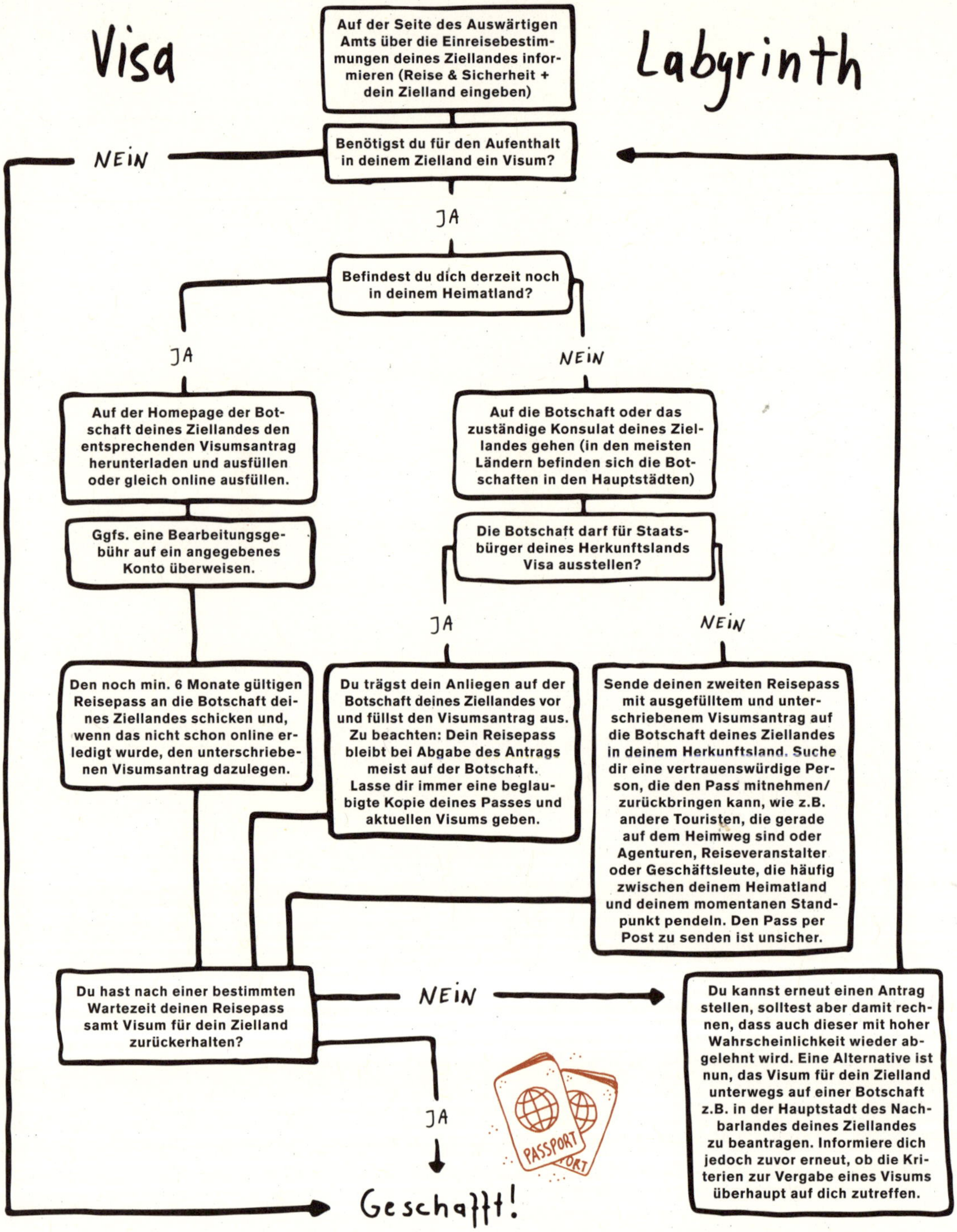

1. Falls für den Visumsantrag Flug- oder sonstige Tickets benötigt werden, können diese in einem Reisebüro reserviert und danach wieder storniert werden. Das kann auch mit angeforderten Buchungen für Hotels o.Ä. gemacht werden.

2. Falls für den Visumsantrag eine Einladung (auch Visa Support Brief genannt) benötigt wird, bietet es sich an, diesen über eine Agentur zu besorgen.

3. Beantrage in deinem Heimatland einen zweiten Reisepass. Mit der Begründung, dass du auf eine sehr lange Reise gehst und viele Visa gleichzeitig beantragen musst und evtl. Platzprobleme bekommen könntest. Auch ein gutes Argument: Du möchtest in zwei Staaten reisen, für die ein Visum in deinem Pass des jeweils anderen Landes ein Grund zur Ablehnung deines Antrags wäre (z.B. Israel-Iran).

4. Nicht immer wird dieser Antrag bewilligt, ist aber einen Versuch wert und kann gerade bei Überlandreisen sehr hilfreich sein.

5. Suche dir zuhause eine vertrauenswürdige Person, die sich ein wenig mit Visa und Anträgen auskennt und die dir im Falle eines zurückgesendeten Passes mit Visumsantrag helfen kann.

6. Passfotos mitnehmen (siehe S. 159)

*Wahrscheinlich
werden wir länger
brauchen, als
wenn wir zuhause
geblieben wären*

Zweites

östlicher

Jahr

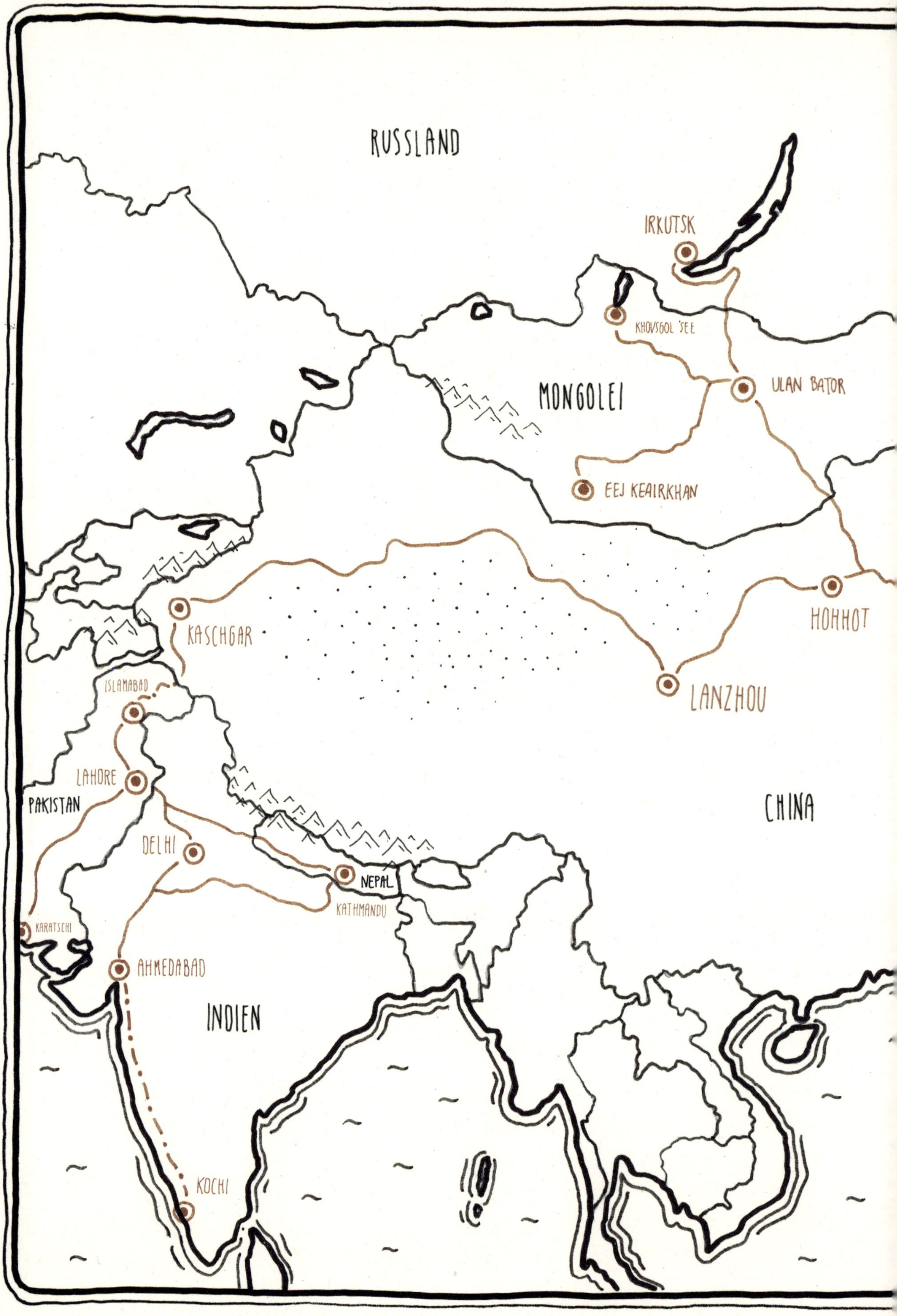
RUSSLAND
IRKUTSK
KHOVSGOL SEE
MONGOLEI
ULAN BATOR
EEJ KEAIRKHAN
KASCHGAR
HOHHOT
LANZHOU
ISLAMABAD
LAHORE
PAKISTAN
CHINA
DELHI
NEPAL
KATHMANDU
KARATSCHI
AHMEDABAD
INDIEN
KOCHI

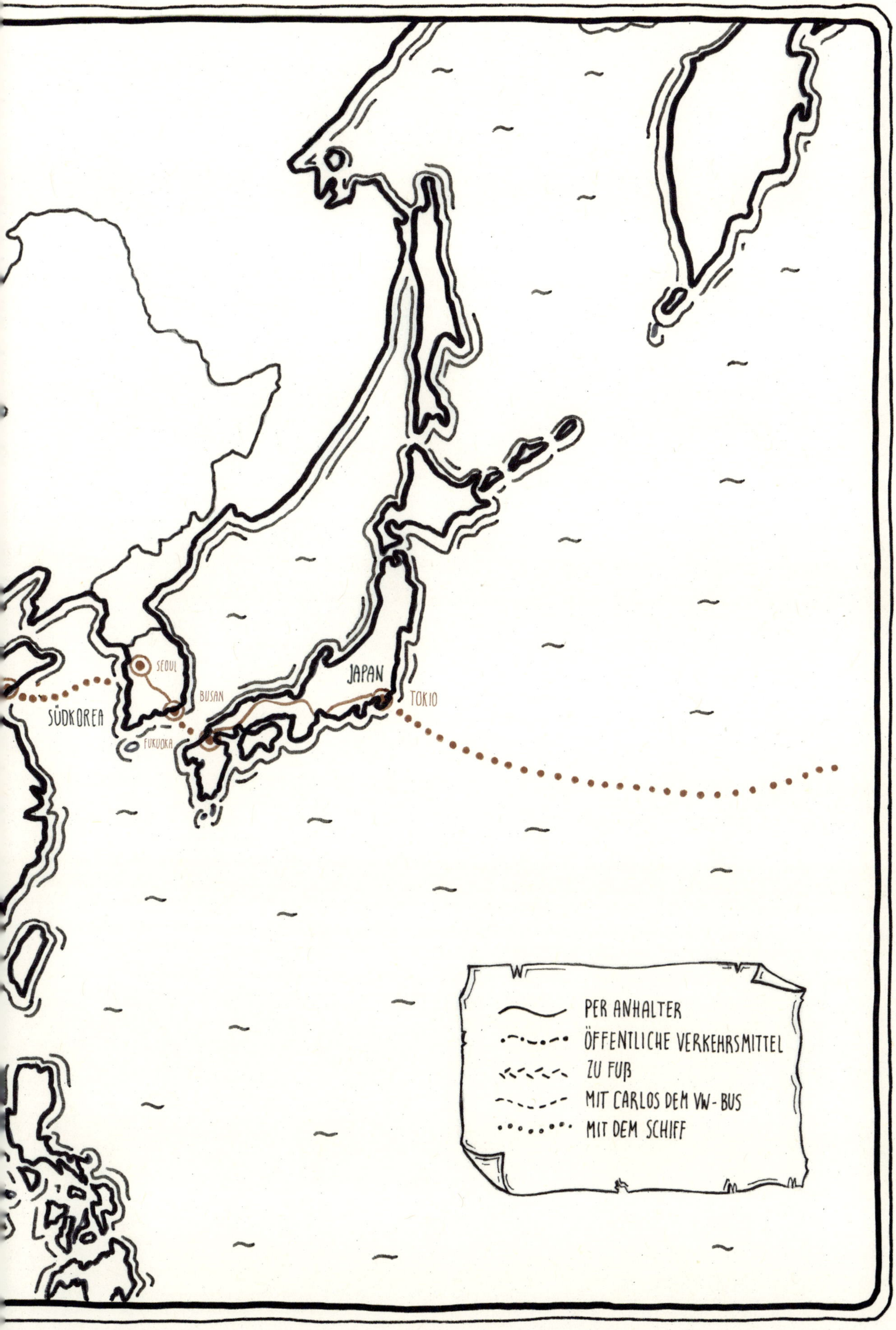
SEOUL
BUSAN
SÜDKOREA
FUKUOKA
JAPAN
TOKIO
PER ANHALTER
ÖFFENTLICHE VERKEHRSMITTEL
ZU FUß
MIT CARLOS DEM VW-BUS
MIT DEM SCHIFF

Per Anhalter durch Indien zu reisen ist mehr als ein Abenteuer. Es ist die tiefe Verinnerlichung des Optimismus. Es wird zu einer Aneinanderreihung von Durchhalteparolen an sich selbst, im tiefen Vertrauen, dass alles irgendwie und irgendwann schon klappen wird. Ein Beispiel: Irgendwo in Uttar Pradesh.

„I think you have a serious problem!“

Text — Patrick

aus Indien

Wir stehen irgendwo in einer Stadt. Eine dieser Städte, die auf der Karte wie ein Dorf aussehen und sich dann doch als riesige, unüberschaubare Großstadt herausstellen. Das gibt es in Indien tausendfach. Ich habe aufgehört, mir die Namen der Dörfer und Städte zu merken oder Unterschiede zu erkennen. Wie an einer Perlenschnur aneinandergereiht liegen sie da und ziehen sich wie ein riesiges Netz durch ganz Indien. Das Ende einer Stadt ist der Anfang der nächsten. Der Ruhrpott als Subkontinent. Jedes Mal, wenn du denkst, du bist raus, holst du eigentlich nur Luft, denn zwei Felder später fängt mit dem ersten Kiosk alles wieder an.

Wir werden irgendwo im nördlichen Teil des indischen Kontinents abgesetzt und stehen mitten in einer dieser Städte. Der sehr nette letzte Fahrer hat uns neben einen „bus stand“ (Bushaltestelle) gebracht, was wir allerdings erst merken, als wir ihm schon hinterher winken. Kommunikation in Indien ist für uns oft schwierig. Und ein „bus stand“ zum Trampen wie eine Sackgasse. Erklär mal jemandem, dass du in die nächste Stadt möchtest, aber nicht den Bus nehmen willst, der direkt neben dir abfährt. Das ist wie wenn du auf einem Markt bist und erklärst, du brauchst Äpfel, willst sie aber selbst pflücken.

Gwen sitzt neben der Straße und malt Buchstaben auf ein Platt Papier. Ich stehe hinter unseren aufgetürmten Rucksäcken und winke Autos heran. Man macht das hier mit der flachen Hand. Kurze und schnelle Wedel-Bewegungen.

Niemand hält.

Gwen ist beim Ausmalen des vierten Buchstabens. Dem vierten Buchstaben eines Ortes, der gerade mal 34km weit entfernt liegt. Und auch das ist eine weitere Erkenntnis von „Taking a lift“ (wie man hier sagt): Es fährt kaum jemand weiter als ein paar Kilometer. Bisher halten nur Tuktuk-Fahrer. Und die bleiben dann gerne auch länger. Versuchen zu handeln. Da ist ein „Nein“ kein „Nein“, sondern nur eine Frage des Preises. Drei Tuktuk-Fahrer reihen sich vor mir auf. Der erste ist besonders hartnäckig. *„Okay, Sir, 80 Rupies only.“ „No, thank you, we don't need a Tuktuk“. „Okay Sir 70 Rupies“. „No, thanks!“ „What is your good name, Sir? 40 Rupies! For you my friend, special price!“ „Nooooo!“* Er bleibt ungläubig stehen. Jetzt versuchen die anderen beiden Tuktuk-Fahrer ihr Glück. Dass wir nicht mitfahren wollen, reicht den Fahrern nicht als Antwort. Können sie nicht verstehen. Jeder Ansatz eines Erklärungsversuches scheint alles noch interessanter zu machen. In der Zwischenzeit hat sich eine kleine Gruppe von Leuten um uns herum versammelt, die uns neugierig beobachtet.

Wir wollen gerne trampen, sind geradezu berauscht von den Erlebnissen der letzten Monate, die uns diese Art zu reisen beschert hat. Wir haben uns das auch für Indien so vorgestellt und, müssen nun eingestehen, dass das Trampen hier schwieriger ist als in jedem anderen Land zuvor.

Gwen ist in den letzten Zügen des Ausmalens. Auch sie hat mittlerweile viele Beobachter bekommen. Und jetzt beginnt ein Kreislauf, aus dem wir fast nicht mehr herauskommen. Es scheint sich herumgesprochen zu haben, dass „Verrückte“ in der Stadt gelandet sind, die Traube an Leuten um uns herum hat sich zu einem Kreis geschlossen, was wiederum immer mehr Leute anzieht, weil jeder wissen will, was dort in dem Kreis vor sich geht. Doch da wir gerade keine Gesellschaftsstudie machen wollen oder Leute für Umfragen suchen, nagt das Großereignis mit uns im Mittelpunkt sehr an meiner Geduld. Wie Moses versuche ich mit meinen Händen die Menge vor mir zu teilen, um die Sicht von der Straße auf uns wieder herzustellen. Doch sobald ich das Meer von Leuten vor mir geteilt habe, schwappt alles zurück und fragende Gesichter schauen mir entgegen, als wäre ich wirklich Moses.

Das Schild ist fertig.

Zweiter Akt im Impro-Theater auf der Straße. Ich versuche, mit dem Schild über den Köpfen der Zuschauer, Autos heranzuwinken. *„Why you don't*

take the bus?" Eine wahrlich berechtigte Frage, die ich schon unzählige Male gestellt bekommen habe und nun müde bin, immer und immer wieder zu beantworten. Ich kann nicht mehr. Meine Stimme wird mit jeder Antwort lauter. Und je lauter ich werde, desto mehr Leute kommen. Der „Verrückte" schreit. Das muss man gesehen haben. Ich schiebe Leute auf die Seite, nehme wieder Kontakt zu vorbeifahrenden Fahrzeugen auf. Jemand aus der Menge sagt: *„I think you have a serious problem!"* Die Wahrheit tut so weh.

Wir standen schon öfter lange an der Straße, sind geübt im Warten. Ich liebe dieses Gefühl, keine Erwartung zu haben, um dann plötzlich, manchmal auch nach vielen Stunden erst, überrascht zu werden. Doch hier fehlt mir die Ruhe, die Gelassenheit. Ich habe das Gefühl, es wird von Minute zu Minute unwahrscheinlicher, dass uns jemand mitnimmt.

Es wurde jemand geholt, der perfektes Englisch spricht und uns nun mit einer fast schon überzeugenden Sachlichkeit erklärt, dass das „Lift machen" hier nicht gehe. Unmöglich. Ich versuche mich zu erklären, während ich ständig zur Straße schiele, um potentiellen Autos mit freien Sitzen jederzeit vor die Motorhaube springen zu können. „Wir machen das seit einem Jahr, von Deutschland hierher, jeden Tag, 400 Autos, es hat immer geklappt." Ich bin gereizt, aber schlucke es runter. Niemand meint es hier böse. *„Oh yes, I can understand, but here in India it is not possible, Sir! Please take the bus!"* Leute nicken und lachen. Ich erzähle mit der größtmöglichen stoischen Ruhe, dass wir Routine in solchen Situationen haben, und dass das Einzige, was uns scheitern lassen kann, die fehlende Sicht zur Straße ist. Der Mann schüttelt den Kopf und jetzt tut er mir leid, da er doch nur helfen wollte und von mir, dem verrückten und unverbesserlichen Fremden, nicht erhört wird.

Gwen nimmt das irgendwie gelassener. Patrick Burke, der Ire, der mit uns durch Pakistan gereist ist, hat uns vor Kurzem in einer Email geschrieben, dass er jeden Kilometer in Indien getrampt sei. Wie hat er das bloß gemacht?

Der Gedanke an ihn motiviert mich wieder. Ich halte das Schild selbstbewusst in die Höhe und grinse. Bin kurz egoistisch und beantworte keine weiteren Fragen. Auch nicht die wahrscheinlich am häufigsten gestellte Frage: *„Your good country, Sir?"* Überall, wo wir in Indien versuchen per Anhalter zu reisen, erweist es sich als extrem schwierig. Hinzu kommt auch, dass wir hier viel unflexibler sind, da wir nicht zelten können. In jedem anderen Land haben wir einfach das Zelt aufgeschlagen wenn abends niemand mehr angehalten hat. Hier in Indien ist das nicht so einfach. Es gibt sehr selten Orte mit der nötigen Privatsphäre. Überall leben Menschen, man ist fast nie alleine. Wir fühlen uns nicht wohl beim Gedanken, dass ähnlich viele Menschen wie jetzt später um unser Zelt stehen, während wir darin schlafen. Und ohne die Möglichkeit zu zelten sind wir auf Unterkünfte angewiesen und somit an bestimmte Tagesziele gebunden. Das macht Zeitdruck, den wir bisher vom Trampen nicht kennen.

Da! Ein Pick-up!

Ich winke mit dem Schild, wedle energisch mit meiner Tramperhand. Das Auto hält. Das Fenster geht runter. Zwei Männer mit langen Bärten schauen heraus. Etwa 30 Gesichter blicken in das Auto hinein.

„Hello Sir! Would you mind to give us a lift ?" Ich versuche nicht so verzweifelt zu klingen wie ich bin. Ich denke: „Nehmt uns mit, nehmt uns mit, nehmt uns mit!" Ich bete innerlich, sammle alle mentalen Superkräfte, versuche durch bestmögliche positive Ausstrahlung, sympathisch und ungefährlich zu wirken. *„Come in. You are welcome!"* Was jetzt folgt, ist, vor allem in Indien, wie ein Kick. Wie ein kleiner Rausch. Ich gluckse vor Glück, grinse und könnte beide im Auto umarmen.

30 verdutzte Gesichter ziehen in Zeitlupe an uns vorbei, als wir langsam davonfahren. Ich würde jetzt viel geben, um ein paar Gedanken lesen zu können. Doch es bleibt nicht viel Zeit für Fantasie. Der Fahrer stellt sich vor und sagt, er fahre 180 km in unsere Richtung. Ich liebe Indien!

Indien. Das Land der Kontraste. Oft liegt das Schöne direkt neben dem Elend. Glanz neben Dreck. Reichtum neben Armut.

Vor der Reise haben wir immer mal wieder gesagt bekommen, dieses ständige Beisammensein würde die größte Herausforderung werden. Aber das hat sich für uns nicht bewahrheitet, ganz im Gegenteil. Mit großer Ausgeglichenheit haben wir dieses erste Jahr gemeinsam durchlebt, ohne besonders darüber nachzudenken. Es hat einfach wunderbar gepasst. Wir konnten uns gegenseitig stärken, inspirieren und auch auffangen. Oft saßen wir abends vor dem Zelt, haben uns die Anekdoten des Tages nacherzählt, um zu verstehen und um zu verarbeiten, was wir da heute wieder alles gesehen und erlebt haben. Es ist wunderbar für mich, das mit einem Menschen zu teilen, den ich so gut kenne, der mich so gut kennt und den ich liebe.

Und doch wollen wir unsere Eigenständigkeit nicht verlieren. Dass man sich in bestimmten Dingen auf den anderen verlässt, kann auch zur Gewohnheit werden. Man vergisst hier und dort, was man selbst will, was man selbst noch kann. Und so sitze ich heute nicht als „Patrick & Gwen“ im Zug, sondern alleine.

Im indischen Zugsystem ist die Nachfrage definitiv höher als das Angebot. Auf eine Milliarde Leute kommen nur verhältnismäßig wenige Züge. Entweder man reserviert einen Sitzplatz ein paar Wochen im Voraus, oder man fährt im „General Class Wagon“ mit. Das ist sehr billig und Tickets sind immer verfügbar, da es kein begrenztes Kontingent gibt. Sprich: Alle fahren mit, die mitfahren wollen, ob sie reinpassen oder nicht. Da wir fast nie eine Woche im Voraus planen, steige ich auch heute spontan in die „General Class“. Für 24 Stunden, 1200 km und 3,10 Euro. Preislich tipp-topp. Ich fahre von Goa in den Norden, über Mumbai nach Ahmedabad. Das ist wie von Freiburg nach Schweden. Ich bin nun zwar schon des Öfteren mit dem indischen Zug gefahren, doch fehlt mir immer noch die Nahkampf-Erfahrung und überhaupt Erfahrung im „General Class Segment“. Manche schwingen sich schon in den Zug, da befindet sich die laut pfeifende Lok mit ihren unzähligen Wagons noch bei der Einfahrt in den Bahnhof. Ein kleines Stück im Parallelspurt, nach der Türstange greifen und zack, rein in die zum Aussteigen bereitstehende Menschenmenge. Türen habe ich in indischen Zügen nie geschlossen gesehen. Manchmal sehe ich Leuten zu, die noch etwas an einem der vielen Bahnhofstände bestellen, während der Zug schon wieder losfährt. Mit einer Seelenruhe wird gewartet, bezahlt, gedankt und eingepackt. Ein kleiner Spurt, ein gekonnter Hüpfer und die Abfahrtzeit war nur relativ.

Für 24 Stunden, 1200 km und 3,10 Euro. Preislich tipptopp. Ich fahre von Goa in den Norden, über Mumbai nach Ahmedabad. Das ist wie von Freiburg nach Schweden.

Ich stehe noch am Gleis. Mein Zug kommt in diesem Moment quietschend vor mir zum Stehen. Ich habe einen optimalen Start-Platz direkt vor der offenen Tür. Das Chaos beginnt, Leute drängen aus dem Zug, andere gleichzeitig in den Zug. Eine Hektik, ein Geschreie und Gerufe, selbst für indische Verhältnisse ein Hingucker. Frauen rudern mit Baby im Arm an mir und meinem Rucksack vorbei, ich mache keine gute Figur.

Meine Isomatte, hinten quer am Rucksack, wird von meinen Sitzplatz-Mitbewerbern als Einstiegshilfe genutzt, wodurch ich hin und her gezogen werde und nicht von der Stelle komme. Als fast Letzter aus der Wettkampfgruppe an meiner Tür erreiche ich die Stufen in den Zug. Es gibt noch freie Stehplätze. Ab jetzt heißt es „Reise nach Jerusalem“ in jedem Bahnhof. Fast alle stehen auf, ein fröhliches Menschengemische und dann, zack, solltest du einen Platz haben. Nach zwei Bahnhöfen bin ich vom Stehplatz zunächst auf einen Bodenplatz und schließlich zu einem Sitzplatz aufgestiegen. Ich zwänge mich auf einen Sitz, in die Mitte einer indischen Großfamilie.

Jetzt bin ich also mal wieder für mich. Ein ganzes Jahr waren wir immer zusammen: 12 Monate, 52 Wochen, 24 Stunden am Tag. In Indien wollte Gwen gerne für ein paar Tage alleine reisen.

Die indische „Reise nach Jerusalem“

Text — Patrick

aus Indien

Alle Generationen sind mit auf Tour, ich werde von allen Seiten neugierig beäugt. Noch scheint sich keiner zu trauen, eine Frage zu stellen. Aber wir haben ja Zeit. Ich reiche Kekse in die Runde und werde von allen Seiten angelächelt. Jetzt gehöre ich dazu. In der „General Class“ braucht man Freunde, sonst verliert man seinen Sitzplatz schneller als man sich strecken kann. Es ist unterhaltsam. Der kleine Junge schaut mich mit großen Augen an, das Baby baumelt über uns in einer aus einem großen Tuch gespannten Hängematte, die quer durchs Abteil reicht. Nächster Halt – ich erspähe einen Platz an der Tür und flitze schnell hinüber. Sitze jetzt auf der obersten der drei Stufen, meine Füße im Fahrtwind, mein Gesicht in der Sonne. Perfekt, für heute mein Lieblingsplatz. Bei angenehmen 50 km/h schlendert der Zug vorbei an der indischen Kulisse, führt über Flüsse, durch den Dschungel, durch Wälder, durch Städte, durch wuselnde Menschenmassen, immer nur so schnell, dass man gesehen wird, wenn man winkt. Der kühle Fahrtwind, Musik in den Ohren, es ist für den Moment perfekt und ich bin kurz für mich alleine. Aber auch dieser Platz ist sehr begehrt. Als ich mir beim nächsten Stopp eine Flasche Wasser durch das offene Nachbarfenster kaufe, ist mein Platz nach Sekunden vergeben. Durch die ohnehin schon überfüllten Gänge drängen sich jetzt zusätzlich noch Verkäufer und Verkäuferinnen in allen Altersklassen. Der kulinarische Handel blüht. *„Coffee!, Coffee!, Chai!, Chai!“ „Pani!Pani!, Samosas! Samosas!...“*. Die Stehgäste sind Slalomstangen für die Verkaufskolonne. Ich gehöre dazu, wippe vom rechten aufs linke Bein, um einen nach dem anderen durchzulassen. Die letzten springen aus dem schon wieder fahrenden Zug, Sekunden bevor er den Bahnhofssteg verlässt, ein oft geübtes Spiel. Ich stehe nun an der Tür, in zweiter Reihe, und schaue über die zwei vor mir sitzenden Jungs nach draußen, gerade noch nah genug, um die Nachmittagssonne im Gesicht zu spüren.

Bei der Großfamilie im Abteil gibt es mitgebrachtes Essen: Chapatis (dünne indische Fladenbrote) und einen würzigen Gemüseeintopf. Ich werde eingeladen. Nach dem Essen ist Fragerunde.

Thema: Familie.

Wie in fast jedem anderen Land auch. Es ist wie eine Weltsprache, für die man kaum oder manchmal gar keine Worte braucht. Das geht immer. Egal wie fremd man sich scheint. Es ist etwas, das uns alle verbindet, das jeder überall versteht. Gwens Passfoto geht einmal durchs Abteil. Da reisen wir dann doch wieder zusammen, Gwen zwar nur 4x6cm groß, aber sehr zu Freude meiner indischen Reisegesellschaft. Im Iran haben wir angefangen, uns als verheiratet auszugeben, was vieles einfacher gemacht hat. Ohne Ring am Finger ist es dort schwierig, im selben Zimmer schlafen zu dürfen. In Pakistan haben wir das beibehalten, hier in Indien tragen wir immer noch die Ringe. Ich nenne Gwen mittlerweile schon so überzeugt meine „Wife“, dass ich manchmal kurz vergessen, dass wir eigentlich gar nicht „husband and wife“ sind.

Ein Mann fuchtelt mit einem kleinen Stäbchen aus Eisen vor meinem Gesicht herum, Worte in Hindi. Er deutet irgendwelche Drehbewegungen an. *„Nein, nein, danke“*, sage ich etwas genervt, ohne genau zu wissen, was der Mann tatsächlich mit mir vor hat. *„Only 10 Rupies, Aunty!“* versucht er es erneut. Ich drehe mich weg, zu viele dieser Angebote. Der Mann mit dem Stäbchen zieht weiter. Später sehe ich, wie er jemandem mit seinem kleinen Stück Eisen die Ohren ausschabt. Ein Hörmuschelputzer.

Schwieriger, aber schon lange nicht mehr überraschend, ist dann der nächste Schritt der Familienbefragung. Das Familienweltbild vielerorts will neun Monate nach der Heirat Kinder sehen, sonst wird mit der Stirn gerunzelt. Wer die *„How-long-Marriage?-Frage“*, mit mehr als einem Jahr beantwortet, geht in eine neue Runde des netten Privat-Verhörs. *„Why no Children?“*

Ich mache den Pantomimen: Gestikuliere mit beiden Händen, einen imaginären Rucksack auf meinem Rücken. Ich schaukle ein imaginäres Baby im Arm und gebe zu verstehen, dass es nicht in den Rucksack passt. Mache eine alberne Bewegung mit dem schaukelnden Baby, als würde ich es in den Rucksack packen, den ich nicht aufhabe. Diese Pantomime-Show habe ich mir die letzten Monate antrainiert und lieb gewonnen. Auch weil es die Leute zum Lachen bringt, oder so sehr verstört, dass die Familienabfrage beendet ist. Fazit: „Husband crazy!“.

Wir sind mittlerweile beim Familienfoto. Eine schöne Idee meiner Familie, mir ein Foto in den Geldbeutel zu packen, kurz bevor wir losgegangen sind. Meine Familie sitzt grinsend auf dem heimatlichen Sofa und alle hier sitzen grinsend im indischen Zug, als das Foto durch die Reihe geht. Es wird gekichert und gelacht, und ein letztes Mal der Versuch gestartet, mich zum Papa zu machen. Die Mutter der indischen Familie nimmt das Foto und zeigt auf meine Nichte. *„Your Baby?“* Nein!, weder mein Baby, noch ich als Baby, noch das Baby von meiner *„Wife“*. *„Baby Sister!“* sage ich in die Runde.

Der Schuljunge der Familie sitzt seit etwa einer Stunde mit meinem Mp3-Player am Fenster, dem etwas älteren Mädchen habe ich meine Isomatte gegeben, da sie oben im Gepäckfach aus Eisenstäben liegt und somit mein Schaumstoffuntersatz etwas helfen kann. Das geht natürlich alles nicht ohne die Frage: *„How much cost in Germany?“* Der Onkel will das wissen. Überhaupt werden wir hier oft gefragt, was irgendetwas kostet. Also *„in Germany“*. Das hat in Zentralasien schon begonnen und ist uns bis hierher immer wieder begegnet. Mir fällt auf, dass man in Deutschland weniger über Geld spricht. Hier wollen die Leute oft und gerne ganz genau wissen, was man verdient. Mir scheint, in Indien sind die Menschen weniger diskret. Vielleicht ist das auch ein Resultat der Bevölkerungsdichte und des Lebensstandards. Durch die Enge und die Armut ist eine Privatsphäre, so wie wir sie aus unserer Heimat kennen, hier oft gar nicht möglich.

Einer der kleineren Jungen steht neben mir und schaut zu, wie ich Tagebuch schreibe. Seit Minuten. Er liest mit. Und ich erwische mich, wie ich kurz überlege, ob er vielleicht Deutsch lesen kann. Ich male Symbole auf seinen Arm und frage ihn ab. Auf Englisch. Er ist gut. Ein Boot, ein Baum, ein Auto… Sonne, Mond und Sterne…

Es ist Nacht geworden, alle schlafen kreuz und quer. Ich habe mittlerweile wieder einen Sitzplatz am Fenster. Das sei mir nach 17 Stunden Fahrt auch gegönnt. Noch ein paar Stunden Schlaf und dann sind wir da. Ich bin schon weggedöst. Und plötzlich kommt der Regen. Eine Dusche. Mitten im Abteil. Hä?!..Eine Fontäne kommt aus der baumelnden Hängematte, der kleine Säugling pinkelt wie ein Springbrunnen, in hohem Bogen direkt auf meine Füße. Da ich Flip-Flops trage, bin ich quasi unten ohne und dann auch ziemlich nass. Anstatt, wie vielleicht erwartet, Schamröte zu zeigen, wird in meiner 24-Stunden-Adoptivfamilie herzhaft und laut gelacht. In Indien ist man nie ganz allein.

Fazit: husband crazy!

Masala Chai

„Ein echtes indisches Geschmackserlebnis“

Foto – Janik Gensheimer

ERGIBT 1 1/2 LITER CHAI

Die Milch und das Wasser zusammen mit dem Zucker und den Gewürzen aufkochen. Dabei immer wieder umrühren und darauf achten, dass nichts anbrennt oder überkocht. Etwa 5 Minuten sprudelnd kochen lassen. Danach den Topf vom Feuer nehmen, den Tee in das Milchgemisch geben und erneut aufkochen.

Den Herd auf die kleinste Stufe stellen und den Chai für weitere 10 Minuten köcheln lassen. Das Getränk durch ein Sieb gießen und heiß genießen!

Der Rückstand, der sich im Sieb sammelt, kann übrigens noch einmal benutzt werden. Einfach ein Viertel weniger Milch und Wasser verwenden, damit der Geschmack auch beim zweiten Aufguss intensiv wird!

1 Liter Vollmilch
600ml Wasser
4 Esslöffel loser Assam-Tee, oder jeder andere starke Schwarztee
6 Esslöffel brauner Mascobado Zucker oder Rohrohrzucker
die Samen von 8 Kardamomkapseln – geschält und im Mörser grob zerstoßen
ca 4cm frische Ingwerwurzel – geschält und in feine Scheiben geschnitten
8 Gewürznelken – im Mörser grob zerstoßen
2 Zimtstangen – im Mörser grob zerstoßen
5 Anissterne – im Mörser grob zerstoßen
1 Teelöffel Fenchelsamen – im Mörser grob zerstoßen
8 Pfefferkörner – im Mörser grob zerstoßen

Während einer mehrwöchigen
Wandertour im Himalaya:
Traum-Panorama des Annapurna
Himal direkt vor der Zeltluke.

So wirds gemacht

Gebrauchsanleitung aus einer nepalesischen Kondompackung. Bild sechs: Das Kondom nach Gebrauch im Garten vergraben?

RECHTS UNTEN Ein Tempel auf dem Durbar-Platz in Kathmandu. Ein Jahr nachdem diese Bilder entstanden, wurden die historischen Bauwerke bei dem verheerenden Erdbeben von 2015 zerstört.

Eindrücke aus Nepal

Die erste Nacht in Nepal werden wir nie vergessen. Zum ersten Mal schlafen wir seit Langem wieder im Zelt. Abends sitzen wir stundenlang einfach nur da und lauschen dem Wald. Dabei merken wir schnell, dass wir wieder einmal eine Pause brauchen könnten.

Die Zeit in Nepal wird deswegen für uns auch eine Zeit des Rückzugs – begleitet von dem Kontrast der kunterbunten Stadt Kathmandu und den atemberaubenden Landschaften des Himalayas.

Nach einer verschneiten Nacht im
Himalaya lassen wir unsere Sachen
am Morgen in der Sonne trocknen.

FÜR DIE RE

Ich bin es aus meiner Heimat so gewohnt, ständig alles haben zu können. Hier eine Brezel, da ein Eis, dort ein Bier. Ach, drei Euro? Das ist nicht viel Geld, denke ich. Doch was ich dabei leicht vergesse, ist die Summe, die sich aus all den kleinen Beträgen ergibt.

Auf unsere Reise wollen wir ganz bewusst auf diesen Dauerkonsum verzichten. Wir wollen nur einen Bruchteil davon und dieses Bisschen wollen wir dafür intensiv. Deswegen setzten wir uns ein klares Budget: Fünf Euro am Tag für jeden. Ausgenommen davon sind Ausgaben, wie für die Auslandskrankenversicherung und Visa, die unumgänglich sind und auch nicht durch kreative Ideen beglichen werden können. Über alle anderen Ausgaben führen wir Buch, schreiben genau auf, wohin unser Geld fließt. Nicht, um daraus eine „Challenge" zu machen. Es geht uns vielmehr darum zu erfahren, was wir wirklich brauchen. Sich so eine Richtlinie zu setzen, mag für Außenstehende dogmatisch klingen. Doch für uns hat es sich nie zwanghaft angefühlt oder uns gar eingeengt. Fünf Euro sind ein Durchschnitt – an manchen Tagen geben wir deutlich mehr Geld aus, an anderen brauchen wir kaum etwas.

Für uns bestehen die Bedürfnisse des Reiselebens aus drei wesentlichen Faktoren: Essen, Schlafen und Weiterziehen. Das Weiterziehen bedeutet für uns Trampen, wozu man im Normalfall kein Geld, dafür aber viel Zeit benötigt. Und die haben wir.

Zum Schlafen können wir immer irgendwo eine kostenfreie Ecke finden, wo wir unser Zelt aufschlagen. Solange wir uns nicht in Großstädten aufhalten. Und sind wir doch dort, weil zum Beispiel ein neues Visum beantragt werden muss, dann gibt es Internetportale, in denen Menschen ihre Couch kostenfrei für Reisende anbieten wie zum Beispiel „Couchsurfing", „Bewelcome", oder „Warmshowers". Gemeinschaften, die auf der Idee des Tauschens basieren. Die eigene Couch zuhause wird zum Schlafplatz für Reisende und im Gegenzug kann man auf dem Sofa anderer Mitglieder übernachten, wenn man selbst unterwegs ist. In seltenen Fällen, wenn wir zum Beispiel krank sind, müssen wir in eine Herberge oder ein Hostel gehen, doch dafür reicht das Budget eigentlich immer.

REISEN UND GELD

ES IST DER VERSUCH, NICHT MEHR ALS FÜNF EURO AM TAG AUSZUGEBEN.

Das Essen kostet jeden Tag Geld. Wir haben die Erfahrung gemacht, dass fünf Euro am Tag meistens ausreichen um satt zu werden. Und halten wir uns in Ländern auf, in denen unser Tagesbudget noch nicht mal für das Frühstück reicht, werden wir kreativ: machen auf der Straße Seifenblasen für Kinder oder verkaufen Halsketten, welche wir aus Dingen basteln, die wir unterwegs gefunden haben. Später, als wir mit dem VW-Bus unterwegs sind, fange ich an selbstgemachte Seifen und Traumfänger zu verkaufen. Das reicht zwar nicht, um unseren Reisealltag zu finanzieren, macht aber Spaß und bessert die Reisekasse immerhin ein bisschen auf. In dreieinhalb Jahren leisten wir, zusammengerechnet, auch mehr als ein halbes Jahr Freiwilligenarbeit und arbeiten für Kost und Logis. Dadurch brauchen wir in dieser Zeit fast kein Geld und können so unser eigenes Erspartes „sparen". So haben wir auch immer genug Geld, um unseren Gastgebern kleine Geschenke zu machen oder sie badisch bekochen zu können.

In den ersten eineinhalb Jahren der Reise reichen uns fünf Euro pro Tag und Person – wir brauchen im Durchschnitt sogar weniger. Aber schon während der Schwangerschaft merken wir, dass wir unsere Richtlinien ab sofort flexibler gestalten müssen.

Ab Sibirien halten wir uns deswegen nicht mehr so streng an unser Tagesbudget. Wir orientieren uns immer noch an den fünf Euro, überschreiten diese Grenze aber häufig. Doch ein bewusster Umgang mit Geld bleibt. Nicht nur, weil unsere Reisekasse nicht unerschöpflich ist, sondern vielmehr, da es uns bis zum Schluss ein Bedürfnis ist, Zeit und nicht Geld als den eigentlichen Luxus der Reise zu definieren.

Schon bei unserem ersten Aufenthalt in Lahore haben wir die hypnotischen Tänze und das Herzschlag-Trommeln der Sufis bewundert. Die „spirituellen Moslems“ mit ihren besonderen Ritualen sind auch in Pakistan eine religiöse Minderheit.

Verdrehte Sinne

aus Pakistan

In dem Innenhof eines kleinen Schreins, der eher an einen hinduistischen Tempel erinnert, tummeln sich Männer um die Trommeln. Einer der beiden Trommler ist ein großer, breiter Mann mit langen Haaren. Er ist in ganz Lahore bekannt. Ja, sogar im Ausland kennt man ihn mittlerweile. Seine Trommelschläge sind besonders stark und voller Rhythmus, der durch Mark und Bein geht. Das Faszinierende an ihm ist jedoch, dass er selbst keinen der Schläge hört, sondern nur spürt. Denn Ganga Sain ist taubstumm.

Zwei Männer drängen die Zuschauer zur Seite: *„Platz da, die Derwische kommen“*. Mit geölten Haaren kommt eine Gruppe Männer in den Kreis. Einige unter ihnen dürften kaum älter als 15 Jahre alt sein. Langsam fangen sie an, sich im Takt der Trommeln zu bewegen. Die Köpfe hängen dabei schlaff herunter, die Arme wippen, die Füße trippeln oder stampfen bei jedem Schlag. Einer fängt an, den Kopf hypnotisch im Kreis zu schwingen. Als wäre es abgesprochen, tritt dann und wann einer von ihnen in die Mitte und beginnt, sich zu drehen. Die Arme fliegen, das so typische Gewand der Pakistanis, der Salwar Kameez, bildet eine Glocke. Unaufhörlich, schwindelerregend lange und immer schneller werdend, ohne dabei aus dem Gleichgewicht zu kommen. Die Derwische verdrehen mit ihren Kreisen die Sinne. Wenn man sie ansieht, spürt man, dass sie nicht ganz hier und auch nicht ganz dort sind. Irgendwie ist es auch unheimlich. Wie magnetisch angezogen wird der Kreis um die Männer immer wieder enger. Doch schroff wird die Menge wieder zurückgedrängt. Obwohl hier ein heiliger Schleier über dem Ort liegt, hängt auch eine Spannung in der Luft. Die Stimmung ist fast aggressiv.

Wir sind zwei Frauen unter etwa 100 Männern. Die andere ist eine schöne, pakistanisch aussehende Frau, die Urdu spricht. Doch ihre Körpersprache, ihre Kleidung, ihr ganzes Auftreten verraten, dass sie im Ausland gelebt haben muss. Erst wundere ich mich, warum ihre zwei männlichen Begleiter keinen Zentimeter von ihrer Seite weichen. Später, als wir uns einen Weg durch die Menge nach draußen bahnen, verstehe ich warum. Ohne auch nur im Geringsten mit etwas Unangenehmem zu rechnen, laufe ich durch den schmalen Gang, den Patrick vor mir frei gemacht hat, und werde von allen Seiten angefasst.

Da war ich wohl zu naiv, habe mit meiner bloßen Anwesenheit Signale versendet, die auf die Männer hier als klare Einladung gewirkt haben müssen.

Als wir fünf Monate später wieder in Lahore sind, wollen wir uns noch einmal das mystische Schauspiel anschauen. Es ist mittlerweile Sommer und der Vorplatz des „Tempels“ vollgestopft mit Menschen. Schon auf der Straße vor dem Eingang drängen sich unzählige Männer. Dieses Mal sind noch mehr Trommeln da, im Innenhof tanzt ein Dutzend Derwische. Ein alter Mann trägt ein glitzerndes Frauenkleid und tanzt barfuß zwischen den anderen.

Aus den Fehlern vom letzten Mal haben wir ja gelernt, dachte ich. Deswegen läuft Patrick dicht hinter mir. Kaum eine Hand passt zwischen seinen Bauch und meinen Rücken. Noor, unser pakistanischer Freund, den wir über Couchsurfing kennengelernt haben, ist direkt vor mir. Links noch ein Franzose, der gerade auch bei Noor zu Besuch ist. Wir quetschen uns durch die Menge nach oben, in den Innenhof des kleinen Schreins. Die Frauen in der Menge sind auch heute wieder an einer Hand abzuzählen.

Einigermaßen verschont kommen wir oben an, finden bei der schönen Pakistani, die, wie wir jetzt herausfinden, in den USA aufgewachsen ist, ein Plätzchen und bestaunen aufs Neue die sich in Trance tanzenden Sufis. Joints werden von Hand zu Hand

gereicht. Die Stimmung ist heute noch hitziger und unübersichtlicher. Der Kreis der Tänzer wird dieses Mal von zwei uniformierten Polizisten in Form gehalten. Obwohl das mystische Schauspiel ohne Gleichen ist, wird uns die Stimmung zu unheimlich und wir beschließen, frühzeitig zu gehen. Auch die Gefahr, hier Opfer eines Terroranschlags zu werden, wird mir auf einmal bewusster als jede Minute zuvor. Hunderte von Augen wandern zu uns, als wir uns aus dem Publikum erheben und uns, halb kletternd, halb quetschend, eine Gasse zur Treppe bahnen. Schon von oben können wir sehen, dass der Weg zum Ausgang schwierig wird. Ein Gang, etwa zwei Meter breit und sechs Meter lang, führt hier zu einer Treppe, die dann auf der Straße endet. Überall Menschen, Männer, Augen. Und, wie ich jetzt schon befürchte, auch unzählige Hände. Ich muss schlucken, als ich sehe, dass es fast unmöglich sein wird, den Gang zu passieren. Patrick, ich, Noor und der Franzose beginnen, uns als Einheit langsam die Treppe hinabzuschieben. Gleichzeitig drängen von unten Menschen hinauf. Es ist ein Chaos. Irgendwie schaffen wir es die Treppe hinunter, stehen nun mitten im Gang. Augen. Hände. Überall. Obwohl mich meine drei Männer gut bewachen, werde ich von allen Seiten angefasst. Ich schlage unwirsch die Hände weg, kneife in irgendwelche Handballen, kratze und schaue mich böse um. Wir stecken fest. Es sind so viele Menschen im Gang, dass es kaum mehr möglich ist, sich von der Stelle zu bewegen. Einer von ihnen versucht, Patricks Kameratasche zu stehlen. Er scheitert natürlich kläglich, da er weder stärker ist als Patrick und es somit nicht schafft, ihm die Tasche zu entreißen, noch danach mit der Tasche hätte davon laufen können. Keine Zeit, sich mit ihm aufzuhalten. Wir werden hin und her gedrängt.

Ich bekomme Angst. Wieder und wieder Hände an meinem Körper. Ich drehe mich um, erahne wo eine der Hände herkommt und will ein Zeichen setzte, indem ich dem Mann eine Ohrfeige verpasse. Ich bereue es schon im gleichen Moment. Denn der kleine Mann schaut mich sofort aus aufgerissenen Augen an. Panik steht ihm ins Gesicht geschrieben. Niemals werde ich diesen Blick vergessen. Denn in diesem Moment schon muss der kleine Mann gewusst haben, was nun auf ihn zukommt. Und obwohl es absurd ist, denn mindestens die Hälfte der Männer, die um uns herum mit feststecken, müssen auch zugegriffen haben, wenden sich jetzt genau diese an den kleinen Mann und fangen an, ihn zu schubsen, anzuschreien und zu meinem großen Entsetzen zu schlagen. Ein Tumult entsteht. Es geht nicht lange und der Mann wird zu Boden gezerrt und getreten. Er schreit. Innerlich hoffe ich in diesem Moment nichts mehr, als dass der Mann auch wirklich zu der Hand gehört hat, die ich an meinem Körper gespürt habe. Nicht, dass er am Ende gar nicht... Ich muss hier raus. Panik entsteht. Alle drücken. Wir schieben uns in Richtung Ausgang, kommen irgendwie vorne an und stehen vor einer zweiten kleinen Treppe, vielleicht 6 Stufen hoch. Von hinten wird gedrückt. Wir klammern uns am Geländer fest, Noor mit jeder Hand an einer Seite, um uns so vor dem Fallen zu schützen. Doch es ist eine Frage der Zeit. Wir sind viel zu viele Menschen in dem Gang und auf der Treppe. Wir wissen alle: Wenn Noor jetzt loslässt, dann fallen wir. Der Bogen spannt sich immer weiter. Und irgendwann entgleitet Noor das Geländer und wir stolpern mit etwa 10 Mann die Treppe hinunter. Wir fallen wie Dominosteine aufeinander.

Hunderte von Augen wandern zu uns, als wir uns aus dem Publikum erheben und uns, halb kletternd, halb quetschend, eine Gasse zur Treppe bahnen.

Es ist ein Wunder, dass sich keiner von uns dabei verletzt. Das Schwierige ist nun, sich aus dem Knoten von Menschen zu befreien und unten wieder auf die Beine zu finden. Patricks Schuh fehlt. Egal. Wir eilen die Straße hinunter.

Wir sind draußen, stellen uns erst mal etwas abseits an den Rand zu Noors kleinem Motorrad. Ich zittere. Noch nie habe ich einen Menschen geschlagen. Noch nie war ich so eingeengt, schon gar nicht als einzige Frau unter hunderten von Männern und dazu noch in einem Land, in dem es im Falle eines Unfalls keine sofortige Hilfe gegeben hätte. Noor sagt: *„I'm so sorry, please, this is not the good side of our country. Let's forget what happened tonight, I'm very embarrassed.“* Obwohl wir nach wie vor erregt sind, stimmen wir zu und gehen Kulfi, ein Stileis aus fettiger Milch und viel Zucker, essen.

Irgendwie waren wir ja auch selbst Schuld. Hätte man auch schon an den vielen Menschen vor dem Eingang sehen können, dass es keine gute Idee ist, heute hierher zu kommen. Da kommt noch ein Mann, bringt Patricks Schuh und sagt: *„I'm sorry what happened with you, I saw that the boy tried to steal the bag. We took him to the police man...“.*

Den kleinen Mann wird keiner zur Polizei bringen, da ist Selbstjustiz an Ort und Stelle angesagt. Wo die Würde der Frau verletzt ist, da wird gehandelt im Namen Allahs, oder so...

Paradox in einem Land, in dem vor nur wenigen Wochen hier in Lahore eine junge Frau zu Tode gesteinigt wurde, weil sie sich in den falschen Mann verliebte.

Pünktlich zur vollen Stunde geht das Licht aus, pünktlich zur nächsten vollen Stunde wieder an. Immer in einem anderen Stadtteil. Den ganzen Tag hindurch, die ganze Nacht lang. Das ist in Pakistan normal. Wenn nachts im Viertel der Strom ausgeht, werden wie selbstverständlich die Notstromaggregate angestellt. Alles geht weiter als wäre nichts gewesen. Als wir bei einer Veranstaltung in einem sehr vornehmen Konzerthaus sind, fällt mitten in der Show der Strom aus. Das Publikum beginnt im Dunklen zu klatschen, zu grölen und *„Pakistan, Pakistan“* zu rufen bis die Aggregate angestellt werden. Als wir Pakistan verlassen, werden gerade unsere Daten in den Rechner eingetippt als, zack, der Strom ausfällt.

In Lahore fährt ein Moped an uns vorbei. Wir zählen sieben Leute auf dem kleinen Gefährt. Vater fährt mit Sohn im Schoß, Mutter dahinter, dazwischen ein Kind. Die Mutter hat wiederum in jedem Arm ein Kind und ganz hinten klammert sich noch ein Mädchen an den Rücken der Mutter.

Kesar Pista Kulfi

„Ein herrlich milchig-cremiges Eis am Stiel“

FÜR 10 KLEINE EIS

Die Milch mit der Sahne und dem Zucker mischen, aufkochen lassen, dann auf kleine Flamme drehen und köcheln lassen bis sich das Milchgemisch um ein Drittel verringert hat. Gelegentlich rühren, um ein Überkochen und Anbrennen zu vermeiden. Die Flüssigkeit dickt mit der Zeit etwas an, sollte aber nicht zu Karamell werden. Das Eis muss den sanften Geschmack der Milch behalten.

Den Safran in eine kleine Schale geben und mit einem Esslöffel der heißen Milch verrühren. Die Fäden dürfen sichtbar bleiben – sieht nachher im Eis toll aus!

Sobald sich das Milchgemisch auf die gewünschte Menge reduziert hat, den Safran unterrühren und kurz aufkochen lassen. Vom Herd nehmen, den Kardamom unterrühren und auf Zimmertemperatur abkühlen lassen. In Shotgläschen oder jedes andere Gefäß füllen, das nach oben hin weiter wird.

In das Gefrierfach stellen und anfrieren lassen. Nach etwa drei Stunden kleine Stäbchen in das Eis stecken. Weitere acht Stunden im Gefrierfach lassen. Danach heraus nehmen und mit einem heißen Tuch kurz umfassen, damit sich das Eis von dem Glas löst. An dem Stäbchen herausziehen und sofort genießen!

800 ml Vollmilch
200 ml Schlagsahne
8 Esslöffel Vollrohrzucker
etwa 10 Fäden Safran
die Samen von 10 Kapseln grünem Kardamom (1 Teelöffel) – geschält und im Mörser zerstoßen
3 Esslöffel Mandeln – geschält und gemahlen
1 Esslöffel Mandeln – zerhackt
3 Esslöffel Pistazien – zerhackt

Foto – Janik Gensheimer

Das Karakorum Gebirge in Pakistans Norden
ist die höchste Gebirgskette der Welt.
Über 60 Gipfel sind höher als 7000 Meter.

Pakistan Tourism

Vor uns liegt ein See. Am Ufer schaukeln bunt bemalte Holzboote in dem trüben, türkisblauen Wasser. Aus Karachi wurden die Boote samt ihrer Besitzer und Steuermänner hier hoch gebracht, erzählen zwei Männer, die uns beim Trampen mitgenommen haben. Sie sind die steile Straße hier hinauf gefahren, um das Schauspiel einmal mit eigenen Augen zu sehen.

Kein Fall von Glück

Text — Gwen

aus Pakistan

Und, wahrlich: Es ist ein ungewöhnliches Bild, das sich vor uns auftut. Da der Karakorum-Highway an den Ufern des Sees abrupt endet, werden über die schmalen Boote zwei dicke Bretter gelegt, die je nach Notwendigkeit zusammen oder auseinander geschoben werden können. Autos, Vans oder sogar kleine LKWs fahren vom Ufer aus auf die Bretter, wobei sich das Boot stark zur Seite lehnt, um kurz darauf, wenn der Wagen in der Mitte der Bretter angekommen ist, mit einem Ruck wieder in die Horizontale zu schaukeln. Das Fahrzeug steht nun, perfekt ausbalanciert, auf den zwei Dielen und kann so über den See transportiert werden. Man sieht, dass hier improvisiert werden musste. Doch warum?

Im Januar 2010 gab es im Karakorum-Gebirge einen gewaltigen Erdrutsch, welcher ein ganzes Dorf begrub und dem Hunza-Fluss, der sich hier durch die Berge schlängelt, den Weg versperrte. Innerhalb weniger Tage staute sich der Fluss, trat über die Ufer und bildete in dem schmalen Tal einen 21 Kilometer langen See, in dem weitere Dörfer ganz oder teilweise versanken. Auch der von den Chinesen neu erbaute Highway wurde überspült und schließlich von dem neu entstandenen „Attabad-Lake" verschlungen. Es kursieren verschiedene Geschichten, warum der natürlich entstandene Staudamm nicht sofort wieder aufgebrochen und die Straße ersetzt wurde. Sicher ist, dass verschiedenste politische Interessen der USA und Chinas auch den Bau einer Umgehungsstraße verhinderten, wodurch der See 2014 immer noch existiert und von jedem, der in den hohen Norden Pakistans will, mit den bunten Booten aus Karachi überquert werden muss.

Wir verabschieden uns von unseren Fahrern und treten an das Ufer, um einen Platz auf einem der kleinen Holzboote zu ergattern. Auf unser Boot wird ein kleiner Transporter geladen. Langsam gleiten wir über die glatte Oberfläche des Sees an den schroffen Bergen entlang. Vorbei an versunkenen Häusern, von denen vereinzelt noch die zerlöcherten Dächer aus dem Wasser ragen. Vorbei an Skeletten von ertrunkenen Bäumen, die am steinigen Ufer im Wasser stehen und ihre blassen nackten Äste in die klare Luft der Berge strecken. Es ist ein erschreckendes Bild, auch wenn die Kulisse des Gebirges es in etwas unfassbar Schönes verzaubert. Schrecken und Schönheit. Ein Kontrast, der die Situation vieler Teile Pakistans nicht besser zusammenfassen könnte.

Einige Tage zuvor:

Wir sitzen auf der alten, kaputten Dachterrasse eines kleinen Restaurants in Karimabad, einem kleinen Bergdorf in der Region Hunza. Mitten in den Bergen Nordpakistans. Außer einer Gruppe Studenten aus dem Süden Pakistans sind wir hier die Einzigen. Wir trinken Chai, den wir, wie so oft, am Ende nicht bezahlen dürfen. Egal wie sehr wir uns bemühen, unsere Gastgeber schieben jedes Mal die Münzen wieder zu uns zurück. Es ist ein sich ständig wiederholendes Ritual. Sobald man jemandem zu lange in die Augen sieht, wird man zum Tee eingeladen. Mit einer Ruhe, einer Gelassenheit und einer Höflichkeit, die mich nachhaltig beeindrucken. Den Gemütszustand der Bewohner eines derart krisengeschüttelten Landes habe ich mir, ehrlich gesagt, anders vorgestellt. Pakistan hat viele Aufschwünge erlebt, aber nie von langer Dauer. Zu schnell kamen immer wieder die herben Rückschläge.

Hier, in Karimabad, gab es auch einmal Zeiten, in denen sich die Menschen auf den Dachterrassen der Restaurants tummelten. In den 90er-Jahren blühte hier der Tourismus. Die Bergregion hat die höchste Dichte an Sieben- und Achttausendern der ganzen Welt. Zwischen den vom ewigen Eis bedeckten Giganten liegen tiefe, felsige Täler und grüne Oasen zu allen Seiten von kristallklaren Flüssen. Sicher eine der atemberaubendsten Gegenden der Welt. Nur eine Straße führt durch die sonst fast unerschlossene Gebirgskette: der Karakorum-Highway. Trekkingtouren, Expeditionen und das Versprechen auf eine kulturell reiche Erfahrung lockte unzählige Ausländer nach Karimabad. Schnell entwickelte sich der Norden von Pakistan vom Geheimtipp zu einer renommierten Adresse für den Bergtourismus. Ähnlich wie es auch in Nepal geschah. Bis zum 11. September 2001.

In Pakistan brach urplötzlich der Tourismus zusammen wie ein Kartenhaus. Die Menschen wurden von einem Tag auf den anderen verdächtigt, das ganze Land mit einem Schlag dämonisiert. Bis heute bekommt ein Pakistani im Normalfall für kein Land auf der Welt ein Visum. Außer für Afgha-

nistan. Niemand weiß genau, wie die Beteiligung an den Geschehnissen des 11. September wirklich aussah. Niemand weiß genau, wer welche politischen Fäden zog. Es ist auch nicht unsere Absicht, an dieser Stelle Theorien oder Thesen aufzustellen. Wir können hier lediglich davon berichten, was uns in Pakistan begegnet ist. Und das sind Menschen, die uns anstrahlen, obwohl sie von der Welt gedemütigt sind. Das sind Menschen, die zuvorkommend und freundlich sind, obwohl ihr Heimatland wahrlich kein Glücksfall ist. Es tut weh zu beobachten, wie ein paar Extremisten diese Menschen zu Tätern und Pakistan zu einem der gefährlichsten Länder der Welt machen. Die wirtschaftliche Situation ist miserabel, die Bevölkerung wächst rasant und mit ihr die Armut und der Analphabetismus. Ein Kreislauf, dem das Land nicht zu entfliehen vermag.

Der Tourismus hat sich über die Jahre ein wenig erholt, wurde aber nie wieder wie früher. Und spätestens als im Juni 2013 neun ausländische Touristen im Basislager des Nanga Parbat erschossen wurden, stehen die Hotels in Hunza meist leer. Ein paar Südkoreaner trauen sich noch hierher, da vor einigen Jahren ein sehr berühmter koreanischer Spielfilm in Hunza gedreht wurde. Eine Handvoll Rucksackreisender, wie wir es sind, und ein paar Abenteurer und Extrembergsteiger.

Und die Menschen? Sie scheinen das Leiden akzeptiert zu haben. Mit einer echten und bewundernswerten Ausgeglichenheit empfangen sie uns.

Wir treffen Abdul Karim. Er ist Ziegenhirte in Hunza und auch er hat diese typische Gelassenheit. Er spricht sehr gutes Englisch. Überhaupt sind die Menschen hier oben in den Bergen, besonders hier in Hunza, sehr gebildet. Wir fragen ihn, wo er so gut Englisch gelernt hat. In der Schule und später durch die vielen Touristen, antwortet Abdul. Er hat Trekking-Touren geleitet, damals. Doch jetzt blieben die Touristen aus, jetzt gehe er wieder mit den Ziegen in die Berge. Seine Bildung und das Englisch brächten ihm dabei leider nichts. Ein Schneeleopard habe in den letzten Wochen neun seiner Ziegen gerissen, erzählt er uns gelassen und zuckt dabei mit den Schultern. Er greift in die Tasche und holt zwei lilafarbene Edelsteine heraus, die er hier oben gefunden hat. Er gibt sie mir in die Hand und ich bewundere seinen schönen Fund. Als ich die Steine zurückgeben will, schüttelt er bestimmt mit dem Kopf und legt dabei eine Hand an sein Herz. Sie seien ein Geschenk für uns, sagt er und strahlt uns dabei offen und ehrlich an. Abdul spricht mit dieser Geste für die Mehrheit seines Volkes. Unser endloses Staunen über die Gastfreundschaft und Selbstlosigkeit der Pakistanis wurde stets mit noch mehr Herzlichkeit beantwortet.

Später erinnern mich die ungeschliffenen Edelsteine immer wieder daran, was wir in Pakistan so unzählige Male haben erlernen dürfen: Dass „Humanität", wie die Pakistanis es immer wieder genannt haben, das höchste Gut ist.

Als wir einige Tage später über den Karakorum-Highway, die höchste Fernstraße der Welt, nach China reisen, verlassen wir ein Land, das sich uns von einer ganz anderen Seite gezeigt hat als wir es vor der Einreise erwartet hatten.

Und noch etwas bleibt mir nachhaltig im Gedächtnis. Ein Satz, der mich im Nachhinein immer wieder im Glauben an das Gute im Menschen bestärkt. Ein Satz, der durch Pakistan mitgereist ist und den wir oft hörten: *„Danke, dass ihr nach Pakistan kommt, um euch selbst ein Bild von uns zu machen und nicht nur glaubt, was die Welt Schlechtes über uns erzählt!"*

In Pakistan leben fast 200 Millionen Menschen. Es ist damit das sechstbevölkerungsreichste Land der Erde.

LINKS Abdul Karim aus Karimabad.
RECHTS Studentengruppe aus Lahore bittet um ein Foto mit der Europäerin.
UNTEN Mann aus Hunza, der uns einlädt, bei sich im Garten zu zelten.

WORLD ROOF HOTEL
KARIMABAD
HUNZA
RECEPTION

TLSC. ON. 10 MIN...

Kann man im Augenblick des Erlebnisses sein und gleichzeitig die beobachtende Distanz, die man zum Filmen braucht herstellen? Wie geht das gleichzeitig?

Wir sind unterwegs, um zu reisen. Der Film ist ein Beiwerk, das aus unserer Leidenschaft als Filmemacher heraus entstanden ist, nie aber die tatsächliche Reise lenkte.

Für mich funktioniert Filmen und Erleben immer dann, wenn man die Erfahrung, das Vertrauen und die Zeit dafür hat.

Die Erfahrung ist wichtig um zu wissen, wie viele Bilder man braucht um aus einer Situation eine Geschichte werden zu lassen. Um nicht zu viel aufzunehmen. Es reicht oft wenn die Kamera nur für ein paar Minuten läuft, anstatt stundenlang Material zu sammeln.

Das Vertrauen wiederum ist wichtig, um zu verinnerlichen, dass ein authentisches Bild nicht perfekt sein muss. Aufnahmen dürfen verwackelt, unscharf, oder schlecht belichtet sein. Gerade weil ein nicht perfektes Bild manchmal echter erzählen kann als ein zu „produziertes" Bild. Oft stellen wir die Kamera auf einen Stein oder auf das Armaturenbrett und lassen sie einfach laufen. Die Kamera sollte begleiten, nicht inszenieren oder unterbrechen.

Die Zeit hingegen ist wichtig, um den Reise-Moment selbst nicht zu verpassen. Denn manchmal lässt eine Situation es zeitlich nicht zu, sie gleichzeitig zu erleben und zu dokumentieren. Wenn es extrem stressig, emotional oder sehr privat wird, bleibt die Kamera fast immer aus. Ich erinnere mich da zum Beispiel an eine Situation in Mexiko:

„Wir liegen an der Pazifikküste in der Sonne als plötzlich ein Raunen durch die Menge der Strandbesucher geht, welches kurz darauf anschwillt und zu einem Jubeln wird. Plötzlich stehen alle von ihren Handtüchern auf und sehen hinaus aufs Wasser. Acht Wale ziehen keine 200 Meter vor uns durch die Bucht. Sind auf dem Weg in den Süden. Größere und kleinere, eine ganze Familie. Immer wieder tauchen sie auf, spritzen ihre Wasserfontäne in die Höhe, zeigen ihre gigantischen Flossen. Ich könnte schnell zum Auto laufen um die Kamera zu holen, aber mache es nicht. Viel zu schön und zu kurz sind die wenigen Minuten des unvergesslichen Naturschauspiels."

REISEN UND FILMEN

UND ES WIRD EINEN FILM GEBEN. IRGENDWANN.

Ich habe durch viele verschiedene Reisen mit der Kamera eine für mich stimmige Balance zwischen Filmen und Erleben gefunden. Wir haben bei Weitem nicht alles gefilmt, oft haben wir die Kamera auch gar nicht erst ausgepackt, wenn wir das Gefühl hatten, sie erschreckt oder stört. Natürlich haben wir auch immer versucht, auf die Reaktion der Menschen zu achten, die wir aufnehmen wollten. Das war uns sehr wichtig und hat unsere Aufnahmen maßgeblich beeinflusst. Eine kleine Geste reichte meistens aus, um ein Einverständnis oder eine Ablehnung des Gegenübers zu erhalten. Einmal wurde ich dennoch in Guatemala von einer Marktfrau mit Mais beworfen als ich die Kamera auspackte.

Wir sind mit einem Camcorder, einer Spiegelreflex-Kamera und einem Stativ losgezogen. Das Stativ haben wir allerdings nach drei Wochen verschenkt. Es war zu schwer und wir haben es zu selten benutzt. Wer hier eine spezielle Equipment-Empfehlung erwartet, wird enttäuscht. Wir schreiben diesen Text nicht, um Technik zu bewerten oder zu vergleichen, viel zu einseitig sind unsere Erfahrungen und viel zu individuell sind die Möglichkeiten und Ansprüche. Jetzt sitzen wir zuhause im Schnitt und reisen noch einmal in Film-Bildern um die Welt. Und es ist schön für uns beide, die Erlebnisse noch einmal so echt vor sich zu haben. Sich zu erinnern. Details neu zu entdecken und zu reflektieren, was in dieser langen und intensiven Zeit eigentlich alles passiert ist und was wir davon für uns langfristig behalten wollen.

Wir haben seit fünf Minuten einen Einreisestempel im Pass und schon bin ich zum ersten Mal in China verwirrt: *„What?!"* Mit bürokratischer Nüchternheit werde ich über meine erste Straftat in der chinesischen Volksrepublik aufgeklärt.

Die Zolldame in Uniform schlägt das Buch ganz vorne auf. Zeigt mit ihren weißen Handschuhen auf die Übersichtskarte des Landes und da, da haben wir das Problem: Taiwan.

Die Insel an Chinas Seite ist nicht in chinesischen Landesfarben gefärbt, schwimmt hellgrau und unscheinbar im Gelben Meer. Sprich, dieses Buch skizziert Taiwan als eigenständiges Land. Sie wiederholt trocken ihre Erkenntnis: *„Illegal!"* Wir sollen den Reiseführer also abgeben. *„Ohne dieses Buch sind wir in China verloren!"* flehe ich sie an. Wir haben den Wälzer teuer gekauft und aus Indien mitgeschleppt, bestimmt nicht um 1049 Seiten direkt an der Grenze in die chinesische Mülltonne zu werfen. Ich versuche, ihr verständlich zu machen, wie sehr wir auf die Informationen des Buches angewiesen sind um uns in China überhaupt zurecht finden zu können.

Wie ich es finden würde, wenn auf der Deutschland-Karte ein Teil fehlen würde, werde ich streng gefragt. Wir brauchen dieses Buch wirklich, es wird ohnehin eine ziemlich große Kommunikations-Herausforderung werden, da ist dieser Schinken ein wichtiger Strohhalm und eine unverzichtbare Hilfe für vier Wochen Zeichensprache. Doch die Dame nimmt ihre Aufgabe sehr ernst, was hoffentlich nicht für ihren Kollegen gilt, der seit einigen Minuten unseren Laptop durchsucht. Er sucht nach „Illegalem" in unseren Musik- und Videoordnern. Die Zöllnerin schlägt das Buch noch einmal auf, blättert weiter nach hinten, wechselt mit ihrem kritischen Blick immer wieder zwischen mir und dem Buch hin und her. Sie zeigt zwei weiteren Kollegen das Buch. Synchrones Kopfschütteln *„No! Illegal!"*. Der Reiseführer wird weggetragen, ich protestiere erneut: Ich könne dieses Land nicht besuchen ohne dieses Buch, erkläre ich. Ich verspreche, das Buch nach unserem China-Besuch wegzuwerfen, die Autoren anzuschreiben und sie auf den „Fauxpas" hinzuweisen. *„Wo Taiwan doch offensichtlich zu China gehört!"* sage ich laut und denke innerlich: Genau wie Tibet und Xinjiang, in denen Völker von den größenwahnsinnigen chinesischen Machthabern unterdrückt werden. Die kühle Fassade der Zollbeamtin bricht. Ich kann es sehen. Sie zögert, denkt nach. Es wird auf chinesisch geflüstert. Völlig unnötig, sie könnten auch laut reden, ich verstehe ja ohnehin nichts. Dann schlägt sie die Seite mit der Übersichtskarte auf, reißt diese demonstrativ vor meinen Augen heraus. Sie reicht mir das Buch, nicht ohne noch einmal darauf hinzuweisen: *„This book is illegal in China"*! Unser PC ist nicht illegal. Da bin ich aber froh.

Mit einem herzlichen und ehrlichen *„Xie Xie"* (Danke) wende ich 50% meines Mandarin-Wortschatzes an und wir betreten, zusammen mit einem Reiseführer, das bevölkerungsreichste Land der Erde…

Wir brauchen dieses Buch wirklich, wir werden ohnehin ziemlich „lost in Translation" sein, da ist dieser Schinken ein wichtiger Strohhalm und eine Hilfe für vier Wochen Zeichensprache.

Die chinesische Zollbeamtin beäugt kritisch unseren China-Reiseführer. Sie blättert darin herum als suche sie geheime Botschaften. Mit einer Genauigkeit, als hätte sie bereits einen Verdacht. Sie klappt das dicke Buch zu, klemmt es sich demonstrativ unter den Arm, und sagt: „*Illegal*".

Einreise mit Meinungsverschiedenheiten

Text — Patrick

aus China

Wundersame Orte

Mexiko
Im zentralen Hochland liegt eines der „Pueblos mágicos“ (Magischen Dörfer), die über ganz Mexiko verstreut sind. Xilitla besticht nicht nur durch seine atemberaubende Lage in der grünen Berglandschaft, sondern auch durch die ursprüngliche Innenstadt mit den bunten Essensständen und Märkten. Sonntag Vormittag wird hier auf dem Dorfplatz zu Livemusik getanzt. Unbedingt mittanzen! Noch ein Grund, Xilitla zu besuchen: Die surrealen Gärten von Sir Etward James. Mitten im dichten Grün des Regenwalds entdeckt man hier verschlungene Wasserläufe, Blumen aus Beton und Treppen, die im Nichts enden (Siehe S. 194).

Guatemala
Am „schönsten See der Welt“, wie die Guatemalteken den „Lago Atitlan“ selbst nennen, liegen unzählig viele Reiseziele. Eins davon ist das „Bambu Guesthouse“ in Tzununa, wo man neben dem Entspannen in einem aus Naturmaterialien erbauten Gebäude auch auf der Permakulturfarm „Atitlan Organics“ mit anpacken und lernen kann!

Guatemala
Etwa 30 Kilometer westlich von dem Fischerdorf „Río Dulce“ liegt der Wasserfall „Agua calientes“, keine fünf Minuten zu Fuß hinter dem Restaurant „Finca El Paraíso“. Am besten früh morgens besuchen, wenn noch keine anderen Touristen da sind, und in dem mal heißen, mal kalten Wasser treiben lassen (Siehe S. 122).

Iran
Khalid Nabi im Nordosten des Irans ist nicht nur wegen des historischen Friedhofs ein interessantes Ziel. Vor allem die unwirkliche Hügellandschaft macht den Ort magisch! (S. 84-85)

Nicaragua
Die Spanisch Schule „Colibri“ liegt in dem traditionellen Bergdörfchen Matagalpa in Nicaragua. Die Schule überzeugt nicht nur durch die professionellen Lehrerinnen und die familiäre Atmosphäre, sondern vor allem durch das ethische Konzept: Keine Diskriminierung in dieser Zone!

Costa Rica
Die im hohen Norden gelegene Finka „Cañas Catillas“ ist ein ruhiger Ort mit guten Möglichkeiten für ausgiebige Spaziergänge und vor allem vielen wilden Tieren: Affen, Krokodile, Faultiere und exotische Vögel.

Pakistan
Wen es nach Lahore verschlägt: Unbedingt bei Baba Chi Kulfi das wahrscheinlich beste Stileis der Welt genießen – oder besser gesagt verschlingen – und gleich noch eins bestellen

Tadschikistan
Immer samstags! Etwa drei Kilometer nördlich von dem Dorf „Ishkashim“ kann man den afghanisch-tadschikischen Grenzmarkt besuchen. Eine fast einmalige Möglichkeit, ein bisschen afghanischen Alltag zu erleben!

Iran
In der Dascht-e Kawir-Salzwüste in Garmeh befindet sich eine Oase der Ruhe, das „Ateshooni Guesthouse“. Wer die pure Natur spüren möchte, die Stille liebt und dem außergewöhnlichen Gastgeber Maziar begegenen will, sollte auf seinem Teppich in diese Richtung fliegen.

Süd korea
In fast jeder Stadt finden sich die „Jjimjilbangs“- Badehäuser. Sie ähneln deutschen Thermalbädern. Der Unterschied: Sie sind 24/7 geöffnet und haben große Schlafsäle, in denen man sich entspannen kann. Wer einmal bezahlt hat, darf 24 Stunden bleiben! Perfekt für Backpacker...

China
Wer es nicht nach Tibet schafft, sich aber für die Kultur der Tibeter interessiert, kann einen Abstecher in die buddhistischen Dörfer Xiahe und Tongren machen. Mönche in roten Kutten, Frauen mit langen Zöpfen und Yackjoghurt garantiert!

Indien
Der „goldene Tempel“ (Harmandir Sahib) in Amritsar ist die heiligste Pilgerstätte der Sikhs. Alle, die dorthin kommen, bekommen Schlafplatz, Essen und eine unvergleichliche kulturelle Erfahrung umsonst. Gerne gesehen: Bei der Zubereitung der Speisen mithelfen für die tausenden von Pilgern, die täglich kommen.

Georgien
Wer die verspiele Altstadt von Tbilisi genauso liebt wie wir, wird sich wahrscheinlich auch über die vielen Flohmärkte freuen. Neben dem täglichen Antiquitätenmarkt auf der „Trockenen Brücke“ sollten unbedingt ein paar Stunden für den Trödelmarkt „Navtlugis Baraxolka“ an der Metrostation „Samgori“ eingeplant werden!

Pakistan
Karimabad gilt als eine der sichersten Regionen Pakistans. Hier leben die Ismaeliten, eine kleine muslimische Glaubensgemeinschaft, die als sehr liberal gilt.Vor allem unter Südkoreanern ist das Bergdörfchen beliebt, da hier ein sehr bekannter koreanischer Film gedreht wurde. Walnussbäume, Aprikosenhaine und Gletscher liegen hier auf engstem Raum beieinander – ideal zum Wandern!

您好！我们是来自德国的 Patrick（帕特里克）和 Gwen（葛文）。

这一年半以来，我们一直通过搭便车的方式进行环球旅行。

可以麻烦您免费带我们一程吗？很抱歉我们没有钱付给您 T.T

在这一年半的时间里我们已经去过 20 多个国家旅行了，都是以搭便车的方式实现的，从来没有坐过飞机。

现在我们正在从德国前往中国的途中。我们风餐露宿，住帐篷并且自己做饭。

我们将在中国逗留 30 天，然后前往蒙古和俄罗斯。+KOREA

非常感谢您的搭载！

Patrick（帕特里克）和 Gwen（葛文）

谢谢！

Eindrücke aus China

Zugegeben: Wir reisen nicht ganz ohne Vorurteile in das Reich der Mitte. Und tatsächlich haben wir in China zum ersten Mal einen so genannten Kulturschock. Im Supermarkt irren wir ratlos in den Gängen umher. Eingeschweißte Hühnerköpfe, Instantnudel-Packungen in allen Farben und was genau ist von diesen vielen bedruckten Flaschen jetzt das Wasser? Doch wir sind vorbereitet: Eine Freundin aus Freiburg, die Sinologie studiert, hat für uns einen Text geschrieben. Darin steht zusammengefasst, wo wir herkommen, was wir machen, wo wir hinwollen, dass wir über Land reisen, im Zelt schlafen und natürlich auch was Trampen ist. Das Blatt Papier, das wir selbst nicht lesen können, gehört in den Wochen in China zu einem der wichtigsten Gepäckstücke und öffnet uns viele Autotüren.

Ja, in 30 Tagen trampen wir 5000 Kilometer durch ein China, das wir uns anders vorgestellt hatten. Freundlichkeit und Offenheit räumen falsche Vorstellungen von Gleichschaltung und Steifheit bald beiseite und „Made in China"-Assoziationen werden meist von einer kulturellen Vielfalt abgelöst.

展销会
欢迎您
展销地址：同仁年都乎市场院内
展销时间：2014年5月22日---2014年6月5日
营业时间：早10:00---晚6:00
转让
房屋出售

Als wir China verlassen, merken wir, dass dieses Land mehr als nur ein Durchgangsland für uns war. In Erinnerung bleiben: überraschend leckeres Essen, Menschen, die so neugierig und höflich waren, dass Sprach- und Kulturbarrieren oft mit einem einfachen Lächeln gelöst wurden und, dass es sich vorzüglich trampen lässt.

Wie ist dieses Foto entstanden?

Als westliche Touristen wird man in China schnell zum Fotomotiv. Auf der Straße bitten Jung und Alt um ein Foto oder man wird sogar vor die Linse professioneller Fotografen gebeten. Das sei ein Plus für das Portfolio der Studios, wird uns immer wieder erklärt. Als wir in der Autonomen Region „Innere Mongolei" im Norden Chinas über Ecken einen Fotografen kennen lernen, finden auch wir uns plötzlich in traditioneller, mongolischer Hochzeitstracht in dessen Studio wieder. Bitte Lächeln! Das bringt Kundschaft, oder so...

II.

Text — Gwen

Weißer Rauch steigt von dem kleinen, getrockneten Haufen aus Salbeiblättern und Dung auf und kräuselt sich in dem heißen Wind, der um den Berg weht. Tulhuur hilft dem Schamanen, das schwere Gewand aus schwarzem Stoff anzulegen. Es ist an Saum und Kragen mit roten Stickereien verziert und von den Schultern hängen lange, dünne Schlangen aus Stoff, deren Augen aus blutroten Perlen gefertigt sind. Die Stiefel sind eng, der Schamane lässt sich auf einen der braunen Sandsteine nieder, um sie sich über die Füße zu streifen.

Vom Schamanen, der mit dem großen Auto kam

aus der Mongolei

Tulhuur und zwei andere Frauen errichten derweil einen Turm aus kunstvoll aufeinander gestapelten Keksen und Zuckerwürfeln, der als Opfergabe dienen soll. Blaue Seidentücher werden über einen hölzernen Altar gelegt, darauf kleine Schalen mit brennendem Öl und eine Buddha-Figur gestellt. Mendee, der Schamane, kniet sich davor und beginnt rhythmisch auf seiner Rahmentrommel zu schlagen. Er ruft so die Geister der Verstorbenen und lädt sie ein, an der Zeremonie am Eej Khairkhan teilzunehmen. Wir befinden uns im Südwesten der Mongolei, über tausend Kilometer von der Hauptstadt entfernt. Dort, wo sich die Wüste Gobi und das Altai berühren. Am Fuße eines heiligen Berges, des Mutterbergs, wie die Mongolen ihn nennen. Ein großer Raubvogel kreist über unseren Köpfen. *„Sie kommen"*, sagt Tulhuur und deutet auf den Vogel. *„Das ist Mendees Vogel, er kündigt die Geister an, wenn Mendee ein Ritual beginnt."*

Vor mehr als anderthalb Jahren saßen wir noch zu Hause, den Globus in der Hand. Sind mit dem Finger über die Welt gefahren. Haben uns Orte und Länder gwünscht, die wir auf dieser Reise besuchen wollen. Auf den Umrissen der Mongolei stoppte der Finger immer wieder. Ein kleines Buchstabengekritzel, kaum einen Zentimeter groß. Ulan Bator, die Wüste Gobi, das Altai. Eine ferne mysteriöse Welt und jetzt doch wahrhaftig und wirklich vor uns.

„Besitz ist Last aus der Sicht der Nomaden, dafür sorgen, hieße ja kostbare Lebenszeit mit dem Hüten der Dinge zuzubringen", Amelie Schenk, Mongolei-Reisende und Schamanen-Forscherin, schreibt diese alte Weisheit in einem ihrer Bücher („In einem deckellosen Land"). Der Minimalismus, die Bescheidenheit als Tugend, die Verbundenheit mit der Natur, das einfache und freie Leben. Genau das ist es, was uns in das große Land treibt. Denn uns scheint, als könnten wir dies nur noch an einem Ort auf der Welt direkt erleben: In den endlosen Steppen der Mongolei.

Doch wie sehr staunen wir schon am ersten Tag, als uns eine neue, schlaglochfreie Straße in die Hauptstadt führt. Ulan Bator ist eine Metropole, wenig erinnert hier noch an das Nomadentum. Allradjeeps, Smartphones, Pizza und Karaoke sind auch hier das Blut in den Adern der Stadt.

Schnell erkenne ich: Die Globalisierung hat sich bis ins Grasland vorgebohrt. Sie lockt die Menschen nun von ihren Jurten in die graslosen Vorstädte, verspricht Komfort und ein erfolgreiches Leben. Ja, heute lebt mehr als die Hälfte aller Mongolen in Ulan Bator. Vor zwanzig Jahren noch, war es kaum ein Viertel. Wir reisen in die Steppe...

Jetzt sind wir, wo der Himmel zum Greifen nahe scheint. Dort, wo die Jurten die einzigen Flecken im endlosen Grün des Graslands sind. Wunderschön, friedlich und so übersichtlich wie die Lebensidee der Nomaden selbst. Ein Bild, das so schnell zu beschreiben ist und uns doch so lange in seinen Bann zieht. Wir besuchen Jurten, sehen Familien, die ihre Herden tagein tagaus über die Steppe treiben. Sehen die Ziehenden. Doch egal, wo wir hinkommen: Die jungen Menschen träumen von einem Leben in Ulan Bator.

Im Norden der Mongolei, als wir eigentlich schon etwas betrübt das einstige Nomadenland verlassen wollen, steigen wir zu Mendee ins Auto. Braungebrannt und mit breitem Kreuz sitzt er hinter dem Lenkrad seines Geländewagens, seine Frau Tulhuur öffnet uns die Türe. Es stellt sich heraus, dass Mendee als junger Mann zu DDR-Zeiten in Dresden studiert hat und deswegen Deutsch spricht. Wir unterhalten uns auf der kurzen Fahrt bis zu seiner Farm und werden schließlich eingeladen, die Nacht bei ihnen zu ver bringen. Das Paar wohnt in einem kleinen Backsteinhaus, hat Kühe und Schweine, eine kleine Jurte für Gäste im Hof und lebt etwa 100 Kilometer nördlich von „UB", wie die Mongolen ihre Hauptstadt nennen.

Tulhuur zeigt uns das Haus und öffnet uns so auch die Türe zu einem kleinen, wundersamen Zimmer. Dem Zimmer des Schamanen. Hier empfängt Mendee regelmäßig den Geist einer alten Frau und den Geist eines alten Mannes. Durch den Schamanen können die beiden Verstorbenen zu den Menschen sprechen, können helfen und sogar heilen. Wir sind

Im Norden der Mongolei, als wir eigentlich schon etwas betrübt das einstige Nomadenland verlassen wollen, steigen wir zu Mendee ins Auto. Braungebrannt und mit breitem Kreuz sitzt er hinter dem Lenkrad seines Geländewagens, seine Frau Tulhuur öffnet uns die Türe.

überrascht. Tulhuur und Mendee hatten bis jetzt einen sehr modernen Eindruck auf uns gemacht. Gerade hier solche alten Traditionen zu entdecken, hatten wir nicht erwartet.

In wenigen Tagen werden sich Mendee und Tulhuur auf den langen Weg zum heiligen Mutterberg machen, an dem die Frau, deren Geist der Schamane oft empfängt, vor etwa 400 Jahren gelebt haben soll. Spontan beschließen wir, den beiden hunderte von Kilometern dorthin zu folgen. Wir wollen dabei sein, wenn die Mongolei zu dem wird, was wir uns von weit weg, mit dem Finger auf dem Globus, erträumt hatten.

Die Zeremonie ist im Gange. Wir sitzen in einem kleinen Kreis um den Schamanen herum. Er trägt jetzt einen Hut, von dem ein Vorhang aus dünnen Kordeln herunterhängt, der sein Gesicht bedeckt. Vornüber gebeugt sitzt er auf dem Boden, die Beine überschlagen. Seine Hand zittert, wenn er nach dem Becher greift, um einen großen Schluck von dem Wodka zu nehmen. Seine Stimme ist hoch und brüchig. Er fordert eine Zigarette nach der anderen, raucht fast eine ganze Schachtel. Tulhuur kniet in ihrer pinken Sportjacke vor ihm und wiederholt die leisen und kaum verständlichen Wörter für zwei weitere Frauen, die an der Zeremonie teilnehmen, und übersetzt für uns einige davon ins Russische. Erinnerungen aus alten Zeiten, Gedanken über das Jetzt, Freude über das Wiedersehen mit dem Eej Khairkhan. Und dann treten die Frauen nacheinander zu dem Schamanen, besprechen Probleme und Gesundheit und werden mit dem Rauch der Zigaretten und einigen Tropfen des Wodkas geheilt. Patrick ist an der Reihe, er setzt sich vor den Schamanen, wird lange betrachtet, bis der Geist der alten Frau schließlich verkündet, in ihm die Seele eines alten Kriegers zu erkennen, der an den Grenzen zu Europa gegen Dschingis Khan gekämpft haben soll.

Ich sitze da und beobachte Mendee, beobachte Tulhuur, beobachte die Frauen und den Vogel, der immer wieder über unseren Köpfen kreist. Ich kann mich nicht entschließen, ob das, was ich hier erlebe, dem entspricht, was die Mongolei so einzigartig macht. Traditionen, das Nomadentum, die tiefe Verbundenheit mit der Natur. Wir haben Milch aus Tetrapacks geopfert, sind mit einem 4-Wheel-Drive zum heiligen Mutterberg gefahren und werden mit dem Rauch von Marlboro Zigaretten geheilt. Doch gleichzeitig spüre ich, wie tiefgründig und ernsthaft die Zeremonie für die Menschen ist und wie viel Wahrheit sie dadurch erlangt. Es ist ganz offensichtlich ein Spagat, den die Mongolei gerade versucht. Moderne und Traditionen ringen miteinander, es findet ein tiefgreifender Wandel statt. Die Natur wird verkauft, aufgewühlt, ausgeraubt. Veränderung in der Geschwindigkeit des Westens, nicht aber der Geschwindigkeit der Nomaden. Wir alle sind Teil dieses Wandels. Die Mongolei, nur ein Spiegel unseres „Fortschritts". Und auch wenn ich in meiner romantischen Vorstellung vielleicht enttäuscht wurde, ist es eine so nachvollziehbare Entwicklung. Das Leben auf dem Land, in der Steppe, der Wüste, den Bergen, ist unsagbar hart. Natürlich streben die Menschen auch in der Mongolei nach einer Erleichterung des Alltags.

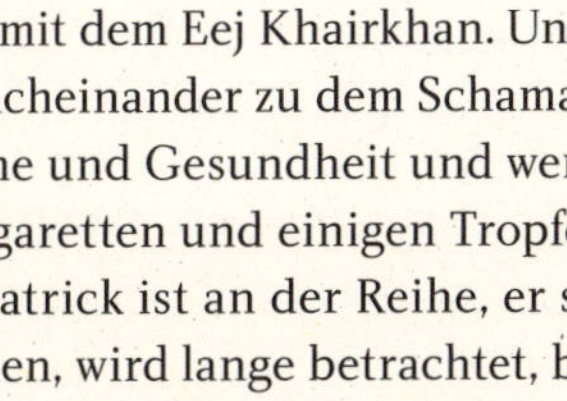

Grenze Mongolei-Sibirien: Wir warten in der Schlange vor dem Grenzhäuschen. Irgendetwas ist komisch. Es ist Sommer und trotzdem ist eine ganze Gruppe von mongolischen Frauen dabei, sich auf einem abgeschiedenen Parkplatz übertrieben viele Schichten Klamotten anzuziehen. Mehrere Lagen Unterwäsche, Strumpfhosen, T-Shirts, Pullover und Jacken. Die Oberweite und der Hintern werden sorgfältig mit Kleidungsstücken gepolstert. Da verschwindet gerne noch ein Paar Socken im Dekolleté, bevor die Damen die Ausreise antreten. Jemand erklärt uns, dass in der Mongolei Textilien viel billiger sind, als in Sibirien. Da es eben nicht verboten ist, am Körper getragene Kleidung zu importieren, verdienen viele Frauen aus den angrenzenden Dörfern so ihr Geld. Auch wir bekommen einige Packungen Socken und zwei Jacken in die Hände gedrückt, die wir vorübergehend anziehen sollen. Ich bin froh, keine Unterhosen gereicht bekommen zu haben und überquere als Textilschleuser die Grenze nach Russland.

RUN
DMC

UNTEN In der hinteren Reihe links: Mendee, der Schamane. Vor ihm seine Frau Tulhuur mit Freunden und Familie vor ihrer Jurte.
RECHTS Mongolisches Mädchen, dem wir am „Khrovsgol See“ begegnen.

Beim Trampen nehmen uns zwei junge Mongolen in ihrem Kühltransporter mit. Zu viert sitzen wir in der engen Fahrerkabine, Gwen auf meinem Schoß. Eigentlich ist das nicht erlaubt und als wir uns einer Polizeikontrolle nähern, hält die Fahrerin kurz davor an und ihr Kollege springt in den Kühlraum (-16 Grad). Einige Kilometer später halten wir und öffnen ihm die Tür. Lachend springt er aus dem Kühlfach und spendiert uns allen eine Runde Eis am Stil.

Nähzeug

Keine Reise ohne Miniatur-Nähkästchen. Man braucht es auf jeden Fall. Versprochen!

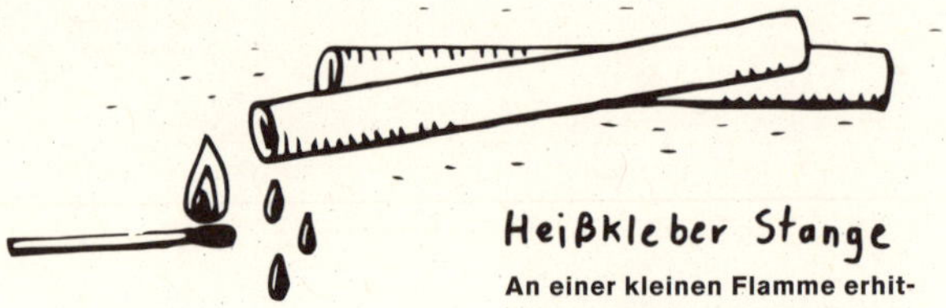

Heißkleber Stange

An einer kleinen Flamme erhitzen und schon kann man damit alles reparieren: Sonnenbrillen, Schuhe, Isomatten, das Zelt, Beziehungen...

Seifenbox

Damit nach dem Duschen im Kulturbeutel nicht immer alles klebrig und nass wird und die Zahnbürste endlich nicht mehr nach Seife schmeckt...

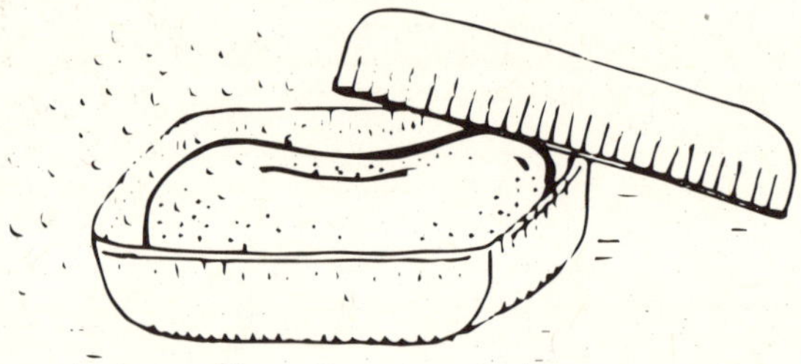

Passfotobox

Passfotos zuhause auf Fotopapier (verschiedene Größen!) drucken und ausschneiden. Erspart viel Geld und Wartezeit in Schlangen vor irgendwelchen Hinterhof-Fotostudios. Wir hatten jeder etwa 30 Passfotos dabei, die wir fast alle auch gebraucht haben!

Roggenmehl-Shampoo

Kann in jedem Gewässer verwendet werden ohne damit das Wasser zu verschmutzen und macht die Haare tatsächlich sauber und geschmeidig! Vor dem ersten Mal die Haare mit Natron auswaschen, um Rückstände von Silikon zu entfernen!

Menstruationstasse

Frauen aufgepasst: Nicht überall auf der Welt gibt es Tampons. Trinkwasser in Flaschen, um die Tasse auszuspülen, allerdings schon! Meiner Meinung nach ein perfektes (Reise-)Accessoire.

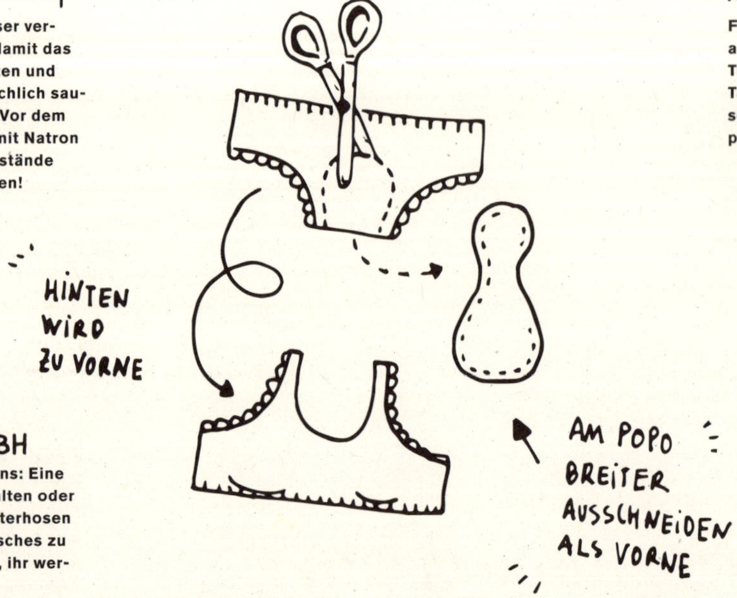

Unterhosen-BH

Für die Frauen unter uns: Eine geniale Idee, um aus alten oder schlecht sitzenden Unterhosen etwas genauso Praktisches zu zaubern. Versprochen, ihr werdet es lieben lernen!

Polaroid Kamera

Eine wunderbare Möglichkeit, um den Gastgebern gleich ein Foto schenken zu können. Das Schicken von Fotos per Mail geht leider oft schief: Entweder haben die Menschen keine E-Mail-Adresse oder keinen Facebook-Account oder es geht in der Schnelllebigkeit des Reisealltags leider unter. Allerdings sind Polaroid-Filme teuer...

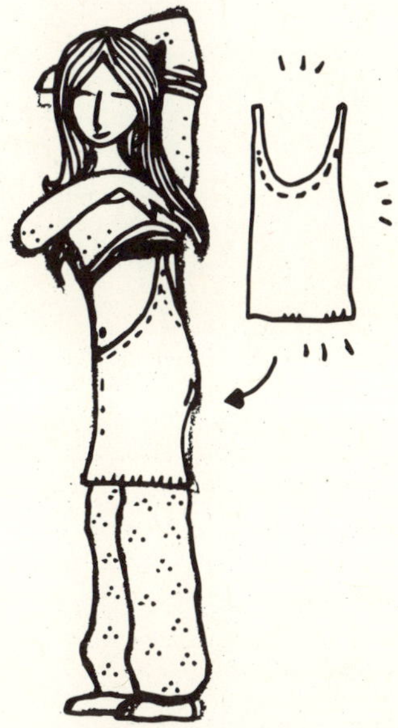

Tanktop als Rock

Aus eins mach zwei! Habe diesen Trick unendliche Male genutzt und bin damit nie aufgeflogen ;)

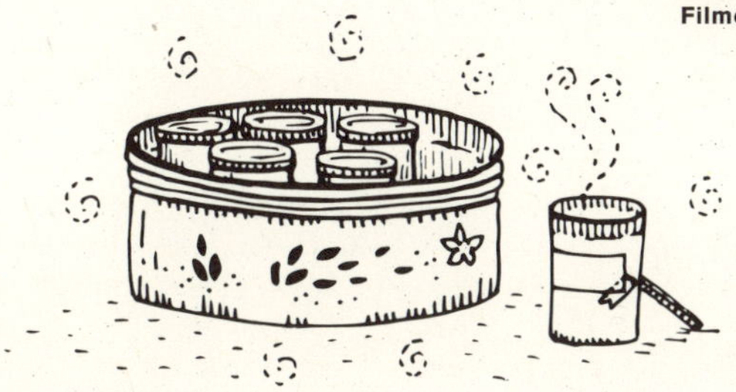

Gewürzdose

Bei meiner Reisefreundin Emma entdeckt: Gewürze in den Döschen von analogen Fotofilmen aufbewahren. Ist wasserdicht, eine gute Größe um nicht zu viel Gewicht, trotzdem aber genug für ein paar Wochen dabei zu haben. Außer Salz: Da hatte ich immer zwei Döschen.

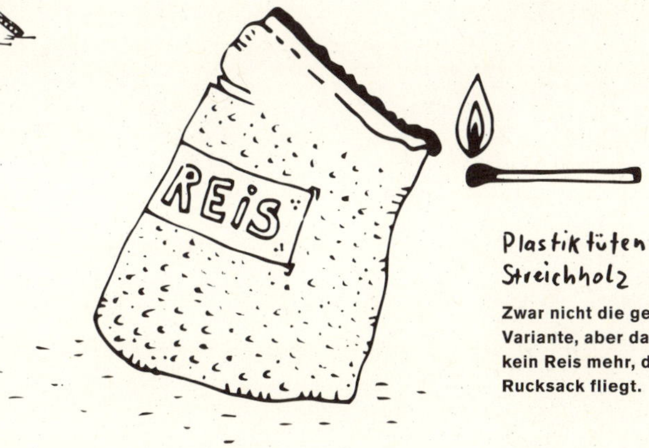

Plastiktüten mit Streichholz verschließen

Zwar nicht die gesündester Variante, aber dafür endlich kein Reis mehr, der durch den Rucksack fliegt.

"Erinnerung"

Kleine hübsche Aufkleber mit der eigenen Website/Blog drucken und immer parat haben: Erspart viel Stift-Papier-Gesuche und ist immerhin eine Kleinigkeit, die man am Ende einer Fahrt aus dem Beutel zaubern kann...

Foto von der Familie

Sorgt für guten Gesprächsstoff und wird gerne begutachtet! Unsere Fotos sind durch ganze Zugabteile gewandert...

Geschickte Kleinigkeiten

Ein besonderer Bauernhof

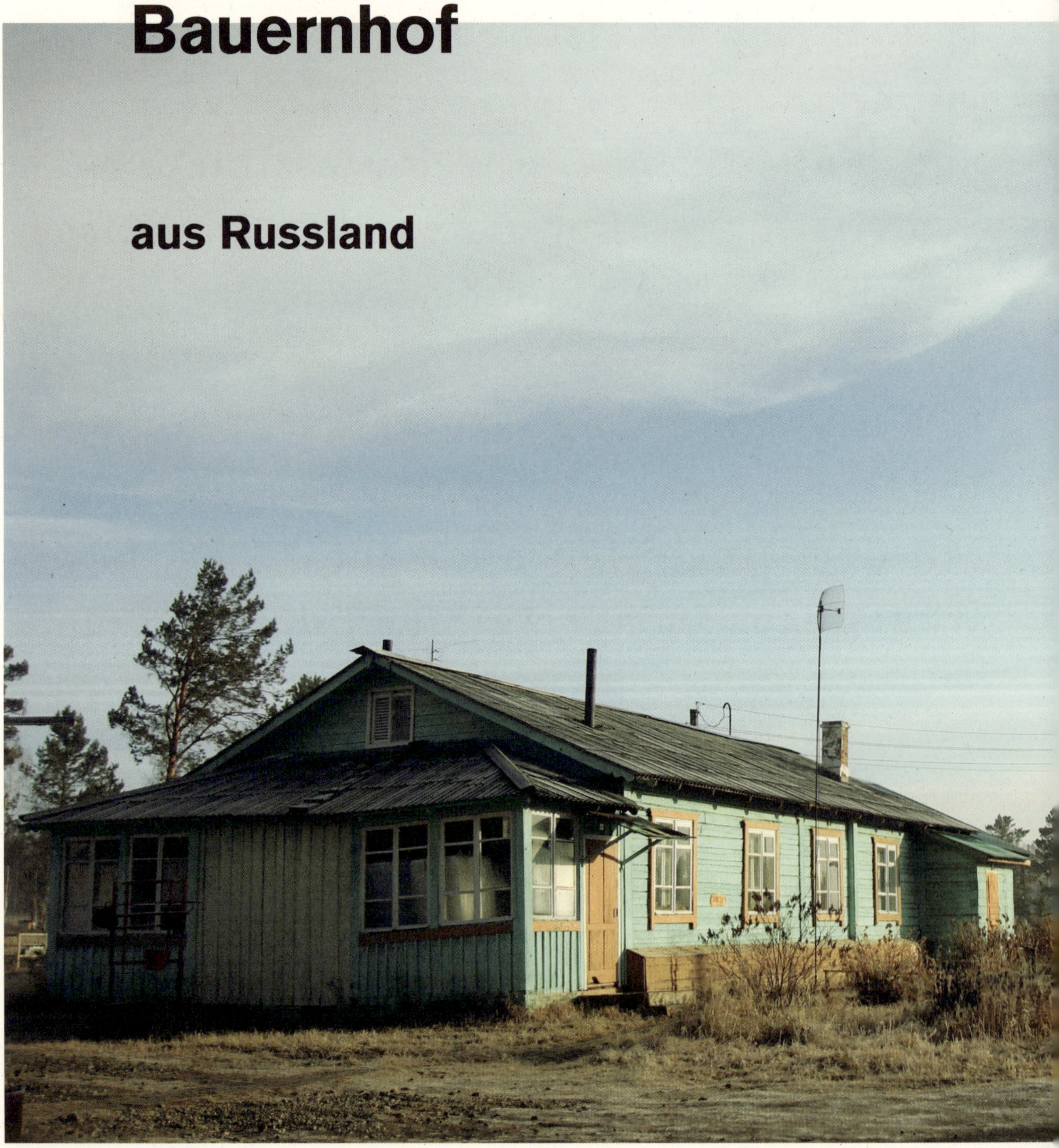

aus Russland

Dass ein Land so groß sein kann, ist schwer zu verstehen. Ich stehe vor einer Russland-Karte und habe Herzklopfen. Schon am Tag bevor wir nach Sibirien kamen, konnte ich kaum schlafen. An der mongolisch-russischen Grenze wälzte ich mich im Zelt hin und her und wartete auf den Morgen. Die Weite fasziniert mich. Sibirien ist größer als ganz Europa, dafür aber extrem dünn besiedelt. Hier darf die Natur noch stärker sein als der Mensch. Die undurchdringbare Taiga ist pure Wildnis. So ursprünglich und elementar. Mit dem Finger fahre ich auf der Karte von Irkutsk aus immer weiter in den Norden.

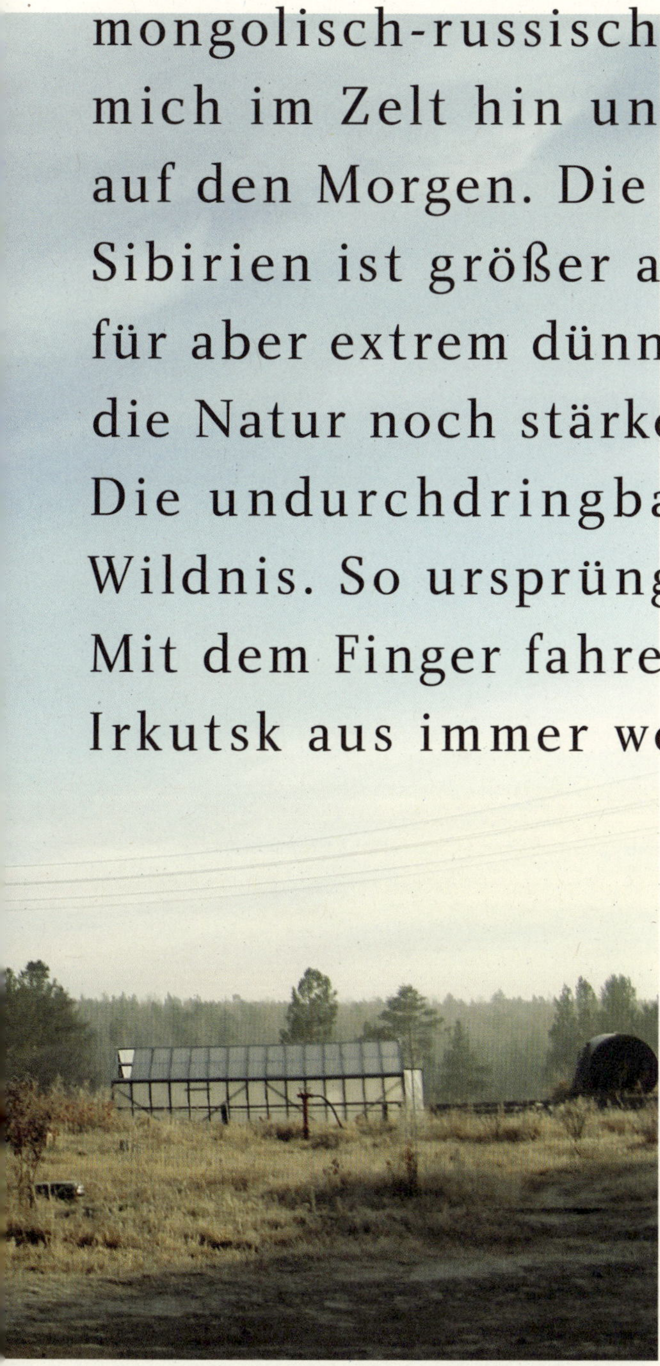

Text — Patrick

Mehr als 2000 Kilometer Wald, keine Großstadt, keine Schnellstraße, kein Shopping-Center. Es fühlt sich gesund an, dieses Sibirien. Ich müsste mein ganzes Leben lang hier umherziehen und würde nicht einmal einen Bruchteil dieser Region kennengelernt haben. Wir haben ein Visum für drei Monate bekommen, mehr war leider nicht möglich. Was das angeht, ist Russland sehr streng. Viel zu wenig Zeit, wenn es alleine von Irkutsk nach Jakutsk schon 2500 km sind. Beide Städte sind kleine schwarze Punkte auf dem riesigen grünen Fleck auf der Landkarte.

Wir wollten eigentlich in den Wald, wieder für zehn Tage, wie wir es vor einem Jahr in Georgien gemacht haben. Doch dazu kommt es diesmal nicht. Denn einige Tage vor unserem Abenteuer weit draußen im sibirischen Wald hat unser Leben entschieden, sich zu verändern: Gwen ist schwanger.

Was wir jetzt brauchen, sind ein ruhiges Plätzchen und Zeit, um neue Reisepläne schmieden zu können. Und so gehen wir nach Istok bei Irkutsk. Dieser Ort ist Gwen nicht unbekannt. Vor etwa fünf Jahren hat sie in der sozialtherapeutischen Wohngemeinschaft ein dreiwöchiges Praktikum gemacht. Istok besteht aus vier typisch sibirischen Holzhäusern und liegt etwa 35 km östlich von Irkutsk am Waldrand. Weit weg von allem, was ablenkt. Hier wohnen rund 15 Menschen mit geistiger Behinderung und ihre Betreuer. Sie bewirtschaften ein großes Gelände, haben Werkstätte, Kühe, Hühner, Schweine, Gärten und Felder. Ein besonderer sibirischer Bauernhof. Hier würde ich gerne ein Jahr lang bleiben. Da müsste ich nicht lange überlegen, wenn man uns ein Visum gäbe. Die Luft hier ist so sauber, so frisch. Wir graben die Gärten um und bereiten alles auf den Winter vor. Es gibt viel zu tun. Wir werden hier wirklich gebraucht, denn in Istok mangelt es immer an Personal. Aller Romantik zum Trotz: So schön es hier scheint, so schwierig ist auch der Alltag. Da in Russland Gemeinschaften wie Istok nur minimale Förderungen vom Staat bekommen, sind die Eltern der Betreuten finanziell auf sich selbst und Spenden aus dem Ausland gestellt und bangen ständig um den weiteren Bestand des Zuhauses ihrer Kinder.

Mehr als 2000 km Wald, keine Großstadtgedärme, keine Highways, keine Zoos. Es fühlt sich gesund an, dieses Sibirien. Ich müsste mein ganzes Leben lang hier umherziehen und würde nicht einmal eine kleine Zehe kennengelernt haben.

Uns tut es gut, mal wieder nicht nur Gast zu sein, sondern mit anpacken zu können. Schnell werden wir Teil der Gemeinschaft und lernen die Menschen mit ihren Besonderheiten kennen. Zum Beispiel lebt hier Atiom. Er ist einer der Betreuten und ein Erzähler: Er berichtet uns immer wieder, dass er die Nächte nicht hier in Istok verbringt, sondern des Öfteren mit drei deutschen Soldaten in einem Lager kampiert. Sie holen ihn spät abends ab und bringen ihn morgens zurück, bevor alle anderen wach werden. Wenn wir zu viele Fragen stellen, muss er immer wieder drauf hinweisen, dass er vieles nicht erzählen dürfe, weil es geheim sei.

Sein Zimmernachbar heißt Sla: Sla ist ein Kind der Sowjetunion, bis heute. Er liebt und hütet seine russischen Medaillen und Uniformen. Er kümmert sich um die Kühe von Istok, bringt ihnen Stroh und Wasser und spaziert mit ihnen über die Felder. Wenn er auf jemanden wütend ist, beißt er sich in die Hand. Er ist der Älteste auf dem Hof, schon fast 60 Jahre alt. In den Wochen, die wir hier verbringen, kommt es gelegentlich vor, dass er sich so sehr über jemanden aufregt, dass er seine Sachen zusammensucht und auszieht. Bepackt mit seiner Tasche marschiert er dann zur Türe hinaus. Meistens vergehen ein oder zwei Stunden und Sla steht wieder gut gelaunt im Eingang.

Dann wäre da noch Kostia. Kostia spricht nicht. Meistens steht er im Flur und wippt von einem Bein auf das andere. Seine größte Leidenschaft ist Brot. Wenn es nach ihm ginge, würden wir die ganzen Tage damit verbringen, zu essen. Als ich mir abends ein Marmeladenbrot schmiere, wippt Kostia scheinbar abwesend von einem Bein aufs andere. Ich lege mein Brot auf den Tisch, gehe für ein paar Sekunden in die Küche. Als ich zurückkomme, hat Kostia mein ganzes Brot schon gegessen.

Schon Ende September sinkt das Thermometer nachts immer wieder unter null Grad. Der Herbst ist schön, aber kurz. Nur wenige Tage braucht er, um den Bäumen und Wiesen das Grün auszusaugen, sie gelb und

Am Baikalsee besuchen uns für drei Wochen Gwens Eltern mit dem kleinen Bruder Merlin (links im Bild). Beim Wiedersehen nach anderthalb Jahren ist die Freude groß!

golden schimmern zu lassen. Man kann fast zusehen wie hier aus Sommer Winter wird. Es ist schön. Und die Luft wird immer frischer. Wenn ich nach der Banja (russische Sauna) draußen vor der Holzhütte stehe und das letzte Licht der Dämmerung den Birkenwald gerade noch beleuchtet, fühle ich, wie gesund es hier ist. Mein ganzer Körper dampft in den Nachthimmel, die Luft ist so klar wie ein Bergsee im Hochsommer. Es ist unglaublich.

Nach ein paar Wochen in Istok werde ich zum ersten Mal in die Vorratskammer geschickt. Normalerweise macht das Dima, aber der ist heute bei seinen Eltern in der Stadt. Ich stapfe durch die Nacht, es ist schon bitterkalt. Man merkt, dass der Schnee nicht mehr lange auf sich warten lässt. Ich öffne die alte Eisentür. Verrostet und schwer ist sie, quietscht und krächzt. Die Vorratskammer ist ein alter Bunker, eine steile Treppe führt über zwei Eisentüren in einen Raum unter der Erde. Als ich endlich den Lichtschalter finde, stehe ich plötzlich zwischen Regalen, Kisten und Töpfen voller Vorräte. Eingemachtes, Eingelegtes, Eingekochtes, ein riesiges Becken gefüllt mit Kartoffeln, Karotten, Kohl, Rote Beete und Zwiebeln. Der ganze Stolz des Sommers.

Ich muss später immer und immer wieder an dieses Bild denken. So will ich leben. Übersichtlich und bewusst.

Und dann hat es geschneit. Eine noch ruhigere Stimmung liegt über der kleinen Welt als ohnehin schon. Der Birkenwald ist weiß, die Schornsteine qualmen um die Wette. Ich erwähne, dass wir auch einmal -21 Grad im Schwarzwald hatten. *„Minus 20?“* Ludmilla, die Heimleiterin, lacht und winkt ab. Mit ihrer rauchigen Stimme sagt sie: *„Minus 20, das ist doch normal. -30 auch, -40 ist kalt. Und einmal hatten wir hier -55“.* Sie erzählt es mit einer Gelassenheit, als sei -55 Grad das Normalste der Welt. Und das ist es hier auch. Der Winter dauert in Irkutsk gerne sieben Monate. Vor drei Monaten sind wir noch im Baikalsee geschwommen, heute Morgen zeigt das Thermometer -22 Grad. Wir wollten den Winter meiden auf dieser Reise, wollten es immer warm haben. Jetzt hat uns der Winter doch eingeholt und wir würden so gerne länger bleiben dürfen.

Es fällt schwer, jetzt zu gehen, aber wir kommen wieder, das verspreche ich mir selbst und als Erinnerung werde ich mir eines Tages zuhause eine Sibirienkarte aufhängen. Auf unserem kleinen Bauernhof mit Vorratskammer.

In Russland darf man nicht im Haus pfeifen. Die Menschen glauben, dass das Unglück bringt und sich Geld dann in Luft auflöst.

Du kannst ein paar Worte Russisch, wusstest du das? Oder vielleicht sagen wir besser, die Russen können ein paar Worte Deutsch, denn die folgenden Worte wurden eins zu eins aus der deutschen Sprache übernommen: Butterbrot, Schlagbaum, Landschaft, Rucksack, Maßstab, Waldsterben, Schnaps und viele mehr …

LINKS Dimar und Aljoscha.
RECHTS Sla.
Drei der besonderen Freunde aus Istok.

CITY

Ich öffne die Tür und bleibe erst mal stehen. Irgendwie ist hier viel zu viel los, in dieser Apotheke im sibirischen Irkutsk. Aber ich kann nicht wieder rausgehen, der Blick der Frau hinter der Theke hält mich fest: *„Да?“* Ein fragendes Ja.

Text — Patrick

Lila auf weiß

aus Russland

Der Mann rechts am Apothekenschalter wird gerade bedient, dreht sich aber zu mir um, genau wie drei russischen Damen, die am anderen Ende der Theke stehen und wohl Freundinnen von einer der Verkäuferinnen sind. Es wirkt, als wären sie zum Kaffee-Kränzchen in der Apotheke.

Da komme ich ja gerade richtig, denke ich so vor mich hin. Ich sage: *„Привет“* – Hallo. Ein Wort reicht und ich bin als Ausländer zu erkennen. Jetzt wird es für die Damen interessant. „Der Amerikaner will was kaufen!“ höre ich sie denken. Als Ausländer in Sibirien werden wir meistens für Touristen aus den USA gehalten. Ich weiß nicht warum, vielleicht ein Überbleibsel aus der Zeit des Kalten Krieges. Hier scheint ohnehin die Zeit ein wenig stehen geblieben zu sein.

Ich ziehe das jetzt durch! Ich gehe langsam auf die Theke zu, mache eine Verschnaufpause, auch weil der Mann rechts von mir fertig ist und ich abwarten will bis er geht. Aber er geht nicht.

„Я хочу... вещь“! – Ich brauche ein... Ding! Jetzt habe ich die volle Aufmerksamkeit aller Anwesenden. *„Я хочу тест, Baby есть или нет.“* – Ich brauche einen Test, gibt es Baby oder nein. Bitte, bitte, versteh es! Ich will das nicht. Mir wird immer wärmer in der dicken Winterjacke. Die Apothekerin mit den herauswachsenden blonden Strähnen in den Haaren fragt etwas auf Russisch. Ich verstehe kein Wort, antworte aber höflich mit: *„Да!“* Sie dreht sich um und durchsucht ein Regal. Niemand sagt etwas, selbst die drei russischen Damen schweigen. Die Sekunden dauern eine Ewigkeit. Und es ist viel zu heiß in der Apotheke, Schweiß läuft mir über die Stirn. Hoffentlich bekomme ich jetzt keine Kondome.

Sie hat etwas gefunden. Die Stimmung ist gespannt wie ein Flitzebogen. Sie dreht sich um und legt einen Schwangerschaftstest auf die Theke. *„110 Rubel, bitte!“*

Bei der Frauengruppe links läuft das Kopfkino, ich kann ihre Gedanken hören. Ist es eine Russin? Oder hat er seine Amerikanerin mitgebracht? Wo ist sie? Eine der Damen traut sich und sagt: *„Aber nicht selbst benutzen!“* Das Kaffee-Kränzchen bricht in Lachen aus. Die Kassiererin kann sich ein Grinsen nicht verkneifen. Ich schwitze in dieser viel zu dicken Winterjacke.

„Хорошо - Gut, Пока - Tschüss!“ Zack. Ach ja, Rückgeld fast vergessen. Ich gehe raus an die frische Luft. Puh....

250 Meter weiter und 7 Stockwerke höher, in unserem kleinen Gästezimmer, steht dann unübersehbar mit zwei verfärbten Strichen fest, lila auf weiß: Wir bekommen ein Kind.

Doch wo wollen wir eigentlich hin? Wo soll unser Kind geboren werden? Wir schauen uns die Ziele der Schiffe an, die von China, Korea oder Japan den Pazifik überqueren, und stellen schnell fest, dass wir eigentlich nur drei Möglichkeiten haben: Die USA, Kanada oder Mexiko. Alle anderen Häfen wären zu weit weg und die Passage dorthin dementsprechend teurer.

Ohne Kind im Anmarsch hätten wir den kommenden Sommer in Alaska verbracht. In Fairbanks kenne ich einen Einsiedler, der im Sommer Hilfe bei der Blaubeeren-Ernte braucht. *„Wir könnten das Ganze doch trotz Kind machen"* denken wir erst, doch verwerfen diesen Plan schnell wieder wegen der strengen Visabestimmungen der USA. Das ist uns alles zu kompliziert. Hinzu kommen auch das Gesundheitssystem und die schier unbezahlbaren Kosten, die dort im Falle einer schwierigen Geburt auf uns zukommen würden. Schließlich übernimmt unsere Auslandskrankenkasse keinerlei Kosten für Geburt und Vorsorge. Letztlich scheidet auch Kanada wegen dieses Faktors aus, obwohl wir uns gut hätten vorstellen können, das Kind dort zu bekommen. Und so bleibt also noch Mexiko auf unserer Liste übrig. Ich sage Patrick, dass ich mir durchaus vorstellen könnte, dorthin zu gehen und er willigt überrascht in meine Pläne ein. Eigentlich wissen wir beide fast nichts über dieses Land. Mexiko. Totenköpfe, Blasmusik und Drogenkriege. Aber irgendetwas weckt auch Vertrauen und vor allem Neugierde in mir und ich kann mir schon nach wenigen Tagen gar nicht mehr vorstellen, irgendwo anders als in Mexiko zu entbinden. Wir buchen also die Tickets für die Pazifiküberquerung und machen uns auf den Weg Richtung Tokio. Von dort wird in nur vier Wochen ein Frachter ablegen, der uns nach Mexiko bringen wird.

Wir verlassen Sibirien, unser gemütliches Nest, das wir so lieb gewonnen haben. Und aus guten Gründen würden wir gerne bleiben. Es werden schwierige Wochen bis Japan, vielleicht sogar die schwerste Etappe seit Beginn der Reise. Dafür gibt es vielerlei Gründe: Es ist Winter, die Tage sind dementsprechend viel kürzer und somit auch unsere Etappen, ich bin schwanger und wir haben zum ersten Mal einen richtigen Termin. Und der liegt uns im Nacken, lässt uns nach Japan eilen, jetzt dürfen keine Umwege mehr gemacht werden, keine Ausflüge nach rechts oder links. Patrick trägt alle schweren Sachen. Mein Rucksack sieht neben seinem aus wie eine verschrumpelte Rosine. Die Tage verfliegen, die Nächte sind eiskalt und anfänglich kommen wir trampend nur mühsam voran. Patrick schreibt in seinem Tagebuch: *„Der Apfel schmeckt scheiße, er ist gefroren. Wieder ein Auto. Hält nicht. Gwen ist den Tränen nahe. Es tut unglaublich weh, sie so zu sehen. Sie ist selten so schwach. Es braucht viel, um sie aus ihrer so bewundernswerten Ruhe zu bringen. Normalerweise ist sie viel gleichmütiger als ich, oft verliere ich vor ihr die Fassung."*

Und es stimmt. Mein Körper ist deutlich schwächer als sonst, ich brauche viel meiner Energie für das Baby und mich. Aber es ist überschaubar. Wir sind mittlerweile schon durch die Mongolei teils per Anhalter, teils per Zug. Jetzt sind wir in China, müssen noch weiter bis ans Gelbe Meer, um von dort nach Korea und schließlich nach Japan überzusetzen.

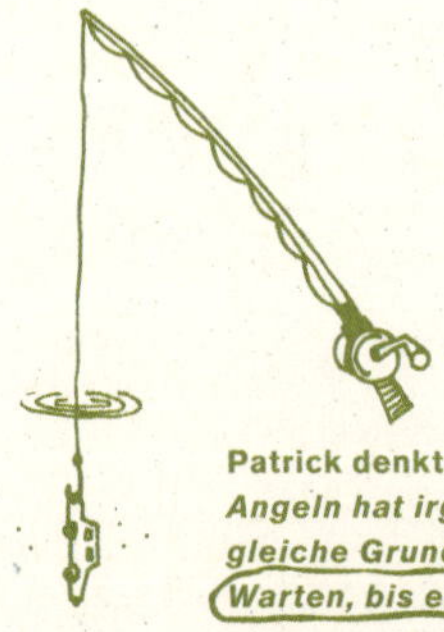

Patrick denkt: ***„Trampen und Angeln hat irgendwie die gleiche Grundstruktur: Warten, bis einer anbeißt!"***

Uns ist klar: Wir müssen den Pazifik jetzt überqueren oder wir stecken in diesem Teil der Welt fest. Mit Kind auf einen Frachter zu kommen ist vor dem dritten Lebensjahr unmöglich.

Ein Weg nach Tokio

Text — Gwen

aus Nordostasien

Wir reisen für ein zweites Mal durch China, haben aber nur für sieben Tage ein Visum bekommen und müssen 2000 Kilometer zurücklegen. Meist reichen Zeit und Kraft nicht, um schöne Zeltplätze zu suchen.

张家口国际大酒店
ZHANGJIAKOU INTERNATIONAL HOTEL
张家口市高新区长城西大街8号(市政府东侧)
总机: 0313-5988888 订餐: 0313-5897555
网址: www.zjkih.com

Sehr kompliziert haben wir uns zu einer Maut-Station an der mehrspurigen Autobahn durchgeschlagen. Die Idee ist, nach Tokio zu trampen. Noch sind wir aber im Süden des Landes, tausend Kilometer von der japanischen Hauptstadt entfernt. Hunderte Autos fahren in überschaubarem Tempo an uns vorbei. Hinter uns ist eine ideale Bucht zum Halten. Doch niemand scheint uns zu bemerken. Wir werden ungeduldig. Im Internet haben wir gelesen, dass Trampen in Japan eigentlich gut funktionieren soll. Wir halten uns also am Fahrbahnrand und versuchen, gezielt Blickkontakt mit den Fahrern aufzunehmen. Vergebens. Stattdessen sehen wir, wie an der gegenüberliegenden Seite der Maut-Station eine Gruppe von uniformierten Männern zusammenkommt und sich aufgeregt austauscht. Sie deuten in unsere Richtung. Es ist unübersehbar, dass wir Thema ihrer kleinen Versammlung sind. Verdammt! Mir schwant nichts Gutes, jetzt haben wir wahrscheinlich nur noch wenige Minuten, um von hier weg zu kommen. Zwei der Männer überqueren in schnellem Schritt die achtspurige Straße. Sie schwingen große rote Fahnen. Der Verkehr stoppt. Sie tragen blaue Overalls und weiße Helme und erinnern mich spontan an Playmobil-Figuren. Als sie bei uns ankommen, begrüßen sie uns höflich. Wir sprechen offensichtlich keine gemeinsame Sprache, denn als wir anfangen, ihnen auf Englisch zu erklären, was wir hier machen, winken sie nur freundlich ab und umstellen uns geübt mit orangefarbenen Hütchen. Uns bleiben knappe zwei Quadratmeter, auf denen wir nun müde kapitulieren und uns auf unsere Rucksäcke sinken lassen. Jetzt scheinen sie die außergewöhnliche Situation unter Kontrolle zu haben und beginnen zu telefonieren. Nur einige Momente später kommt ein Fahrzeug mit Blaulicht über den Standstreifen zu uns gefahren. Drei Polizisten steigen aus. Wieder eine sehr höfliche Begrüßung, die Handflächen vor der Brust aneinander gedrückt, eine Verbeugung andeutend. Unter dem Arm hält einer der Polizisten einen Ordner. Die japanische Autobahn-Polizei scheint bestens vorbereitet. Uns werden in Klarsichtfolien gesteckte Seiten mit verschiedenen Sätzen darauf gezeigt. Japanisch – Englisch.

„I am lost!“
„I am waiting for somebody“
„My car is parked nearby“
„I have a problem“ und auch
„I'am hitchhiking.“

Ich zeige mit dem Finger auf Letzteres. Energisch schüttelt der Polizist den Kopf. Dabei hebt er den Zeigefinger, als wolle er uns warnen. Trotzdem ist auch er weiterhin sehr höflich. Mit einer App auf seinem Smartphone übersetzt er uns, dass wir an einer sehr gefährlichen Stelle stehen und in ganz Japan das Trampen an großen Straßen verboten sei.

Wir nicken einsichtig und einigen uns schließlich mit den Herren darauf, unverzüglich die Maut-Station zu verlassen, um eine geeignetere Stelle an einer Landstraße zu suchen. Unser kleines Quadrat aus Pylonen wird abgebaut. Über einen Fluchtweg werden wir von der Autobahn zu einer anderen Straße geführt und verabschiedet.

Als die Straßenpolizei wegfährt, laufen wir einige Meter und stellen uns dann an einer anderen Auffahrt an den Zubringer. Wir wissen: Über Landstraßen zu trampen, können wir uns zeitlich nicht leisten. In sieben Tagen legt in Yokohama bei Tokio der Frachter ab, der uns nach Mexiko bringen wird. Nach etwa einer Stunde hält ein Auto. Der Fahrer ist Pakistani. Er fährt in die vollkommen falsche Richtung. Egal, immerhin auf die Autobahn. Wir steigen ein, um an der nächsten Raststation wieder auszusteigen und dort durch die Unterführung die Straßenseite zu wechseln und so auf die richtige Spur zu kommen. Unser Plan geht auf und wir wissen jetzt: Bis Tokio müssen wir unbedingt immer auf der Autobahn bleiben. Von Raststätte zu Raststätte hangeln wir uns nun also von Fukuoka nach Tokio. Abends schlafen wir hinter den Raststätten im Wald, kaufen uns morgens in den Bäckereien französisches Brot und kommen nach vier Tagen und Nächten bei unserer Couchsurferin Sayo in Tokio an.

Ich sitze in dem Zimmer und habe gar keine Lust raus zu gehen. Es ist kalt und außerdem so wahnsinnig voll. Die Stadt verschlingt mich.

Japan hat es nicht leicht, meine Sympathie zu erlangen. Ich kann mich nur schwer auf die mir so fremde Kultur einlassen, bin wahrscheinlich gerade einfach zu viel mit mir selbst beschäftigt.

Komisch eigentlich. Denn bis jetzt war jede Bekanntschaft mit den Japanern so freundlich und nett. Vielleicht ist es auch vielmehr die intensive Atmosphäre, die über der Millionen-Stadt Tokio liegt.

Selbstverständlich sind wir an atemberaubenden Landschaften vorbeigefahren und als der Berg Fuji am Horizont aufgetaucht ist und wir den Gipfel sogar ohne Wolken sehen durften, war das natürlich pure Faszination. Japan ist wunderschön, fraglos. Doch als in Yokohama das Schiff ablegt, bin ich fast erleichtert, die unzähligen Lichter der Metropole am Horizont kleiner werden zu sehen.

„I am lost!“

„I am waiting for somebody“

„My car is parked nearby“

„I have a problem“ und auch…

„I am hitchhiking!“

Text — Gwen

aus Japan

Zeit

Das wichtigste Element für das Trampen ist die Zeit. Denn nie kann man mit Gewissheit sagen, wann man sein Ziel erreichen wird. Doch sicher ist: Egal wo man sich befindet, irgendwann kommt immer jemand, der einen mitnehmen kann und möchte. Es ist nur eine Frage der Zeit...

Recherche

Besonders wenn man aus Städten lostrampt, erspart es viel Zeit und Nerven, wenn man sich im Voraus mit Hilfe einer Karte einen Ort sucht, an dem es logistisch sinnvoll ist loszutrampen. Wir sind oft mit öffentlichen Verkehrsmitteln an den Stadtrand gefahren, um gleich auf der richtigen Straße zu stehen. Hilfreiche Tipps für die besten „spots“ gibt es auch auf hitchwiki.org.

Bauchgefühl

Man sollte auf seinen Bauch hören! Besonders, wenn man alleine unterwegs ist, ist es unheimlich wichtig, auf die eigenen Instinkte zu achten. Öffnest du die Türe eines Wagens und dein spontanes Gefühl sagt *„Nein!“*, höre darauf! Eine gute Möglichkeit ist es, dem Fahrer als erstes die Frage zu stellen, wo er hinfährt. Dann kann man, wenn das Bauchgefühl Nein sagt, auf die Antwort auch einfach entgegnet werden: *„Ach schade, da muss ich nicht hin“.*

Trampen, aber wie?

Die Wahl des Standortes

Wichtig ist es, einen Platz zu finden, an dem die AutofahrerInnen Zeit und Übersicht haben, dich wahrzunehmen. Jemand hat mal gesagt, man braucht sieben Sekunden, um einen fremden Menschen bei bloßem Blickkontakt sympathisch finden zu können. Lange und gerade Straßen mit Haltemöglichkeiten neben der Fahrbahn, auf denen die Autos nicht zu schnell fahren, sind ideal. Generell sollte man darauf achten, keine Gefahr für den Straßenverkehr darzustellen. Auf Autobahnen eignen sich Raststätten sehr gut um weiterzukommen, weil man leichter mit den Fahrern in Kontakt kommen kann. Entweder, weil man sie direkt anspricht oder weil die Autos langsam unterwegs sind. Lubo aus Slowenien haben wir trampend im Iran kennengelernt. Er ist generell in knallorangefarbenen Pullis und quietschgelben Hosen umhergetrampt: Und das sehr erfolgreich.

Schild

Die Frage nach dem Schild ist ein häufig geführtes Thema unter Trampern. Besser mit Schild oder ohne? Was schreibe ich aufs Schild? Auch nach 50000 Kilometer haben wir keine generelle Antwort darauf gefunden. Wenn es ohne Schild lange nicht geklappt hat, haben wir ein Schild geschrieben. Wenn mit Schild lange kein Auto gehalten hat, haben wir es weggelegt. Ein Schild kann auf jeden Fall auffallen und „professionell“ wirken. Ich habe auf Island mal einen Tramper gesehen, der Folgendes auf sein Schild geschrieben hatte: Had a shower today!

Das Gepäck

Zu viel Gepäck kann durchaus abschrecken. Ab Sibirien sind wir mit einer Gitarre, zwei Rucksäcken, einer Essenstasche und zwei Kamerataschen gereist. Das muss man alles erst einmal in einem Auto unterkriegen. Hinzu kommt, dass per Anhalter zu reisen lange Laufstrecken mit sich bringt: Wenn man sich abends einen Zeltplatz sucht oder auch die Strecken, die man zwischen zwei Fahrten zurücklegt, um eine neue gute Tramperstelle zu finden. Der große Rucksack bringt jedoch auch Vorteile: Man erkennt gleich die Reisenden.

Geduld

Per Anhalter zu reisen ist unvorhersehbar. Das kann Fluch und Segen sein. Je weniger man sich Erwartungen und Tagesziele macht, desto einfacher und stoischer erträgt man es, wenn es mal nicht so läuft. Gerade wenn es aussichtslos und „alles Scheiße“ erscheint, kommen oft die wunderbarsten und tollsten Geschichten daher. Dinge passieren plötzlich, die man sich nach langem Warten nicht erträumen hätte können.

Die Geldfrage

Um unangenehmen Situationen aus dem Weg zu gehen, ist es immer sinnvoll, die „Geldfrage“ zu stellen. Das heißt: Vor dem Einsteigen klären, ob die Fahrt umsonst ist. In manchen Ländern ist per Anhalter zu reisen nicht bekannt, in anderen ist es eine übliche Art der Fortbewegung, die bezahlt wird. So etwas wie eine spontane Mitfahrgelegenheit also. In den zentralasiatischen Ländern haben wir das immer wieder erlebt. Gerade dann ist es wichtig vorher zu wissen, ob das Auto, das gerade gehalten hat, ein Sammeltaxi ist oder eine Privatperson anhält, die dich gerne und umsonst für ein Schwätzchen mitnehmen möchte. Manchmal sind wir nicht eingestiegen, weil wir uns nicht sicher waren, ob der Fahrer verstanden hat, dass wir per Anhalter reisen. Wenn man Zeit hat, kann man sich das auch erlauben und dann wartet man eben ein bisschen länger.

Mitbringsel

Es ist immer schön, sich Dinge auszudenken, um am Ende von besonderen Fahrten doch mit einem kleinen Dankeschön zu überraschen. Ein kleines Spielzeug für ein mitfahrendes Kind, ein Aufkleber, oder ein Foto von allen zusammen, das man später per Post oder per Email schickt. Siehe S. 159)

Als Frau alleine unterwegs

Leider ist es noch nicht überall selbstverständlich, dass Frauen selbstbestimmt leben. Es ist deswegen wichtig, sich im Vorhinein gut über die kulturellen und religiösen Gepflogenheiten des Reiselandes zu informieren. Wie ist das Frauenbild dort? Frau sollte es sich gut überlegen, ob sie sich in manchen Ländern nicht lieber mit einem männlichen Reisenden zusammentun möchte. Das erspart unangenehme Situationen und Fragen. Ich habe mir irgendwann eine Art imaginäre Skala im Kopf gezeichnet, auf der ich immer einzutragen versuchte, was bestimmte Handlungen in verschiedenen Kulturen für eine Wirkung haben: Wenn zum Beispiel ein freundschaftlicher Klaps auf die Schulter in Deutschland nicht weiter ins Gewicht fällt, kann das in einer anderen Kultur eine sehr übergriffige Geste sein. Genau wie ein offenes Lächeln mit Blickkontakt als etwas vollkommen Nichtiges, andernorts aber teilweise als Aufforderung verstanden werden kann. Durch die „Skala" konnte ich die Zeichen meines Gegenübers frühzeitig lesen und entsprechend reagieren. Auch durch die Kleidung werden bestimmte Signale gesendet. Besonders als Frau sollte man sich dessen immer bewusst sein. Gerade wenn man zu fremden Menschen in das Auto steigen möchte. Tendenziell weckt eine allein trampende Frau in den meisten Fällen mehr Aufsehen als ein Mann oder ein Pärchen. Viele Fahrer halten, weil sie sich um die Frau sorgen. Mit dieser Art von Fürsorge und Mitleid muss man ebenfalls gut umgehen können und wollen.

Orientierung

Die Orientierung nicht zu verlieren ist eine der wichtigsten Voraussetzungen. Eine gute Karte hilft enorm, um möglichst effizient unterwegs zu sein. Nicht immer der kürzeste Weg oder die vorher angepeilte Route ist am schnellsten oder sinnvollsten. Beim Trampen ist es nicht nur wichtig, zeitlich flexibel zu sein, sondern auch geografisch.

Hilfsmittel

In Ländern, in denen man die Landessprache nicht spricht, ist es hilfreich, einen „Zettel" zu haben, der in der unbekannten Sprache beschreibt, was man macht, wo man herkommt und wohin man möchte. Auch gut: ein Buch mit Zeigebildern.

Zelt

Das Zelt macht einen beim Trampen um einiges flexibler. Es nimmt den Druck, an ein Ziel oder in eine Unterkunft kommen zu müssen. Wenn abends lange niemand mehr hält und man nicht mitten in einer Großstadt ist, findet sich fast immer eine Zeltmöglichkeit in annehmbarer Laufumgebung. Ein Zelt zu haben entspannt das Trampen ungemein.

Kommunikation

Manche Leute halten Trampen für „Schnorren". Ich sehe das anders. Gerade wenn man gerne kommuniziert, kann man auch etwas zurückgeben. Man erzählt seine Geschichte oder hört der Geschichte des Gegenübers zu. Es entwickeln sich oft wunderbare Gespräche aus den spontanen Begegnungen, die für beide Seiten bereichernd sind. Und selbst wenn die Sprachbarriere groß ist, heißt das nicht, dass es langweilig werden muss. Auch mit „Hand- und Fußkommunikation" haben wir schon stundenlange Autofahrten verbracht und viel gelacht. Da ist es auch nicht wichtig, ob man inhaltlich immer versteht, was der andere erzählt. Trampen hat für mich nichts mit „Schnorren" zu tun, wenn man offen und bereit für Gespräche ist und sich nicht nur schlafend auf die Rückbank legt.

Das Aussteigen

Das Aussteigen ist die Basis für die nächste Fahrt. Es ist wichtig, das vorausschauend zu bedenken. Es ist nicht immer sinnvoll, die maximale Strecke mit einem Auto mitzufahren. Manchmal ist es besser, sich an einer Raststätte „rauswerfen" zu lassen, als sich noch 15 Kilometer bis zur nächsten Ausfahrt mitnehmen zu lassen. Genauso sind Großstädte oft „Trampersackgassen". Wird man in einer Innenstadt aus dem Auto gelassen, ist es mühsam, ohne öffentliche Verkehrsmittel wieder an eine Fernstraße zu kommen.

Sicherheit

Wir saßen in 667 Autos und wurden nie Opfer von Straf- oder Gewalttaten. Und trotzdem: Trampen ist kein sicheres Fortbewegungsmittel. Allein schon deshalb, weil in vielen Ländern der Zustand der Autos oder der Fahrer beunruhigen kann: Keine Gurte, Türen, die sich nicht schließen lassen, Sitzen auf der Ladefläche des LKW, übermüdete Fahrer. Wir wollen niemanden ermutigen zu trampen, der im Grunde Angst davor hat. Denn wir sind fest davon überzeugt, dass Vertrauen und Offenheit die Grundlage für ein sicheres Trampen sind.

Ich will es wissen, stehe um sieben Uhr auf und verlasse bald darauf das Haus. Das Haus ist in diesem Fall die Wohnung von Sayoko.

Durch Menschen mengen

aus Japan

Die Grafikdesignerin lebt allein in einer Dreizimmerwohnung – sehr ungewöhnlich für die sonst so dicht bevölkerte Metropole. Sie hat uns über Couchsurfing eingeladen, und so dürfen wir unsere Woche in Tokio bei ihr verbringen. Ich hatte sie gestern gefragt, ob es stimmt, dass es hier in der Stadt Menschen gibt, deren Beruf daraus besteht, Menschen in die U-Bahnen zu drücken. Mit Handschuhen natürlich, wir sind ja in Japan. Sie hat mich angeschaut und gelacht: *„Nimm morgen früh gegen acht Uhr die Metro ins Zentrum, bis Station Shibuya!"*

Also bin ich jetzt bereit mit kaum Gepäck, aber ohne Nadelstreifen-Anzug, stehe ich mit meiner Winterjacke in der Tür und verabschiede mich von Gwen: *„Ich geh dann mal in die Stadt"*, merke aber schon während ich spreche, dass das komisch klingt. Wie kann man in einer 36 Millionen Metropole „in die Stadt" gehen? So was sagen wahrscheinlich nur Land-Eier.

Ich schmeiße unser Tagesbudget in den Ticketautomaten – ja, das Geldausgeben fällt in Japan besonders leicht – und reihe mich auf der Rolltreppen ein, als ich schon vor lauter Bäumen den Wald nicht mehr sehe. Der Wald ist in diesem Fall der Boden der Metro-Station.

Und da sind sie: Männer in blauen Uniformen, mit Mützen und weißen Handschuhen. Vor jeder Metrotür steht einer. Metro kommt. Türen auf, viele Menschen rein, Türen zu.

Der Mann mit den weißen Handschuhen muss nicht drücken helfen. Ich bin fast ein bisschen enttäuscht. Aber er schwingt, synchron mit seinen vielen Kollegen, seine Arme in einer sehr eleganten Choreographie, womit sie das Zeichen geben, dass jetzt keiner mehr rein darf und die Metro abfährt. Keine Minute später kommt die nächste, ich werde mit hineingesogen. Es geht erstaunlich geordnet zu, ich muss kurz an das Chaos und Geschrei in indischen Zügen denken und bin überrascht. Die letzten Einsteigenden drehen sich um und drücken sich, mit dem Hinterteil voraus, in die Bahn. Alle machen mit, lassen sich drücken und trotzdem berührt sich hier niemand mit den Händen.

„Warum habe ich die blöde Winterjacke an?" Der Schweiß kommt schon nach drei Stationen. Nichts für Menschen mit Klaustrophobie oder Leute in sibirischen Winterjacken.

Shibuya fasziniert mich. Der Hochhaus-Blick über die Stadt, das Gewusel, die Dimensionen. Aber schon am zweiten Tag in Tokio kommen Kopfschmerzen, Geflimmer und Überforderung.

Alles wuselt, keiner steht still und ich denke: *„Ach, wie schön war es doch in Sibirien!"*

Text — Patrick

M
17
東京
Tokyo

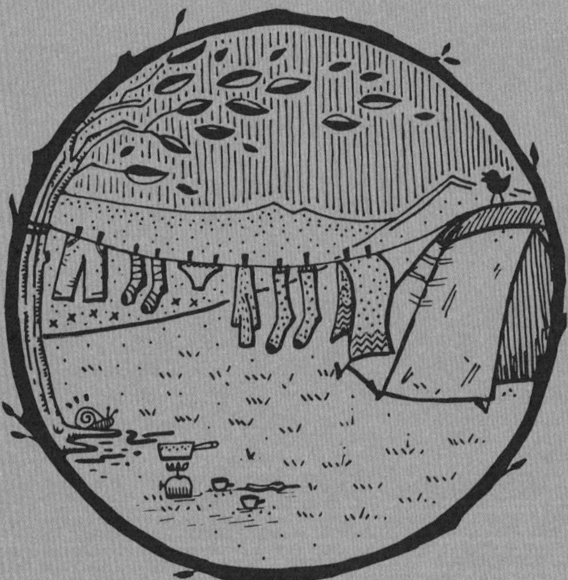

WENN REISEN ZUM ALLTAG WIRD

ZWEI ODER DREI JAHRE. VIELLEICHT MEHR, VIELLEICHT WENIGER.

Unser Reisealltag ist nicht immer so aufregend und abwechslungsreich wie es vielleicht für Außenstehende den Anschein hat. Lange unterwegs zu sein heißt ebenso emotionale Höhen und Tiefen zu haben, wie man sie aus einem Alltag zuhause kennt. Und das ist auch gut so, macht es doch das Reiseleben ausgewogen.

Die Aufregung, der freudige Rausch an Neuem und Freiheit, den ich nur allzu gut von kürzeren Reisen kenne, hält nicht dreieinhalb Jahre an. Schon bald pendelt sich alles sanft ein. Nimmt mir die Überschwänglichkeit, die ich eigentlich beim Reisen so liebe, aber gibt mir dafür einen festen Boden. Gwen sagte noch zuhause, bevor wir überhaupt losgezogen waren: *„Das wird keine Reise werden, es wird vielmehr ein Lebensabschnitt, in dem wir unterwegs sind.“* Und so fühlt es sich schon nach wenigen Wochen an. Oft vergesse ich, wo ich bin. Das passiert mir selbst im Iran oder in Pakistan. In Ländern, die meinem Zuhause so gar nicht ähnlich sind. Es braucht manchmal nur zwei, drei Tage an einem neuen Ort, und schon haben wir uns daran gewöhnt. Das ist etwas, das man lernt, wenn man lange unterwegs ist. Sich schnell anzupassen, sich begeistern zu können für Neues. Neue Gegebenheiten schnell verstehen zu lernen. Die Stimmung zu leben, die der Ort ausstrahlt, den man besucht. Neue Leute, neue Gesichter, neue Traditionen und Bräuche zu sehen und ein Teil davon zu sein. Den fremden Alltag für den Moment zum Eigenen zu machen.

Und dieser Alltag hat dann gute und schlechte Phasen, wie Alltag eben ist. Ob nun zuhause oder in der Ferne.

Vor der Reise hatte ich noch gedacht, dass es schwer werden würde, mein gewohntes Umfeld zurückzulassen ohne es zu vermissen. Während wir unterwegs sind, leben wir so sehr in der Gegenwart, im Jetzt der jeweiligen Kultur, dass in den ersten Jahren nie ein Gefühl von Heimweh aufkommt. Wir sind kleine Nomaden geworden. Es wird von Monat zu Monat selbstverständlicher, unterwegs zu sein. Selbst als wir herausfinden, dass Gwen schwanger ist, denken wir nicht ernsthaft über eine Heimkehr nach. Viel zu groß wäre der plötzliche Kulturschock, wieder zuhause zu sein. Weiterzuziehen unter neuen Voraussetzungen passt viel besser zu unserem Lebensabschnitt, von dem wir spüren, dass er eben noch nicht zu Ende ist. In Mittelamerika, nach fast drei Jahren außerhalb von Europa, erwischt uns dann doch gelegentlich das Heimweh. Und wir merken, dass es Zeit wird, heimwärts zu ziehen. Nicht zu schnell, sondern gemütlich und zu Fuß, damit der Lebensabschnitt des Unterwegsseins langsam im Alltag von zuhause ankommen kann.

ISLAMIC REPUBLIC OF PAKISTAN
Waqar Ahmad
Third Secretary
Consulate General of Pakistan
Frankfurt
VISA - ISLAMIC REPUBLIC OF PAKISTAN
CHINESE VISA
G16996395
REPUBLIC OF INDIA VISA
CNK - IN
REISEPASS
ARTSAKH

MEXICO
ESTADOS UNIDOS MEXICANOS
PASAPORTE
DIRECCION EJECUTIVA DE INGRESOS
ADUANA EL FLORIDO
SALIDA DE VEHICULOS
MOLDOVA
REPUBLIC OF UZBEKISTAN
TOURIST VISA
CHINESE VISA

Meine Lippen schmecken salzig, wenn wir unseren täglichen Deckspaziergang gemacht haben. Vom Turm bis nach vorne an den Bug. Wenn das Wetter schön ist, können wir dort fliegende Fische beobachten. Mit ein bisschen Glück auch Delfine und riesige Schildkröten. Zur täglichen Routine gehört auch der Besuch auf der Brücke, wobei Patrick immer alle Knöpfe und Hebel erklärt haben möchte und ewig auf den Ozean hinaus staunt.

Zwei Wochen Meer

auf dem Pazifik

Ich finde es hier oben eher unheimlich. Es ist für mich unvorstellbar, dass Menschen fähig sind, so einen Koloss zu bauen. Erst gestern waren wir im Maschinenraum – so groß wie eine Einfamilienhaushälfte ist der Motor des Schiffs. Der Bauch des Schiffes liegt auf dieser Höhe schon unter Wasser, es gibt also kein natürliches Licht mehr. Die Stimmung hier unten erinnert mich an ein Bergwerk.

Ölverschmierte Männer schrauben an irgendwelchen für mich vollkommen undefinierbaren Maschinenteilen herum. Es ist heiß und vor allem laut. Der oberste Schiffsmechaniker führt uns über Leitern und Brücken, Treppen und Gänge durch die Eingeweide der „Otello", die uns von Japan nach Manzanillo in Mexiko bringt. 170 Tonnen Diesel schluckt der Frachter täglich, erklärt er uns. Ich muss zweimal nachfragen, denke erst, ich hätte mich verhört. Es erscheint mir unvorstellbar und ich würde es lieber nicht glauben, hätte ich nicht selbst die Dimensionen eines solchen Frachters erlebt.

Lange haben wir gestern noch darüber gesprochen, wie wenig wir eigentlich über globalen Handel und dessen Auswirkungen wissen und wie viel wir doch tagtäglich daran teilnehmen.

In unserer großzügigen Kabine klingelt das Telefon. Der erste Offizier teilt uns mit, dass der Kapitän uns in seinem Büro erwartet. Er müsse etwas mit uns besprechen. Mir rutscht das Herz in die Hose. Niemand hier an Bord weiß, dass wir nicht zu zweit, sondern zu dritt den Pazifik überqueren. Wenige Wochen vor der Abfahrt haben wir ein Formular bekommen, auf dem ein Arzt bestätigen musste, dass wir weder an einer Krankheit leiden, die uns akut in Lebensgefahr bringen könnte, wie zum Beispiel Diabetes, Herz- Kreislauf Störungen, Epilepsie oder Asthma, noch schwanger sind. Es gibt an Bord nämlich keinen Arzt. In Russland konnten wir schnell einen Arzt finden, der seinen Stempel unter das Attest drückte, ohne die Sache mit der Schwangerschaft in Frage zu stellen. Er sprach nämlich kein Wort Englisch und bat uns deswegen, auf dem Bogen die Kreuzchen selbst zu setzen.

In Japan kaufte ich mir dann noch ein weit geschnittenes Kleid und einen Kapuzen-Pullover, der am Bauch zwei schlabbrige Taschen hat und mir somit beim Verstecken meines mittlerweile sichtbaren Bäuchleins helfen sollte.

Hatte es trotz allem schließlich doch jemand gemerkt, dass wir einen blinden Passagier mit an Bord gebracht haben und es dem Kapitän verraten?

Wir laufen durch die schwankenden Gänge zum Büro des unumstrittenen Oberhaupts der Crew. Die strenge Hierarchie auf dem Schiff ist nicht nur an den Streifen auf den Schultern zu erkennen, sondern jeden Tag am Verhalten der 30-köpfigen Mannschaft deutlich zu spüren: Bevor der Kapitän noch nicht zu Tisch gekommen ist, wird nicht gegessen. Erst wenn er sitzt, als erstes den Teller gefüllt bekommen hat und den anderen Herren (Frauen gibt es auf unserem Schiff außer mir keine) *„einen guten Appetit"* gewünscht hat, wird gegessen.

Wir setzen uns vor den französischen Kapitän und merken schnell, dass er nicht die Absicht hat, uns wegen leichtsinnigen Verhaltens oder verantwortungslosen Handelns unter die Lupe zu nehmen. Er muss lediglich einige formelle Dinge mit uns klären. Mit einem höflichen Händedruck verabschiedet sich der Kapitän von uns. Ob wir nächsten Sonntag Lust hätten, mit ihm zu dinieren, fragt er uns noch, bevor wir erleichtert seine Kajüte verlassen. Puh. Das hätte schief gehen können.

Es tut gut, endlich mal wieder einen Schrank zu haben, in dem unsere paar Sachen fein säuberlich eingeordnet sind. Besonderer Luxus ist aber das Bett: Wohlstand auf viereinhalb Quadratmetern. Wenn das Schiff nicht so mies hin und her rollen würde, hätten wir hier wahrscheinlich den besten Schlaf seit langem. Stattdessen wache ich stündlich auf, um mich im Dunklen vor den knarrenden Containern zu fürchten. Sie ächzen unter ihrer eigenen Last. Auf der „Otello" werden 8500 Container von China nach Chile gebracht. Niemand auf dem Schiff weiß, was sich darin befindet. Eine Liste, die der Kapitän hat, besagt lediglich, dass etwa ein Viertel der Container Gefahrengut transportieren.

Heute haben sie auf der Brücke oben gesagt, dass in der Mitte des Pazifiks ein Sturm tobt. Wir werden deswegen die Route ändern müssen und viel weiter südlich, etwa 2000 Kilometer oberhalb von Hawaii, das größte Meer der Erde queren. Die Männer haben uns gewarnt: Auch wenn wir dem

Sturm ausweichen, werden wir die Ausläufer davon zu spüren bekommen. Und so kommt es dann auch. Zwar türmen sich vor uns zum Glück keine meterhohen Wellen auf, wie man sie aus Filmen kennt, doch hebt und senkt sich der Meeresspiegel um ganze vier Meter. Immer und immer wieder. Das Schiff kommt dadurch ins Rollen und lehnt sich beängstigend weit von einer zur anderen Seite. Die Container krachen und keuchen jetzt noch mehr. Es klingt, als würden sich im Dunkel ein Rudel wilder Tiere gegen Ketten wehren, mit welchen sie schon viel zu lange an einen Pflock gebunden sind. Ich schleppe mich mehrere Male in der Nacht zum Klo, muss dabei immer wieder an den zweiten Offizier denken, der schon seit vielen Jahren auf See ist und uns erst gestern erzählt hat, dass ihm immer noch schlecht wird. Ich übergebe mich. Finde in dieser Nacht kaum Schlaf. Die Vorstellung, mit diesem Berg aus Stahl auf den Boden des Pazifiks zu sinken, macht mir Angst. Patrick reagiert gelassener. Ihm wird auch von dem Geschwanke nicht so schlecht wie mir. Ich glaube, eigentlich findet er es sogar aufregend, stundenlang an der Reling zu stehen und die Wucht des Wassers zu beobachten.

Geschaukel hin oder her – wir wissen bei jedem Meter, warum wir das nicht in 13 Stunden und einem Direktflug nach Mexiko-Stadt hinter uns bringen. Wir spüren die Distanz, das „Dazwischen".

Nach drei Tagen wird die See wieder ruhig. Von nun an können wir beobachten, wie es von Tag zu Tag wärmer wird. Am ersten Tag haben wir noch unsere dicken Winterjacken beim täglichen Deckspaziergang getragen, jetzt sitze ich im Kleid oben auf dem Deck und beobachte den Horizont. Dieses endlose Blau. Hier steht die Zeit still. Hier verschmelzen Vergangenheit, Gegenwart und Zukunft. Hier gibt es nur Wasser, salzige Luft, Wind und die Sonne.

Da vorne irgendwo, da liegt das erste Zuhause unseres Kindes. Und wenn wir den ersten Schritt auf mexikanischem Boden machen, werden wir wissen, dass es von nun an kürzer sein wird, in Richtung Osten nach Hause zu gelangen, als wieder umzukehren. Die Hälfte der Welt liegt nun hinter uns und somit ist eine Weltumrundung sicher. Bleibt nur die Frage, ob wir den Kreis über Land werden schließen können?

In unserer großzügigen Kabine klingelt das Telefon. Der erste Offizier teilt uns mit, dass der Kapitän uns in seinem Büro erwartet. Er müsse etwas mit uns besprechen.

Gwen denkt: ***„Wir sagen nicht umsonst „einen Text überfliegen". Am Schluss hat man eine Ahnung, um was es in etwa ging, man kennt aber die Seele des Geschriebenen nicht."***

Es gibt mehr Pazifik als Land.
Der Pazifik oder auch Stiller Ozean genannt, erstreckt sich über mehr als ein Drittel der Erdoberfläche. Das ist mehr als alle Landflächen der Erde zusammengerechnet.

Das Schiff rollt: Um ganze vier Meter hebt und senkt sich der Meeresspiegel unter uns. Obwohl „die Otello“ 334 Meter lang ist, fühlen wir uns auf dem Pazifik winzig klein.

Meere überqueren

Bei einer Weltumrundung ohne Flugzeug kommt es früher oder später dazu, dass man an einem Ufer steht und sich vor einem das Meer erstreckt. Man fragt sich, wie man da bloß rüber kommen soll. Es sollte doch möglich sein, denkt man, auf einem der unzähligen Schiffe eine kleine Ecke zu ergattern, die einen auf die andere Seite des Wassers bringt. Doch anheuern und im Hafen auf die passende Mitfahrgelegenheit warten ist leider eine Reisenostalgie aus vergangen Zeiten geworden. Und so schrumpft die Zahl der potenziellen Ozean-Taxis auf eine mickrige Zahl. Doch hoffnungslos ist es trotzdem nicht. Generell gibt es drei realistische Möglichkeiten:

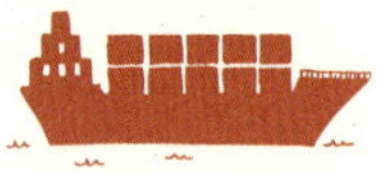

Sich die Passage auf einem Frachter selbst zu organisieren halten wir für äußerst zeitaufwendig und fast unmöglich. Die Sicherheitsbestimmungen auf den Schiffen sind sehr streng und auch billige Arbeitskräfte an Bord haben grundlegende Ausbildungen. Sich als Tellerwäscher oder Kartoffelschäler eine Pritsche zu ergattern ist zumindest bei großen internationalen Reedereien nicht möglich.

Allerdings gibt es die Möglichkeit, als Passagier auf eines der Schiffe zu kommen. Diese „Passagen" kosten etwa 90 Euro pro Tag und Person. Die Gäste werden exklusiv bedient, das Essen ist vornehm, man erhält eine großzügige Kabine und bekommt, wenn gewünscht, viel von dem Alltag auf See mit.

Frachtschiff-Reisen werden zahlreich im Internet angeboten. Wir empfehlen die kleine und uns sehr sympathische Agentur www.langsamreisen.de

Das fahrende Hotel symbolisiert für viele den perfekten Urlaub. Für uns Rucksackreisende vielleicht nicht immer die erste Wahl, jedoch bei Engpässen eine gute Option, ein Meer zu überqueren. Zu beachten ist jedoch, dass Kreuzfahrtschiffe meist eine festgelegte Route haben. Das Zu- oder Aussteigen bei Zwischenstopps ist nur selten möglich.

Wer den Atlantik überqueren will, kann versuchen auf eine der „Überführungsfahrten" zu kommen. Diese finden immer zum Saisonwechsel statt: Die Schiffe werden im Frühling von der Karibik ins Mittelmeer gebracht und im Herbst wieder zurück. Diese Fahrten können sehr günstig sein, sind ansonsten, im klassischen Traumschiffsgenre, wegen der seltenen Stopps, der wenigen Passagiere und Renovierungsarbeiten aber eher unbeliebt.

Kreuzfahrten gibt es auch auf großen Segelschiffen. Diese sind allerdings meist sehr exklusiv und dementsprechend teuer. Wir haben unsere Überführungsfahrt bei einem besonders günstigen spanischen Anbieter gebucht, welcher sogar Atlantiküberquerungen mit Vollpension ab 300 Euro anbietet: www.pullmantur.es

Zum Segeln gehört eine ordentliche Portion Mut. Allerdings stehen hier die Chancen am besten, eine kostenfreie oder zumindest bezahlbare Überfahrt zu finden. Besonders wenn man seefest ist und am besten schon Vorerfahrung mit an Bord bringt, kann man an bekannten Seglerhäfen oder über Webseiten gute Mitfahrgelegenheiten finden. Meist wird eine Gegenleistung als Küchenhilfe, Nachtwache oder Segler erwartet.

Allerdings sollte man sich trotzdem darauf einstellen, dass wegen der hohen Nachfrage viele Segler mittlerweile einen täglichen Beitrag für die Bordkasse verlangen. Auf verschiedenen Foren kann man Angebote von Seglerinnen finden und Anfragen stellen:

www.handgegenkoje.de
www.7knots.com
www.hand-gegen-koje.net
www.skipperteam.de

Noch zwei kleine Hinweise, die eine Überland-Weltumrundung erheblich vereinfachen können:

- *Die Welt in Richtung Westen zu umrunden, würde sich wahrscheinlich als einfacher erweisen, bezieht man die Winde der Segler mit ein.*
- *Je mehr Wasser auf der Strecke einer Ohne-Flugzeug-Weltreise liegt, desto teurer wird die Reise meistens auch. Es ist bei kleinerem Budget also eine Überlegung wert, ob Insel-Hopping oder die Route nach Australien wirklich sinnvoll sind.*

Es war kaum zu glauben –
wahr und wahrhaftig, es gab große
Bäume und große Gewässer, und
alles war voller Leben, musste
man da nicht lachen!

ASTRID LINDGREN
RONJA RÄUBERTOCHTER

Drittes

am östlichsten

Jahr

USA
MEXIKO
ROMA
MONTERREY
XILITLA
TEPIC
GUADALAJARA
MANZANILLO
MEXIKO-STADT
SAN CRISTOB
MAZUNTE
PER ANHALTER
ÖFFENTLICHE VERKEHRSMITTEL
ZU FUß
MIT CARLOS DEM VW-BUS
MIT DEM SCHIFF

DOMINIKANISCHE REP.
CANCUN
BELIZE
SANTO DOMINGO
GUATEMALA
HONDURAS
TITLAN SEE
NICARAGUA
EL SALVADOR
MANAGUA
PUERTO LIMON
COSTA RICA

Wir kommen etwas zu spät – wir konnten die Adresse lange nicht finden. Es sind nur noch Plätze in der ersten Reihe frei. Leise schleichen wir uns in den kleinen Raum und setzen uns. Um uns herum sitzen etwa zehn Frauen, die sich ihre Babybauch-Kugeln streicheln, während sie gespannt der Dame lauschen, die vorne erzählt. Auf Spanisch!

Wie wir drei wurden

Text — Gwen

aus Mexiko

Vier Wochen zurück: Wir gleiten langsam in den Hafen von Manzanillo. Von hier oben kann ich eine Gruppe von Menschen erkennen, die auf einem entfernten Kai stehen und winken. So schön wurden wir selten begrüßt.

Ich bin gerade bei Lektion 5 – „Marta geht einkaufen" – in unserem Spanisch-Buch. So viel zu meinem Wortschatz. Bei diesem Infoabend geht es allerdings um sehr viel mehr. „In Ganzheit gebären" heißt das Institut. Auf der Leinwand werden Bilder von frisch gebackenen Eltern gezeigt, alle strahlen glücklich. Nervös fange auch ich an, meinen Bauch zu streicheln, während ich versuche, wenigstens einige Worte zu verstehen. Der Mann neben mir lehnt sich zu uns herüber: *„Where do you come from?" „Germany!" „Ja, dann können wir auch Deutsch sprechen"*, sagt er und versucht ab sofort, uns im Flüsterton zu erzählen, um was es da vorne geht. Was für ein Glück! Ausgerechnet unser Sitznachbar hat in Deutschland studiert. Was er uns übersetzt, klingt perfekt. Genau das, wonach wir gesucht haben!

Vier Wochen zurück: Wir laufen langsam in den Hafen von Manzanillo ein. Von hier oben kann ich eine Gruppe von Menschen erkennen, die auf einem entfernten Kai stehen und winken. So schön wurden wir selten begrüßt. Wir winken den Unbekannten zurück und bestaunen die ersten Meter Mexikos, die wir von Moment zu Moment immer deutlicher erkennen können.

Im Gepäck haben wir eine Adresse von Freunden einer guten Freundin, die in Guadalajara, der zweitgrößten Stadt Mexikos, wohnen. Bei ihnen dürfen wir vorerst unterkommen und das Haus über die Weihnachtstage hüten, während Julia und Carsten Familienbesuch in Deutschland machen. Eine Win-Win-Situation also. Viel mehr als diese Adresse kennen wir von Mexiko bis zu diesem Zeitpunkt nicht. Voller Erwartungen trampen wir nach Guadalajara und werden dort herzlich empfangen. Da die beiden schon seit fast zwei Jahren hier leben, können sie uns ideale Starthilfe in unser neues Leben leisten. Innerhalb einer Woche kaufen wir einen alten VW-Bus, bringen ihn zum Mechaniker des Vertrauens von Julia und Carsten, melden ihn mit Hilfe eines Anwalts auf unseren Namen um (obwohl das rechtlich gar nicht möglich ist) und lernen dabei die ersten Worte Spanisch.

Asien war nicht nur wegen der Tatsache, dass wir von dort mit Kleinkind nicht mehr über den Pazifik gekommen wären, keine Option für die Geburt. Auch die hohe Kaiserschnittrate schreckte uns ab. Jetzt, in Mexiko, erfahren wir allerdings schnell, dass unser Zielland eine weitaus höhere Kaiserschnittrate hat als jedes asiatische Land. Zum Zeitpunkt unserer Einreise ist Mexiko mit einer Rate von über 50 Prozent und bei Privatpatienten sogar über 80 Prozent das Land mit den meisten Kaiserschnitten. Mist.

Doch, wie wir schnell herausfinden, gibt es genau deswegen auch eine starke Gegenbewegung. Ich google also wie wild „natürliche Geburt in Mexiko" und stoße so auf eine kleine Initiative von Hebammen und Kinderärzten, die sich genau hier in Guadalajara um Paare kümmert, die ihr Kind außerhalb eines Kreißsaales und jenseits eines genau geplanten Termins bekommen wollen.

Die Dame vorne ist am letzten Punkt ihrer kleinen Präsentation angekommen und gibt das Wort weiter. Eine junge Frau mit schulterlangen Locken und einem bunten T-Shirt tritt vor die Gruppe von werdenden Eltern. Sie begrüßt uns fröhlich und strahlt in die Runde, während sie in ihren ausgetretenen Ledersandalen hin und her wippt. Sie ist mir sofort sympathisch und ich habe das Gefühl, als würde ich sie schon lange kennen. Sie beginnt zu erzählen. Ich verstehe nur ein Wort aus ihren unzähligen Sätzen: Yoga. *„Schade"*, raune ich Patrick zu. *„Das scheint die Schwangerschaftsyoga-Lehrerin zu sein. Ich hatte gehofft, dass sie Hebamme ist!"*

Die Veranstaltung ist zu Ende. Wir wünschen unserem Sitznachbarn und seiner Frau eine gute Schwangerschaft und Geburt und machen uns auf die Suche nach einem Ansprechpartner des Instituts, der etwas Englisch spricht und uns noch Fragen beantworten kann. Die junge Yogalehrerin steht vor uns. *„Vielleicht kannst du uns helfen, eine Hebamme zu finden?“*, spreche ich sie an. *„Wann soll das Kind denn kommen?“* fragt sie in fließendem Englisch zurück. *„Anfang Mai“*, antworte ich. *„Perfekt, da habe ich noch eine Lücke in meinem Kalender. Wenn ihr wollt, kann ich euch betreuen.“* Es dauert einen Moment, bis ich begreife, dass die Yogalehrerin auch Hebamme ist. Dann stockt mir vor Freude kurz der Atem: Wir sind angekommen. Innerhalb weniger Minuten fällt die Ungewissheit, wie es weiter gehen wird, von uns ab. Mein Gefühl, nach Mexiko zu kommen war genau richtig. Unser Kind wird eine kleine Mexikanerin oder ein kleiner Mexikaner werden.

Jetzt gilt es noch eine passende Unterkunft für Geburt und Wochenbett zu finden und zu warten. Es vergehen viele Wochen, in denen mein Bauch wächst und wir in einer ausgiebigen Rundreise das Geburtsland unseres Kindes kennenlernen. Doch es ist auch eine Zeit, die nicht nur einfach ist. Mit unserem VW-Bus „Carlos“ läuft es nicht so rund wie erhofft, Spanisch ist überhaupt nicht so einfach wie alle immer sagen und wir fiebern der großen Umstellung doch etwas nervöser entgegen als vermutet.

Als wir Mitte April ein Häuschen, welches wir über das Internet gebucht haben, in einem abgelegenen Dorf an dem Vulkansee „Laguna de Santa María del Oro“ in Nayarit beziehen, sind wir voller Vorfreude und ohne Zweifel, die richtigen Entscheidungen getroffen zu haben.

Einen Wunsch habe ich dann doch noch: Neben der Hebamme Francesca und ihrer Kollegin Lupita, soll auch meine Schwester Klara bei der Geburt dabei sein und mir im Wochenbett beiseitestehen. Zu meiner großen Freude willigt sie tatsächlich ein, als ich sie bitte nach Mexiko zu kommen und lässt dafür ihre eigene Familie für drei Wochen in Deutschland zurück. Doch wie es unser kleiner Latino so will, kommt er etwas zu früh und die zukünftige Tante hebt gerade in Frankfurt ab, als bei mir die Wehen einsetzen.

Als Klara dann in Tepic, Nayarit, landet, sind wir schon zu dritt in unserem Häuschen und genießen unseren ersten Schlaf als Familie. Bruno Manua Nakai soll er heißen. Der kleine Bauchzwerg, der nun unser Leben komplett auf den Kopf stellen wird.

In meinem Tagebuch schreibe ich etwa 7 Monate zuvor: *„Der einzige Grund, jetzt nach Hause zu gehen, wäre die Geburt selbst. Für den Rest, das Davor und das Danach, ziehen ja meine Schwestern auch nicht wieder in die gleiche Stadt, wie meine Mutter. Jetzt nach Hause zu gehen wäre eine Vollbremsung, irgendwie auch ein Rückschritt. Die Schwangerschaft würde sich dann anfühlen, wie eine Krankheit. Weiterzureisen ist somit eine Art Liebeserklärung an unsere Lebensart. Und abgesehen davon bekommen die Menschen überall auf der Welt Kinder. Wir sind glücklich, wir lieben uns und wir werden auf der Reise beide 24 Stunden am Tag für das Kindchen Zeit haben. Was gibt es Schöneres?“*

VON LINKS NACH RECHTS
Patrick, Hebamme Francesca (Yogalehrerin), Hebamme Lupita, Sohn Bruno, Gwen und die Schwester Klara.

In der Nähe der „Laguna de Santa Maria del Oro“ mieten wir uns ein Häuschen (hier auf der rechten Seite im unteren Bilddrittel). Brunos erstes Zuhause.

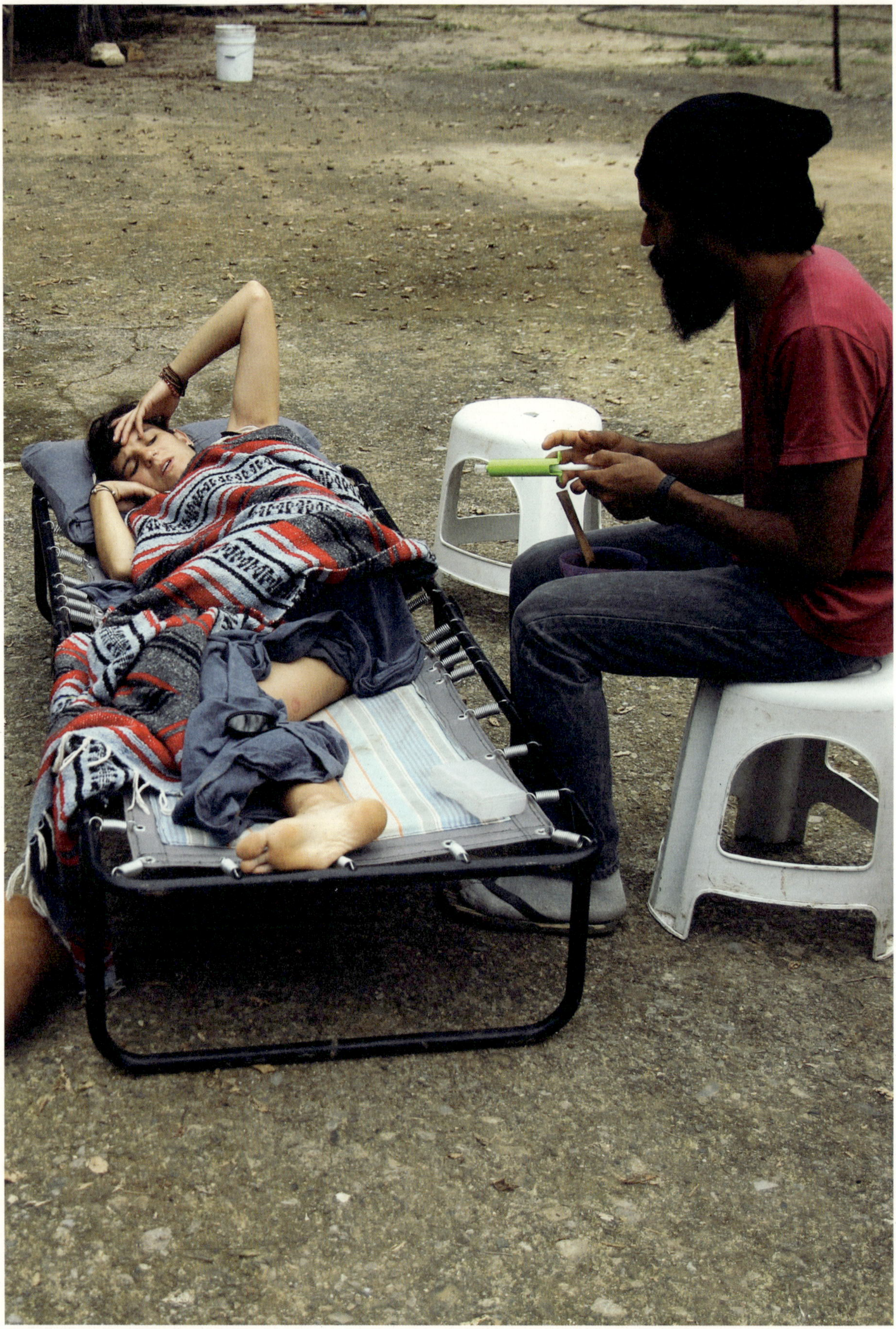

Es ist schön hier.
In „Bosque Shambala“ braucht man wenig. Die Wünsche beschränken sich auf Essen, Sprechen, Schreiben, Schwimmen und Arbeiten. Und zwischendurch schauen wir mit der gespeicherten Sonnenenergie einen Film. Die Wochen plätschern dahin, der genaue Wochentag ist nebensächlich. Was zählt, ist der Vorrat an Lebensmitteln. Es gibt keinen Handyempfang, geschweige denn Internet. Übersichtlich ist das Leben im mexikanischen Regenwald.

Der Besucher

Text — Patrick

aus Mexiko

Pepe und Ale heißen unsere Gastgeber. Sie haben die Großstadt bewusst hinter sich gelassen und führen hier in ihrem „Bosque Shambala" (Shambala Wald) ein hartes, aber gesundes Leben. Sie sind sogenannte Aussteiger. Irgendwann wollen sie sich mal komplett selbst versorgen, darauf wird hingearbeitet. Acht Jahre braucht man wohl, bis das Aussiedler-Leben genug eigene Früchte trägt, um autark zu sein. Das sagt die Permakultur.

Wir sind nun schon seit etwa sechs Wochen hier. Gwens Bauch wird von Tag zu Tag dicker. Manchmal kann ich beobachten, wie das Baby sich gegen ihre Bauchwand stemmt. Alles scheint friedlich zu sein hier in „Bosque Shambala", bis wir eines Morgens unangenehmen Besuch bekommen. Ein Moment, der so schnell und plötzlich kommt und mich aus der shambalischen Ruhe wirft. Wir schlafen in einem Tipi. Seit ein paar Nächten ist es wärmer geworden, für den Schlafsack eigentlich schon zu warm. Ich schwitze. Also tappe ich schlaftrunken durchs dunkle Indianerhaus zu einem kleinen Holztisch. Ich durchwühle blind den Berg aus Klamotten, ziehe ein Bettlacken aus dem Haufen, taste mich über den dunklen Steinboden zurück in Richtung Matratze und habe keine Ahnung, dass sich etwas in dieses Bettlaken eingenistet hat. Ich tausche Schlafsäcke gegen den Sommerüberwurf. Gwen schläft selig weiter.

Es vergehen ein paar Stunden. Gwen wälzt sich unruhig hin und her. Es dämmert bereits im Tipi. Sie murmelt irgendwas von einem Stich. Ich bin noch im Halbschlaf, verstehe nur jedes zweite Wort. Es zwickt wohl am Oberschenkel. Nichts besonderes, denke ich. Wir werden hier nach Lust und Laune von Moskitos und Bettflöhen durchlöchert. Jede Nacht dasselbe. *„Irgendwas hat mich grade gestochen, ich glaube es war eine Biene oder eine Wespe!"*, beklagt sich Gwen. Müde drehe ich mich zu ihr um, will einmal nachsehen.

Innerhalb von einer Sekunde bin ich hellwach. Während Gwen sich dreht und versucht ihren Oberschenkel zu zeigen, sehe ich den Skorpion. Ein kleiner schwarzer mit braunen Flanken und aufgerichtetem Stachel ist gerade dabei, unsere Matratze zu verlassen. *„Da ist ein Skorpion, Gwen!"*

Der Skorpion scheint Abstand von uns nehmen zu wollen, läuft davon. Das ist schon mal gut.

Am Abend zuvor hatte Pepe erzählt, dass der Bruder seiner Mutter von einem Skorpion gestochen wurde und starb. Wir sind hier mitten im Regenwald, das nächste Dorf ist ein Fußmarsch von mehr als einer halben Stunde entfernt, das nächste Krankenhaus dann nochmal eine Stunde mit dem Auto. Doch daran denke ich in diesem Moment nicht. *„Ich muss Pepe holen!"* Kaum bin ich außerhalb des Tipis, drehe ich wieder um. *„Ich muss sehen, dass der Skorpion nicht nochmal zusticht."* Ich bin hellwach, wie selbst von der Tarantel gestochen. Zu Gwen sage ich, sie müsse jetzt ganz ruhig bleiben, aber sie weiß es selbst. Pepe hat uns gestern erzählt, dass Aborigines sogar tödliche Schlangenbisse überleben, weil sie einfach ein paar Tage in der Wüste liegen bleiben und den Blutkreislauf so verlangsamen, dass das Gift nicht in die Blutbahn gelangt. *„Ruhig atmen!"*, ordne ich an, während ich selbst schnaube wie ein Pferd.

Der Skorpion scheint Abstand von uns nehmen zu wollen, läuft davon. Das ist schon mal gut.

Ich renne raus, klopfe an Pepes Tür. *„Pepe! Gwen was stung by a scorpion"*. Sofort steht er neben mir. Zusammen laufen wir zurück zum Tipi. Ich hole ein Klappbett, stelle es draußen vor das Zelt. Pepe trägt Gwen auf den Armen aus dem Tipi und legt sie auf das Bett. Er wiegt kaum mehr als sie. Beachtlich, mit was für einer Leichtigkeit er sie trägt. Gwen ist im achten Monat schwanger.

Und dann ist da dieser kleine Moment der Ruhe, ein Moment in dem ich nicht weiß, was ich machen soll. Ein Moment, der mir selbst jetzt beim Schreiben noch weiche Knie macht. In diesem Moment wird mir bewusst, dass es durchaus realistisch ist, dass heute etwas wirklich Schlimmes passiert. Es ist klarer und realer als jede andere Gefahr zuvor auf dieser Reise.

Pepe hat auf meine Frage, ob ich etwas tun könne, mit *„Ja"* geantwortet. Ich schneide Knoblauch in der Küche. Auf dem Brettchen, auf dem „Knoblauch und Zwiebeln schneiden verboten" steht. Das ist wichtig, einer der wenigen Regeln in „Bosque Shambala", da niemand möchte, dass die Mangos und Bananen nach Zwiebeln schmecken.

Als ich mit dem Bananen-Mango-Brett voller Knoblauch an Gwens Klappbett komme, will Pepe wissen, wie der Skorpion aussah.

Er ist extrem ruhig und Gwen genauso. Ich bewundere sie, wie erstaunlich stark sie ist. Gwen atmet mit einer vorbildlichen Ruhe. Wir versuchen, Pepe den Skorpion zu beschreiben, aber es ist schwer. Wir haben vor ein paar Wochen hier einen anderen Skorpion gesehen. Er war viel größer, hatte einen dicken Stachel und war ganz schwarz. Pepe hatte damals gesagt, je kleiner, desto giftiger.

Ich füttere Gwen mit Knoblauch. Pepe meint, das reinigt das Blut. Vier ganze Zehen schluckt sie mit nüchterner Miene hinunter. Im Tipi sucht Pepe derweil den Skorpion und kommt kurz darauf mit dem etwa zweieinhalb Zentimeter großen Tier zurück. Er hat ihn mit einer Zange gepackt, er zappelt. Geschickt schneidet er den Stachel ab und wirft den Achtbeiner zu den Hühnern, die sich gierig darauf stürzen.

Ich streichle Gwens Kopf. Sie ist immer noch ganz ruhig. Jetzt bin ich es auch. Ich sage ihr, sie solle an etwas Schönes denken, wie unser Kind wohl aussehen wird, was wir ihm als Erstes anziehen werden. Ihr ist ein bisschen schwindlig und ihr Oberschenkel schmerzt. Zudem ist sie müde, das sagt sie immer wieder. Wir haben in Kasachstan von einem belgischen Radfahrer eine kleine Vakuumpumpe geschenkt bekommen. Man kann damit versuchen, das Gift aus der Wunde zu saugen. Ich war öfters schon kurz davor, die Pumpe wegzuwerfen, habe es aber irgendwie nie geschafft. Ich weiß jetzt, warum. Das Plastikding hängt an Gwens Bein wie ein Pfeil und man kann durch den transparenten Aufsatz sehen, dass eine Flüssigkeit aus der Wunde tritt. Es bildet sich eine Blase, die Haut unter dem Aufsatz wird von dem Gift verätzt.

Pepe wohnt erst seit einem Jahr hier in Bosque Shambala. Die Skorpione sind andere als die in seiner Heimat, erklärt er uns. Er weiß nicht, ob es hier tödliche Skorpione gibt. Er selbst wurde schon viermal von Skorpionen gestochen, hat aber nie ernsthafte Schäden davon getragen.

Alles wird gut. Alles hat seinen Sinn. Das ist etwas, was wir verinnerlicht haben. Dieses Urvertrauen, das uns bis hierher um die Welt begleitet hat.

Ein Junge aus dem Dorf steht plötzlich neben uns. Als wir erklären, dass Gwen gerade von einem Skorpion gestochen wurde, nickt er nur unmerklich und wechselt das Thema, um mit Pepe über irgendetwas Alltägliches aus dem Dorf zu quatschen. Spätestens jetzt komme auch ich zur Ruhe. Die Gelassenheit des Jungen nimmt mir die Angst. Er vermittelt uns, ganz ohne Worte, dass es in diesem Teil von Mexiko keine tödlichen Skorpione gibt.

Einige Tage später, als wir unseren wöchentlichen Ausflug in das Dorf „Xilitla" machen, googeln wir im Internet die Stichworte „Skorpion, tödlich". Bis vor einigen Tagen dachte ich noch, dass alle Skorpione lebensgefährlich sind. Jetzt lesen wir, dass weltweit von rund 1500 Arten nur etwa 25 einen gesunden erwachsenen Menschen töten können. Das hätte ich gerne früher gelesen und tippe „Schlangen, tödlich, Mexiko" in die Suchmaschine.

„Chili con carne" ist eines der bekanntesten mexikanischen Gerichte. Doch wusstest du, dass in Mexiko niemand „Chili con carne" kennt? Das Gericht ist zwar durch die mexikanische Küche inspiriert, stammt jedoch aus Texas und wird der sogenannten Tex-Mex-Küche zugeordnet. Andere bekannte Gerichte der Tex-Mex-Küche, die oft fälschlicherweise der traditionellen mexikanischen Küche zugeordnet werden: Nachos (überbackene frittierte Mais-Chips), Tacos aus frittierten Tortilla-Chips, Fajitas und Burritos!

Wir werden nach der Reise oft gefragt, was wir von den drei Jahren Reiseleben mitgenommen haben. Was uns nachhaltig verändert hat. Es ist schwer, weil die Frage eine Vielzahl an Antworten mit sich bringt. Wir wurden von vielerlei Erlebtem inspiriert, machen uns nun Gedanken über Dinge, die davor für uns nicht so wichtig gewesen waren, haben sicherlich in vielen Bereichen eine größere Erfahrung und Einsicht. Es gäbe nun viel zu beschreiben. Ich will eines herausheben:

Die Konzentration. Die Möglichkeiten, einen Alltag zu gestalten sind heutzutage wahrscheinlich vielfältiger denn je zuvor. Das Angebot ist breiter, die Regale länger, die Takte schneller.

KONZENTRATION

DENN JEDEN METER WOLLEN WIR MIT ALL UNSEREN SINNEN WAHRNEHMEN, MIT ZEIT REISEN.

Ich kenne das aus der Zeit bevor wir losgezogen sind. Jetzt, mehr als drei Jahre später, ist es nicht geringer geworden.

Während der Reise haben wir oft sehr übersichtlich gelebt, gerade wenn wir draußen waren. Haben Dinge nacheinander gemacht, statt nebeneinander her. Sind getrampt, haben gewartet, einen Schlafplatz gesucht, das Zelt aufgebaut, gekocht, geschlafen und sind wieder weiter getrampt. Eines nach dem anderen. Ebenso war es eine Art Konzentration, nur einen Rucksack voller Gegenstände zu besitzen. Eine angenehme Übersicht. Eine Reduzierung aufs Wesentliche.

Ich will die Konzentration dieser Reise in meinem Alltag zuhause beibehalten. Qualität statt Quantität. Klingt abgedroschen, aber ich glaube, man muss heute die Qualität bewusster suchen. Ich will weniger machen, und das dafür intensiv. Das hat mir die Reise aufgezeigt. Ich kenne mein Leben von früher: Ein ständiges Programm, grundsätzlich zu wenig Zeit, je mehr Angebot an einem Tag, desto besser. Das hat enorm Spaß gemacht und sich trotzdem irgendwie nie ganz ausgeglichen angefühlt. Es war manchmal mehr eine Flucht vor der Ruhe. Nach der Reise möchte ich meinen Alltag nicht überladen. Zeit damit verbringen, Zeit zu haben. Warten können. Im Moment sein.

Wir kommen zurück in eine Welt voller Smartphones, Whatsapp, Instagram, Twitter und Facebook. Sie haben sich längst etabliert, machen es immer schwieriger im eigenen Hier und Jetzt zu sein. Jetzt gilt es, das Gelernte zu verinnerlichen und mich auf die Konzentration zu konzentrieren.

Foto – Janik Gensheimer

Chile Rellenos

„Gefüllte Spitzpaprika in frischer Tomatensauce“

4 Spitzpaprikas – gegrillt
(in Mexiko verwendet man die grünen Poblanos)
2 Mozzarella Käse – an der dünnen Seite in 2cm dicke Scheiben geschnitten
4 Esslöffel Mehl – zum Panieren
Salz – nach Geschmack
Eine Prise Backpulver –
3 Eier – zum Panieren
Bratöl – nach Bedarf

Für die Salsa:

8 frische Tomaten – gewürfelt
2 knoblauchzehen – gepresst
1 Zwiebel – fein gehackt
Chilis – nach Geschmack, fein gehackt

FÜR 4 PERSONEN

Die Spitzpaprika am Stück grillen oder direkt über der Flamme eines Gasherds rösten. (Wenn beides nicht vorhanden ist, in einer Pfanne ohne Öl braten.) So lange grillen bis die Haut der Spitzpaprika von allen Seiten schwarz ist und das Gemüse weich wird. Danach die verbrannte Haut Richtung Spitze von der Paprika abstreifen. Tipp: Wenn die Spitzpaprikas noch heiß in eine dichte Plastiktüte gelegt werden, man diese aufbläst und dann zuknotet und zehn Minuten wartet, lässt sich die Haut leichter von der Paprika lösen.

Nun die Spitzpaprika an einer Seite aufschlitzen und vorsichtig die Kerne und den inneren Teil des Strunks herausschneiden. Die Paprika darf dabei nicht kaputt gehen! Mit Mozzarella füllen und auf einen Teller legen.

Nun die Sauce zubereiten: Zwiebeln, Chili und Knoblauch in etwas Öl anbraten, die Tomaten hinzugeben und köcheln, bis die Tomaten anfangen zu zerfallen. Dann mixen und salzen. Die Sauce sollte recht flüssig sein – gegebenenfalls mit etwas Wasser strecken.

Die Eier trennen und das Eiweiß steifschlagen. Mehl und Backpulver vermischen und etwas salzen.

Das Eigelb unter das Eiweiß heben und langsam die Mehlmischung unterheben. Es entsteht eine luftige Creme.

In eine tiefe Pfanne etwa 2cm hoch Bratöl gießen und dieses erhitzen. Eine der Paprikas in die Hand nehmen und mit Hilfe eines kleinen Teigschabers die eine Seite mit der Creme bestreichen. Mit der bestrichenen Seite in das Öl legen und frittieren.

Während die eine Seite brät, die andere mit der Creme bestreichen. Möglichst alle Lücken füllen. Umdrehen. Frittieren, bis beide Seiten goldbraun und knusprig sind. Mit allen Paprikas wiederholen. In einem tiefen Teller schwimmend in Sauce traditionell mit Tortillas (Maisfladen) oder Reis servieren.

Für Nicht-Vegetarier: Die Chiles können auch mit scharf gewürztem Hackfleisch gefüllt werden!

Wo haben wir diese Bilder gefunden?

1

2

3

4

1.
Als wir Brunos mexikanischen Pass beantragen, liegt dieses Passfoto auf dem Boden vor dem Schalter der Behörde. Ich vermute, dass es sich bei dem Bild um ein Beispielfoto für Passanträge aus Mexiko handelt.

2.
Als wir unser iranisches Visum auf einer Behörde in Teheran verlängern, finde ich dieses Bild unter einer Bank auf dem Boden. Außer uns sind dort noch unzählige Turkmenen, die ebenfalls einen neuen Visumsantrag stellen. Wir gehen deswegen davon aus, dass der Mann auf dem Foto aus Turkmenistan stammt.

3.
Wir sitzen auf der Bank hinter einer japanischen Shopping mall und warten. Es fegt ein kalter Wind über die Straße der etwas kleines weißes aufwirbelt. Da ich erahnen kann, dass es sich um ein Bild handelt, eile ich ihm nach, bis ich es gefangen habe. Tatsächlich: Ein Passfoto aus Japan.

4.
In der Nähe einer Jurte finde ich dieses Bild im Gras. Als ich das Bild der mongolischen Familie zeige, die dort wohnt, kennt niemand den Mann auf dem Foto. Auch wenn ich es für sehr wahrscheinlich halte, dass das Passbild einen Mongolen zeigt, bleibt es dennoch ein Rätsel, ob es auch wirklich so ist.

III.

Text — Patrick

Immer wieder Carlos, unser VW-Bulli. Für die einen ist er die motorisierte Nostalgie und ewiger Hippie-Traum, für die anderen einfach nur ein altes kaputtes Auto. Für uns ist er beides, Fluch und Segen. Die Rechnung ist einfach: ohne Carlos, unseren fahrenden Wohnraum, wäre die Reise zu Ende.

Fluch und Segen einer neuen Freiheit

aus Mexiko

Das wurde uns irgendwann auf dem Containerschiff in Richtung Mexiko klar. Wir brauchen ein Nest, alleine weil das Gepäck schon längst nicht mehr in zwei Rucksäcke passt. Und wir brauchen mehr Struktur. Carlos ist Brunos Struktur und damit unverzichtbar. Er gibt Bruno ein Zuhause, einen vertrauten Platz mit dem immer gleichen Fenster vor einer vorbeiziehenden Welt. Und trotzdem bereitet uns unser liebevoll ausgebauter, grün-weiß lackierter, wunderschöner Bulli immer wieder Sorge. Die Sorge, dass er schlapp macht. Nie in den letzten Jahren waren wir so auf etwas angewiesen wie wir es jetzt auf unser Auto sind. Wenn Carlos nicht mehr will, dann geht nichts mehr. Dann stehen wir mit Kind und Kegel auf dem Seitenstreifen, dort wo wir vor ein paar Monaten noch zum Trampen gestanden hätten.

Es beginnt wie immer irgendwo auf dem Land, an irgendeinem Tope. Topes sind Bremsschwellen auf der Straße. Es gibt sie millionenfach in Mexiko, in Dörfern, Städten, Industriegebieten, auf dem Land, auf der Schnellstraße. Die Topes sind häufig so hoch, dass man meist nur im ersten Gang darüber fahren kann, wenn man nicht unten aufsetzen möchte. Eine Qual für unseren Carlos, denn eine seiner vielen Schwächen ist die Kupplung. Runter schalten, rauf schalten, runter schalten, rauf schalten, unzählige Kilometer, durch ganze Städte, mache ich nichts anderes außer schalten. Ja, und irgendwann ist es soweit: Einer dieser Hügel ist zu viel für unser Kupplungsseil. Pamm...Zack... Gerissen! Das Kupplungspedal hängt am Boden, es kommt nicht mehr zurück. Und so stehen wir am Standstreifen. Irgendwo im Süden von Mexiko. Aber so etwas ist schon lange keine Ausnahmesituation mehr, wir sind geübt in Pannen. Ich laufe ins nächste Dorf. „Mecánicos" gibt es in Mexiko überall. Das kann hier fast jeder. Da reicht meist eine befahrene Straße vor dem Haus, ein gewisses Improvisationstalent und ein Satz Schraubenschlüssel. Verrostete Blechschilder, auf ein Brett gepinselte Automarken-Symbole oder einfach nur ein großer alter Reifen am Straßenrand und du weißt, hier bekommst du schnelle Hilfe, wenn dein Auto vorübergehend nicht mehr will. Ich wecke den Dorf-Mechaniker aus seinem Mittagsschlaf. Er ist auf LKW spezialisiert. Egal. Er bastelt und tüftelt und tauscht uns das Teil aus. Wir fahren ein paar Kilometer, doch dann geht fast gar nichts mehr. Nur noch mit viel Mühe, viel unschönem Gequietsche und ordentlicher Fußkraft bekomme ich die Gänge gewechselt. Im zweiten Gang schleppen wir uns irgendwie 100 Kilometer bis nach Tuxtla, der Landeshauptstadt von Chiapas. Ich habe die Improvisations-Reparaturen satt. Wir wollen heute mal nicht aufs Geld schauen, denken an „Qualität hat seinen Preis" und so. Von mir aus. Dafür soll es dann auch halten, für immer.

Das VW-Autohaus der Stadt taucht an der Hauptstraße auf, ich gebe nochmal Gas, gehe mit viel Kraft in den Leerlauf und lasse den kaputten Bus viel zu schnell in die Einfahrt sausen, um auf keinen Fall nochmal schalten zu müssen. Wir kommen im Innenhof des noblen Autohauses quietschend zum Stehen. Zwischen nagelneuen Beetles, Caddys und dem Repertoire der Saison. *„Gut, dass wenigstens unsere Bremse funktioniert"*, sage ich zu Gwen. Zwei freundliche Damen in weißen Blusen mit VW-Logo kommen ein Stück näher. Carlos steht wie ein gelandetes Raumschiff zwischen all den Neuwagen. Ich ziehe mir beim Aussteigen besser noch schnell ein T-Shirt an. Und auch Schuhe. Man will ja seriös wirken. Durch die Fenster sieht man die baumelnden Traumfänger. Wir haben so ungefähr 15 davon, in verschiedenen Größen. Gwen macht sie selbst und verkauft gelegentlich welche am Strand. Mein Blick geht von der Service-Werkstatt über Carlos' verbeulte Stoßstange, die ich vor ein paar Tagen unschön gegen eine Palme gesetzt habe auf die beiden weiß gekleideten Kundenberatungsdamen.

„Wir haben ein Getriebeproblem", sage ich. Mein Kfz-Spanisch kann sich mittlerweile sehen lassen. Die Damen blicken verwirrt von unserem Auto zu ihren Ausfüllblättern im ledernen Etui und zurück zum Auto. *„Einen kurzen Moment, bitte"* sagen sie und tippeln davon. Durch die Glasscheiben kann ich sehen, wie die Mechaniker aus der Werkstatt nur die Köpfe schütteln als die Damen bei ihnen auftauchen, um meine Problematik weiterzugeben. Na gut, machen wir einen freundlichen Abgang ohne was kaputtzumachen. Sie empfehlen einen anderen Mechaniker nicht weit von hier. Es quietscht durch das ganze Autohaus als ich wieder ansetze. Spätestens jetzt haben uns alle entdeckt. Zack, zurück auf die Hauptstraße und im ersten

Gang weiter. Kurze Zeit später stehen wir in einer weiteren edlen Großstadt-Werkstatt, die sich aber auch für ältere Kfz-Herrschaften begeistern kann. Kostenvoranschlag 200 Euro. Das klingt für Mexiko sehr amtlich. Im ländlichen Raum liegt ein durchschnittlicher Werkstattbesuch mit einem halben Tag Arbeit selten bei mehr als 20 Euro. Also gut, dann mal ran, die Herren. Ich bin optimistisch. Die Mechaniker nehmen den ganzen Motor auseinander, um ans Getriebe zu kommen. Das dauert seine Zeit. Ich schaffe es nicht zu warten, liege immer wieder neben den Mechanikern unter Carlos und lasse mir erklären, was dort gemacht wird. Der freundliche Mann, der uns den Kostenvoranschlag unterbreitet hatte, streckt mir einen Zettel entgegen. 300 Euro. Das geht aber schnell! Er erklärt, dass die Arbeit sich doch ausführlicher gestaltet als angenommen und er die „Mano de Obra", die Handarbeit, mal eben doppelt so teuer ansetzt. Gut, was soll ich jetzt machen außer *„Ja"* sagen? Ich kann ja schlecht ablehnen und den Motor selbst wieder einbauen. Ein Bauerntrick, aber gut. Wenn es der Qualität dient, bitte schön. Es wird geschraubt und gewuchtet und bringt doch keine neuen Erkenntnisse. Das Getriebe scheint bestens, wurde erst kürzlich erneuert, sagen die Mechaniker. Ratlosigkeit macht sich breit, der Tag geht zu Ende und wir lassen Carlos über Nacht in der Werkstatt stehen. Ganz ehrlich gesagt haben die letzten Stunden ähnlich ausgesehen wie wir das von anderen Werkstätten auf dem Land kennen. Keiner macht den Anschein als wüsste er wirklich, was zu machen ist und dann beginnt die große Bastelei. Die Fähigkeiten der Mechaniker scheinen so vielfältig wie das ganze Land. Sie reichen vom präzise arbeitenden Tüftler mit großem Erfahrungsschatz bis zu VW-Mechanikern, die den Motor des Bullis vergeblich vorne im Auto suchen. Und da kommt das Anstrengende ins Spiel. Bis man weiß, woran man ist, vergehen viele Stunden des Beobachtens. Ein ständiger Wechsel aus Optimismus und Entsetzen. Zwischen: *„Er wird schon wissen, was er da grade macht"* und *„Oh mein Gott, hat er das Teil grade wirklich kaputt gehämmert?"*

Das VW-Autohaus der Stadt taucht an der Hauptstraße auf, ich gebe nochmal Gas, gehe mit viel Kraft in den Leerlauf und lasse den kranken Carlos viel zu schnell in die Einfahrt sausen, um auf keinen Fall nochmal schalten zu müssen.

Das wird keine gute Nacht. Ich frage nach einem günstigen Hotel in der Nähe und kurz darauf stehen wir vor den Türen eines Stundenhotels. Durch den großen roten Vorhang einer Garage betreten wir Liebeszimmer Nr. 39 mit großem Wandspiegel direkt über dem Bett. Zwölf Stunden, elf Euro und ein paar stöhnende Nachbarn später sind wir wieder in der Werkstatt. Die Mechaniker erzählen irgendwas davon, dass das Kupplungsseil zu lang sei. Es wird kurzer Hand abgeschnitten. Das Seil hat 5000 Kilometer in seiner Länge gepasst, jetzt ist es plötzlich zu lang. Ich bin am Ende mit den Nerven. Ich bange um die weitere Reise. Wir sind auf den Bus, unser Haus und Nest, angewiesen und haben selbst so wenig Einfluss darauf. Wenn Carlos nicht mehr zu reparieren ist oder uns das Geld ausgeht, ist das das Ende des Unterwegsseins. Wir haben nicht mehr die Kraft, geschweige denn finanziellen Möglichkeiten, um nochmal ein Auto zu kaufen. Ich muss die Mechaniker machen lassen, werde bezahlen, was sie verlangen, um gegebenenfalls in 200 Kilometern in die nächste Werkstatt zu müssen. Ein Kreislauf, der seit Monaten andauert.

Jetzt, zwei Tage und 200 Kilometer später, liegen wir in unserem Bus auf dem Bett. Wir sind auf einen Campingplatz in die kühlen Berge gefahren. Carlos lief wie geschmiert. Bruno hat sich eben vom Rücken auf den Bauch gedreht, strahlt mich an, gluckst vor sich hin und strampelt auf der Matratze wie verrückt. Über uns baumeln die Traumfänger, überall liegen Kissen, alles sieht unglaublich gemütlich aus. Ich schaue durch unseren Bus und liebe diesen Blick, dieses gemütliche Zuhause hier draußen. Wir haben Zeit, Ruhe und ein Dach über dem Kopf. Was brauchen wir mehr, als kleine Familie? Ich bin so dankbar, dass wir unseren Bus haben. Fluch und Segen einer neuen Freiheit.

In Mexiko heißt eine der großen Fast-Food-Ketten „Pollo Feliz". Was so viel heißt wie „Das glückliche Huhn".

In Mexiko werden noch bis 1995 !! die T2 ähnlichen VW-Bus Varianten gebaut. Optisch sind sie den europäischen „Bullis“ (aus den 60er und 70er Jahren) ähnlich. In Mexiko nennt man die VW-Busse „Combis“.

LINKS OBEN **Gwen bastelt und verkauft Traumfänger in den Straßen oder an Stränden. Das kann nicht unsere Reise finanzieren, bessert die Reisekasse jedoch ein bisschen auf.**

Auf dem Weg zum Atitlan
See in Guatemala.

QUETZALTENANGO
HUEHUETENANGO
CREDI CHAPIN
Tu Mercado de Créditos
C-268BKB

Es ist August am Pazifik von Südmexiko und mit konstant schwülen 30 Grad machen Tag und Nacht auch keinen Unterschied mehr. Selbst morgens um vier Uhr dient ein T-Shirt maximal dazu, sich abzutrocknen.

Bruno liegt auf meinem Bauch, schwingt mit mir über die Veranda unseres Palmen-Bungalows. Er ist heute drei Monate und fünf Tage alt. *„Wie die Zeit vergeht"* liegt mir auf der Zunge, ich sage es dann aber nicht laut. So etwas sagt man nur, wenn einem sonst nichts einfällt, man aber irgendetwas sagen möchte. Ein bisschen wie übers Wetter zu reden. Aber das hatte ich ja auch schon gemacht. Ja, die Schwüle drückt, macht lahm, auch im Kopf.

Vor vier Monaten sind wir vorübergehend sesshaft geworden, machen Sommerferien inmitten einer Weltreise. In einem kleinen gemieteten Häuschen. Wir bekommen viel Besuch aus Deutschland, einer nach dem anderen. Zusammen haben wir es bequem und komfortabel. Bequemer und komfortabler als je zuvor auf dieser Reise. Und das darf auch so sein. Wir haben nicht mehr die Leichtigkeit der ersten zwei Jahre, sind lange nicht mehr so energiegeladen.

Während Bruno und ich nacktbauchig aufeinanderliegen, durch den mexikanischen Sommerabend schwingen, wird mir bewusst, dass wir schon bald wieder unterwegs sein werden. Noch für eine Woche gehört die Hängematte im mexikanischen Häuschen uns, dann werden wir zurückkehren ins Reiseleben.

Es ist Zeit weiterzuziehen. Wir sind der Bequemlichkeit der letzten Wochen mehr und mehr satt geworden. Wir sehnen uns wieder nach mehr Abenteuer. Die Abenteuer, die uns dann später die Bequemlichkeit wieder neu schätzen lassen. Das immer wiederkehrende Wechselspiel dieser Reise aus Abenteuer und Ruhe. Das ich so genieße und für so gesund halte.

Die letzten vier Monate waren sehr ruhig. Wir haben unsere Kraft gebraucht, ein Kind auf die Welt zu bringen und eine Familie zu werden.

Ich gebe den Holzdielen einen leichten Tritt, um wieder ein wenig kühle Luft zu erschwingen. Mich überkommt ein mulmiges Gefühl. Was, wenn wir die Abenteuer nicht mehr können? Die neuen Abenteuer mit Kind, VW-Bus und Campingplatz.

Die nächsten Tage und Wochen werden zeigen wie viel Kraft uns das Reisen noch gibt, um sie genau dafür wieder zu gebrauchen.

In der Hängematte schwingen wir auf unserer kleinen Veranda hin und her. Die Sonne ist schon weg und trotzdem ist es kein bisschen kühler als noch vor ein paar Stunden. Überhaupt ist es gerade nie kühler als noch vor ein paar Stunden. Ich schwitze seit drei Wochen pausenlos.

Die Sommerferien gehen zu Ende

Text — Patrick

aus Mexiko

„Ich bin irgendwie zwiegespalten“ sage ich. *„Wie meinst du das?“* Gwen ist schon fast eingeschlafen. Es ist spät, wir stehen mit unserem VW-Bus auf einem Strandparkplatz. Neben uns zelten zwei Freunde, wir sind die einzigen Gäste.

Und dann passiert es doch

Text — Patrick

aus Nicaragua

Ich sitze mittlerweile im Büro der Station und soll nun meine Geschichte erzählen. An der Wand vor mir hängt ein Poster. Mit großen Buchstaben steht dort: *„Korruption wird bei der Polizei Nicaraguas nicht geduldet und muss zur Anzeige gebracht werden!“*

Bruno liegt neben uns auf der Matratze, in seinem dünnen Sommerschlafsäckchen. Es ist schön, das Rauschen und die in regelmäßigem Abstand brechenden Wellen zu hören. Schon viele Tage sind wir hier am Pazifik. Das Meer weht einen frischen Wind über den Strand durch unsere offene Heckklappe hinein, über uns hinweg und zu den offenen Fenstern wieder hinaus. Ein kleiner Windkanal, der das Schlafen möglich macht. Immerhin hat es in Nicaragua an der Pazifikküste auch im Dezember nachts noch um die 25°C. Den ganzen Tag hat sich der Bus in der prallen Sonne aufgeheizt, ich will gar nicht daran denken, was das für eine Sauna wäre, hier und jetzt mit geschlossenen Fenstern.

„Wie? Warum zwiegespalten?“

Sie ist noch wach.

„Naja, einerseits freue ich mich auf die letzten drei Monate hier in Mittelamerika, andererseits kann ich den Moment kaum erwarten, endlich aufs Schiff zu gehen. Ich genieße die Freiheit und die Zeit, die wir gerade haben, um durch diesen schönen, bunten Teil der Welt zu reisen, aber genauso freue ich mich auch wieder auf die Heimat. Ich bin dankbar unsere Zeit in Mittelamerika gut überstanden zu haben. Überhaupt, die ganzen drei Jahre der Reise – ohne schlimme Krankheiten, ohne dass wir bestohlen wurden, ohne dass Schlangen oder Skorpione Bruno zu nahe gekommen sind.“ Gwen schläft. Es war ein langer heißer Tag. Das Meerleben macht müde. Ich schlafe schließlich tief und fest, wache erst wieder auf als meine Blase mich weckt und die Sonne schon über die Felsen geklettert ist. Ich gehe raus in die Büsche.

Auf dem Rückweg reibe ich mir die Augen. Wieso liegt die Kameratasche vor dem Bus im Sand? Haben wir die draußen vergessen?

Irgendwie sieht sie dünn aus. Fast leer. Tatsache! Mit drei schnellen Schritten bin ich im Bus. Die zweite Kamera fehlt auch.

Gwen wird langsam wach. Sieht mich durch den Bus wuseln, jedes Kleidungsstück drehe ich zweimal um. *„Das kann doch nicht sein!“* Ich laufe um den Bus. Nichts!

„Die Gitarre ist auch weg!“ ruft Gwen aus dem Auto heraus. Da haben wir es! Da ist es in den letzten Wochen doch noch passiert.

Mit jedem Monat der Reise, in dem nichts Schlimmes passiert ist, haben wir weniger darüber nachgedacht, dass etwas passieren könnte. Immer erst die Fragen aus der Heimat haben uns wieder daran erinnert: *„Jetzt erzählt mal! Was war das Schlimmste, was euch bisher auf der Reise passiert ist?“* Oft ist uns keine Antwort eingefallen.

Am Anfang habe ich noch Was-wäre-wenn-Sicherheitsvorkehrungen getroffen, jetzt hat sich das schon lange gelegt. Wir sind abgestumpft, weil eben nie etwas passiert ist. Längst haben wir keine Bauchgürteltaschen mehr dabei, schließen auch nicht immer die Wertsachen-Box im VW-Bus ab, wenn wir mal einkaufen gehen. Und die Fenster lassen wir nachts offen.

Das Polizeirevier ist dreckig. Gelbe Wände, drei alte und verstaubte Motorroller stehen in der Ecke. Ich habe eher das Gefühl, ich sei in einem Treppenhauseingang als mitten in einer Polizeistation.

Drei Polizisten haben Kundschaft und beruhigen zwei aufgeregte Frauen, die so schnell auf Spanisch schimpfen, dass ich nichts davon verstehe. Es macht den Anschein als wären sie nicht sonderlich begeistert von der Arbeit der Dorfpolizei. Überhaupt haben wir in den letzten Wochen in Nicaragua nicht viel Gutes über die hiesige Polizei gehört und mit ihr erlebt. Zweimal hat man uns angehalten und uns völlig übertrieben teure Strafzettel ausgestellt. Für Geschwindigkeitsüberschreitungen, die mit unserem VW-Bus technisch gar nicht möglich gewesen wären. Beide Male haben wir uns darauf einigen können, 20 Euro in einen dunklen Umschlag zu legen, den uns der Polizist nach langen Diskussionen durchs Fenster streckte und als „letzte private Option“ angekündigt hatte.

Ich sitze mittlerweile im Büro der Polizeistation und soll nun meine Geschichte erzählen. An der Wand vor mir hängt ein Poster. Mit großen Buchstaben steht dort: *„Korruption wird bei der Polizei Nicaraguas nicht geduldet und muss immer zur Anzeige gebracht werden!“*

Am Schreibtisch vor mir sitzt ein streng aussehender Polizist und macht Notizen, ein zweiter steht dabei und beobachtet mich, ein dritter spielt am Computer. Er schießt kleine Smileys ab, die kreuz und quer über den Bildschirm wandern. Immer wieder sieht er zu uns hinüber, gibt Kommentare ab oder lacht einfach nur. Ich erzähle auf Spanisch, was letzte Nacht passiert ist oder vielmehr, was ich vermute. Immer wieder werden Zwischenfragen gestellt. Nur selten verstehe ich sie auf Anhieb. Viel schneller und anders als in Mexiko wird hier Spanisch gesprochen, ich muss mich konzentrieren, um zu verstehen, wo Worte aufhören und wieder anfangen.

Je länger das Gespräch dauert, desto desinteressierter wirken die Polizisten. Es werden kaum noch Notizen gemacht. Der Polizist am Computer ist in einem neuen Level seines Spiels angekommen und nun völlig abwesend. Ich erwähne, dass eine der beiden Kameras auch gegen Diebstahl versichert sei und ich deswegen später eine Kopie des Polizeiberichts bräuchte. Plötzlich habe ich wieder die volle Aufmerksamkeit. Ich schaue erstaunt in die Runde. Hab ich etwas Falsches gesagt? Die drei unterhalten sich in noch schnellerem „Regional-Spanisch" und ich komme nicht mehr mit. Köpfe werden geschüttelt, es wird geseufzt, es wird gelächelt.

Der Polizist lehnt sich über den Schreibtisch zu mir und schaut mich skeptisch an: *„Was willst du eigentlich?"* Okay, die Stimmung schien ohnehin nicht gut, jetzt scheint sie ihren Tiefpunkt erreicht zu haben. Bevor ich hier die Opfer-Rolle komplett gegen die Täter-Rolle eintausche, stelle ich klar: *„Ich will einfach meine Sachen wieder!"* Plötzlich habe ich eine Idee. *„300 US-Dollar für denjenigen, der mir Kameras und die Gitarre zurückbringt!"* Der Gringo verspricht eine Belohnung, die Nachricht des Tages. Das hoffe ich zumindest, als ich die Polizeiwache verlasse, um zurück an den Strand zu trampen. Wir wechseln noch am gleichen Tag unseren Stellplatz, bleiben allerdings innerhalb des Dorfes, da wir die Hoffnung nicht aufgeben, dass jemand auf unseren „Finderlohn" anspringt. Die Kameras waren alt und fast kaputt, nur noch schwer zu bedienen. Das Film-Material hatten wir erst vor zwei Tagen zwischengespeichert. Auf unserem Computer, der glücklicherweise nicht geklaut wurde. Was uns aber traurig macht, ist die Tatsache, dass wir hier in Nicaragua kein neues Equipment werden kaufen können und wir für die letzten Monate in Mittelamerika schon einige Filmprojekte in tollen Organisationen und Communities geplant haben.

Die Kameras tauchen nicht wieder auf und die Versicherung zahlt dann tatsächlich ein paar Euro. Wir organisieren uns einige Wochen später sehr aufwendig eine Ersatzkamera aus Europa.

Und irgendwann sollte es eben passieren, nach drei Jahren haben wir nun doch eine Geschichte auf die Frage, was uns Schlimmes passiert sei.

In Lateinamerika wird man als AusländerIn häufig als „Gringo" (männlich) oder „Gringa" (weiblich) bezeichnet. Wo das Wort herkommt, ist nicht ganz schlüssig. Uns wurde auf diese Frage jedoch immer geantwortet, dass es sich von „Green go" ableitet und sich ursprünglich auf die Soldaten der britischen Armee bezog, die grüne Uniformen trugen. Heute wird es eigentlich nur als Synonym für „US-AmerikanerIn" angewendet, fälschlicherweise aber auch für „EuropäerIn" verwendet. Das Wort soll in den meisten Fällen keine Beleidigung sein!

Wem die Farbe Grün gefällt, der wird in Guatemalas Norden nicht enttäuscht. Dichte Wälder wachsen durch die Gegend, wild und tropisch.

Wasserfall ohne Pommes

Text — Patrick

aus Guatemala

Ich habe in den letzten Jahren mehr über meine Heimat nachgedacht als in meinem ganzen Leben davor. Komisch irgendwie, wo wir doch so weit weg sind.

Begleitet von einem Vogelkonzert wie es schöner nicht sein könnte. Während wir einem Flusslauf folgen, an dessen Ende ein warmer Wasserfall dampfend in einen natürlichen Pool sprudelt, spüre ich, wie zeitlos diese Welt hier ist. Bunte Vögel, die sich durch die Luft und über die Äste bewegen. Gigantische Bäume, deren riesige Wurzeln sich wie hölzerne Wände durch den Wald winden. Holzwände, die manchmal so hoch sind, dass man selbst auf Zehenspitzen nicht hinübersehen kann. Man könnte mich in der Zeit viele Jahrhunderte zurückversetzen, ich würde es hier im Wald sicherlich tagelang nicht merken. Müsste warten, bis der erste Maya-Krieger vor mir stünde, um ihn nach Zeit oder Kalender zu fragen.

Bruno hört den Wasserfall als erster, überhaupt ist Wasser sein Element. Wenn er das fließende Nass erspäht, fängt er an, wie wild mit den Händen zu rudern und dabei zu kreischen. Das ist jedes Mal seine Ansage an uns, dass wir nun schwimmen gehen sollen. Bruno quietscht und flattert durch die kühle Morgenluft, ist außer sich vor Freude, während wir über die Felsen an den Wasserfall klettern. Es ist unbegreiflich schön. Der frühe Morgen schickt die ersten Sonnenstrahlen durch die Bäume und taucht das dampfende Naturbecken in ein magisch goldenes Licht. Bruno hat sich schon mal die Mütze vom Kopf gerissen. Wir sind ganz alleine, heute brauche ich keine Badehose. Die Bäume wachsen auf den Felsen, die Wurzeln ranken sich um die großen Steine, wie eine Hand aus 100 Fingern.

Das Wasser stürzt dampfend heiß den Felsen runter und vermischt sich mit dem kühlen Wasser des Pools, man selbst ist wie ein bewegender Temperaturregler. Je nachdem wohin man schwimmt, wird es wärmer oder eben kälter.

Beim Abtrocknen sage ich zu Gwen: *„In Mitteleuropa wäre hier sicherlich eine Badelandschaft, den Felsen hätten sie wahrscheinlich so gelassen, mit Sicherheitsgeländer, es gäbe Holzliegen, Massagebänke und eine Saunalandschaft, WC und Pommes. Alles für 19,90 Euro. Parkplatz auch für Reisebusse.“*

Ich erwische mich immer wieder dabei, wie ich vergleiche. Immer wieder denke ich darüber nach, wie es in Deutschland wäre, um besser verstehen zu können, was uns unterwegs begegnet. Das ergibt keinen Sinn, ist aber schwer wegzubekommen. Dieses häufige Vergleichen mit der Heimat. Ich habe in den letzten Jahren mehr über meine Heimat nachgedacht als in meinem ganzen Leben davor. Komisch irgendwie, wo wir doch so weit weg sind. Auch wenn man andere Reisende trifft, gibt es immer wieder Vergleiche. Der eine beschwert sich über hier, der andere über dort, der nächste über zuhause. Es wird gelobt und gemotzt: Sicherheit oder Freiheit, Bürokratie oder Chaos, Pünktlichkeit oder Lockerheit. Und das Fazit? Wo ist es nun besser? Wo sind wir lieber? Wo kann man frei sein? Wo kann man sich auf etwas verlassen?

Die Vergleiche zeigen Seiten der Heimat, die ich vorher nie hinterfragt habe. Und trotzdem ergibt es keinen Sinn. Es gibt kein Besser oder Schöner, denn das Beste und Schönste ist die Vielfalt an sich. Der magische Wasserfall in der Maya-Welt und das Thermalbad, wo man auch Pommes essen kann. Es ist schön, dass es beides gibt.

Es wird die große Herausforderung der Heimkehr sein, das zu verstehen. Zu genießen, was es gibt und nicht zu vermissen, was es woanders geben könnte. Leckere Avocados in Mexiko zu lassen, um dafür im Schwarzwald Himbeeren zu pflücken.

Budget

Der Traum von einer großen Reise sollte nicht am Budget scheitern. Es hängt allein von der eigenen Kreativität und den Ansprüchen ab, wie weit man kommen kann. Denn es gilt: Je weniger man will und je flexibler man ist, desto weniger Geld braucht man auch. Wir haben auch Reisende getroffen, die gar kein Erspartes hatten als sie losgezogen sind. In einem Artikel habe ich gelesen, dass einem Weltreise-Pärchen unterwegs das Geld ausgegangen sei und sie später aber sagten, dass das das Beste gewesen sei, was ihnen hätte passieren können: Sie haben angefangen, unterwegs Geld zu verdienen und konnten deshalb aus einem ganz neuen Blickwinkel am Leben der Menschen teilhaben.

Neben der Straßenkunst ist auch die Freiwilligenarbeit eine ideale Möglichkeit, um mit kleinem Budget zu reisen. Und natürlich sollten an dieser Stelle das Trampen wie auch das „Couchsurfing" nicht unerwähnt bleiben. Beides sind Möglichkeiten, um mit kleinem Budget zu reisen und gleichzeitig unmittelbar mit den Menschen in Kontakt zu kommen. Aber bitte nicht vergessen: Auch als Low-Budget-Reisende müssen wir das Gleichgewicht zwischen Nehmen und Geben immer im Blick behalten.

Auf verschiedenen Reiseblogs lese ich immer wieder, wie wichtig es ist, in professionelle Ausrüstung zu investieren. Teilweise stimme ich dem zu, bei vielem gilt aber: Man sollte sich nichts aufschwatzen lassen. Was für uns wichtig war: ein guter Rucksack, ein gutes Zelt, ein guter Schlafsack und gute Schuhe.

Dinge, für die man unausweichlich Geld braucht, sind Visa und die Auslandskrankenversicherung. Dafür muss tatsächlich gespart werden.

Grundsätzlich ist es schwierig, eine Gleichung aufzustellen um das benötigte Budget für eine Weltreise zu errechnen. Als Beispiel: Alle Ausgaben zusammen gerechnet, haben wir in den ersten 20 Reisemonaten (Freiburg bis Tokio) pro Person rund 4500 Euro gebraucht, während wir in den nächsten 20 Monaten das doppelte Budget pro Person benötigten.

Es ist naheliegend, dass natürlich auch die Länderwahl beim Berechnen des Budgets eine wichtige Rolle spielt und ebenso die Jahreszeiten: Wenn es kalt ist oder man in der Regenzeit reist, ist es schwieriger und unangenehmer draußen zu schlafen und damit wird dann oft auch mehr Geld für das Übernachten gebraucht.

Ich sitze in einem kleinen Häuschen am Atitlan See in Guatemala. Vor mir liegen Landkarten, Bücher, Zettel, Krimskrams, der sich so angesammelt hat. Spätestens seit wir neben zwei Rucksäcken auch einen VW-Bus füllen dürfen, ist wieder mehr Platz für allerlei. Bruno schläft in der anderen Ecke unter dem Moskitonetz. Etwas Kleines bewegt sich zwischen den Büchern. Wahrscheinlich eine Ameise.

Die Ruhe kommt mit Routine und Konservenglas

aus Guatemala

In dem Haus dürfen wir für ein paar Wochen wohnen, solange machen wir wieder einmal Freiwilligen-Dienst. Die Arbeit beschränkt sich allerdings auf die Vormittage. Es ist Regenzeit. Gegen Nachmittag trommelt jeden Tag der Regen aufs Wellblechdach. Das warme Nass von oben dauert auch gerne mal bis in den nächsten Morgen. Es regnet und regnet. Die Stimmung reicht von *„Oh man, ist das gemütlich!“ bis „Ich geh dann doch mal nachsehen, ob der Fluss schon über das Ufer getreten ist!“* Vor einigen Jahren hat ein Erdrutsch einige Häuser im Dorf verschüttet. Die Geologie am Atitlan See ist sehr besonders. In den Überresten eines gigantischen Vulkankraters liegt der schönste See der Welt - wie man hier sagt. Von den Ufern erheben sich steile Felswände und in den kleinen Flusstälern dazwischen liegen Dörfer, die teilweise nur mit dem Boot über den See zu erreichen sind. Eines davon ist Jaibalito mit unserem kleinen Haus in der Dorfmitte. Wieder bewegt sich was zwischen den Büchern, wahrscheinlich ein Käfer.

Grenze Honduras-Belize: Zwei Zöllnerinnen beugen sich in den Bulli, um uns zu filzen. *„Wow, woher hast du all die schönen Traumfänger?“* fragt eine von ihnen sofort. Ich erkläre, dass ich sie bastle um sie dann auf der Straße zu verkaufen. *„Auf dem Rücken habe ich einen Traumfänger tätowiert, denn tief drinnen bin ich auch ein Hippie“*, flüstert mir die Zöllnerin zu. Und: *„Ich kaufe sie alle, wenn du sie mir so verpackst, dass meine Kollegen davon nichts mitbekommen“*. So unauffällig wie möglich nehme ich alle Traumfänger von den Wänden, packe sie in eine Plastiktüte und nehme heimlich 30 Dollar von der Zöllnerin entgegen. Welcome to Belize!

Ich bin vertieft in eine Nicaragua-Karte. Sobald die Regenzeit aufhört, wollen wir weiterziehen. El Salvador, Honduras, Nicaragua. Mal sehen. Aber erst einmal wird es die nächsten sechs Wochen noch jeden Tag regnen. Es bleibt viel Zeit die Karte zu studieren. Wieder etwas Schwarzes zwischen den Zetteln, keine dreißig Zentimeter neben mir. Ich sehe es im Augenwinkel. Es ist etwas mit Stachel. Ein Skorpion! Ich stehe mal besser auf.

Ich bin mittlerweile trainiert im *„Konservenglas-über-den-Skorpion-stülpen“*.

Das war nicht immer so. Aber die Übung und Routine bringen die Ruhe. Es ist der achte seiner Art, den wir in diesem Monat aus unserem Zimmer schaffen. Mit jedem wird es einfacher. Beim ersten habe ich noch gezittert und eine gefühlte Ewigkeit immer wieder angesetzt, bevor ich den Skorpion im Marmeladenglas hatte.

Klar, man könnte ihn auch mit dem Besenstiel zermörsern, eine gängige Methode hierzulande, die wir auch schon mehrfach beobachten durften. Die kleinen, ungeliebten Besucher sitzen gerne bewegungslos an der Wand. Da braucht es nicht wirklich Zielwasser um den Eindringling zu zerquetschen. Keine Lösung für mich, denn: kein gutes Karma! Unsere Skorpione landen lebend im angrenzenden Regenwäldchen. Anfangs noch mit Marmeladenglas, jetzt ohne. Die Gläser gehen uns langsam aus.

Lusiano, unser guatemaltekischer Nachbarjunge, macht das anders. Erst letzte Woche hat er zwei lebende Skorpione und eine schwarze Witwe vorbeigebracht. Als Heimat-und Sachkundeunterricht für uns Gringos. Den armen Skorpionen hat er die Stachel abgezwickt und hat sie sich über Arme und Gesicht krabbeln lassen. Die schwarze Witwe hatte er – einmal darf man raten – im Marmeladenglas. Seit ein paar Tagen schon. Er ist 13 Jahre alt, das gehört hier zum Großwerden wohl dazu. Schlechtes Karma, hab ich ihm gesagt.

Foto – Janik Gensheimer

„Ein scharfer Gruß direkt aus Mexiko“

Salsa roja a la Teresa

4 Tomaten – in drei dicke Scheiben zerteilt
1 mittelgroße Zwiebel – in drei dicke Scheiben zerteilt
2 Chilischoten – frisch oder getrocknet
(am besten Chile de árbol, sonst jede andere scharfe Sorte)
Salz – nach Geschmack
Wasser – nach Bedarf

Für eine Schale

Die Tomaten- und Zwiebelscheiben mit den ganzen Chilis in eine Pfanne legen und ohne Öl braten. Hin und wieder wenden. Nicht wundern: es sollte ein wenig schwarz werden!

Von der Flamme nehmen, die Pfanne sorgfältig auskratzen und alles zusammen mit einem Schluck Wasser mixen. Vorsicht: Die Chilis Stück für Stück dazugeben, da man nie genau weiß, wie scharf sie sind. Evtl. noch Wasser nachgießen, wenn die Salsa zu fest ist. Zu (fast) jedem mexikanischen Gericht als Geschmacksverstärker servieren oder einfach zum Dippen mit Tortilla-Chips genießen!

Auch gut: Tomaten, Zwiebeln und Chilis nicht in der Pfanne braten, sondern über dem Feuer grillen. Oder: Wer in Deutschland auf dem Markt Tomatillos findet, kann aus der roten Salsa auch eine grüne machen – einfach statt Tomaten ein halbes Kilo Tomatillos und grüne statt roter Chili. Danach zwei Knoblauchzehen braten und am Schluss drei Zweige frischen Koriander hinzufügen. Super lecker!

„Und, wie funktioniert es mit Kind zu reisen? Erzählt doch mal!", werden wir immer wieder gefragt, seit wir im Frühling 2015 in Mexiko Eltern wurden.

Ich frage mich dann immer, was die Leute denn nun hören wollen. Ob es für uns funktioniert oder ob es für das Kind funktioniert? Ob es schöner ist als davor? Ob es anstrengend ist? Ob es uns verändert hat? Eigentlich kann ich nur antworten: Ein Kind verändert, immer! Und natürlich verändert es auch eine Reise. Auf einmal sind da drei Bedürfnisse, nicht mehr nur zwei. Drei Ideen, drei Wünsche. Und ich denke, Reisen funktioniert dann nicht mit Kind, wenn man versucht, genauso weiterzureisen, wie man es ohne Kind gewöhnt war.

MIT KIND REISEN

WIR FOLGEN UNSEREM WEG, SIND NICHTS BESONDERES, HÖREN LEDIGLICH AUF DAS GEFÜHL IM BAUCH.

Wir haben uns umgestellt und deshalb das Reisen zu dritt für uns möglich gemacht. Wir reisen jetzt viel langsamer und strukturierter. Oft verbringen wir mehrere Wochen am gleichen Ort und wissen gerne morgens schon, wo wir am Abend schlafen werden (zumindest so ungefähr). Das war die ersten beiden Reisejahre fast nie der Fall, wir haben uns viel mehr treiben lassen.

Unser Mittelpunkt ist jetzt die Familie, nicht mehr die Welt um uns herum. Wir sind mehr nach innen gekehrt, mehr mit uns selbst beschäftigt, brauchen jetzt länger, um in fremde Kulturen einzutauchen. Doch das Reisen als Familie öffnet auch ganz neue Türen: Zum Beispiel kommen wir schneller und öfter mit Frauen in Kontakt. *„¡Mira, los ojos azules! ¡Que lindo, el gringuito!" („Schau, diese blauen Augen! Wie goldig, der kleine Gringo!")*, flüstern die Leute und lächeln uns verzückt zu. Ob sie ein Foto von unserem Kind machen dürften, werden nun wir gefragt, anstatt, dass wir die Einheimischen selbst um diese Bilder bitten. Durch das Kind können wir neue Brücken zwischen uns als Reisende und den Einheimischen schlagen. Es besteht eine natürliche Gemeinsamkeit, die verbindet. Familie ist Weltsprache, die keine Worte braucht.

Für uns ist der Bus als kleiner Rückzugsort sehr wertvoll. Er ist das Nest, nach dem wir uns als Eltern auch unterwegs ganz intuitiv gesehnt haben. Oft liegen wir einfach auf der Matratze herum und genießen unsere Dreisamkeit und die Zeit, die wir miteinander verbringen dürfen. Später, als wir zu dritt drei Monate durch Europa wandern, wird unser Zelt dieser Rückzugsort. Als wir mal bei strömendem Regen einen Tag in einem Hotelzimmer verbringen, ist Bruno unruhig, deutet immer wieder auf die Kraxe, will raus. Mit Kind draußen und, zu Fuß unterwegs zu sein ist schon nach wenigen Tagen vollkommen selbstverständlich. Tiere beobachten, zusammen singen, in kleinen Bächen baden, abends gemeinsam am Lagerfeuer kochen, draußen sein – all das empfinden wir als eine wunderschöne Bereicherung für unser Familienleben.

Natürlich kommen wir manchmal auch an unsere Grenzen. Wenn mal wieder alles zusammen kommt: Bruno weint, wir haben Hunger, es ist heiß und wir haben uns verlaufen. Ich denke dann, das ist dem Unterwegssein geschuldet. Doch seit wir wieder zuhause sind, weiß ich, dass das genauso in einem geregelten Alltag vorkommt. Das Leben mit Kind ist eben eine neue Herausforderung, egal ob unterwegs oder zuhause.

JLS-85-21

Wir leben also derzeit in unserem VW-Bus. Eine 1,80 Meter auf 1,60 Meter große Matratze zwischen Heckklappe und Schiebetür, das ist Brunos Zimmer. Egal wo wir parken, halten oder übernachten: Das Zimmer kommt immer mit. Mama und Papa liegen oder sitzen dort meist mit herum und gehören zum überschaubaren Sammelsurium auf der knapp drei Quadratmeter großen Spielwiese.

„Sonntags“

aus Mittelamerika

Wenn ich dort aufwache und man mich direkt fragen würde, was heute für ein Wochentag ist, würde ich ohne langes Nachdenken, immer wieder dieselbe Antwort geben: *„Sonntag!“*

Sobald sich die morgendliche Dämmerung ankündigt, passiert hier tagtäglich Ähnliches. Bruno ist als erster wach, krabbelt über uns hinweg und übt Stehen und Trommeln. Im Halbschlaf bin ich mit dabei, werde dann langsam wach und schaue mit meinem Sohn verschlafen aus dem Fenster. Schaue aufs Meer, in den Regenwald, auf eine Bananenplantage, auf einen See, auf einen Campingplatz, auf eine Raststätte oder in den Nebel. Egal wo wir die Nacht verbracht haben, als kleine Familie irgendwo da draußen aufzuwachen, ist wunderbar gemütlich.

In zwei Wochen werden wir unseren Bus weitergeben. Über ein Jahr war er unser Zuhause, Brunos festes Fenster zu einer vorbeiziehenden Welt. Brunos erstes Kinderzimmer. Der Gedanke an einen Montag macht mich traurig. Wir werden die nächsten und letzten Monate der Reise zurück ins Zelt ziehen, ein bescheideneres Heim, und werden oft an Carlos zurückdenken und an die glücklichen Sonntage, die meistens gar keine waren.

Text — Patrick

Ein lauwarmer Morgen am Pazifik. In der Nähe von Mazunte in Mexiko. Über ein Jahr ist der VW-Bus unser Zuhause und Brunos erstes Kinderzimmer.

Kreativ unterwegs

1

Aus einem biegsamen Stock einen Kreis formen, den Stock dabei immer um sich selbst winden.

2

Eine lange Schnur abschneiden (für einen Traumfänger von 15cm Durchmesser etwa 120cm Schnur). Die Schnur auf eine Nadel fädeln und das Ende oben am Traumfänger fest verknoten.

3

Das Netz sollte nicht zu stramm geflochten werden. Wenn erwünscht, können beim Flechten des Netzes Perlen aufgefädelt werden. Der Einfachheit halber empfehle ich Perlen, die über die Nadel gestreift werden können.

4

In der letzten Runde muss der Faden sehr stramm gezogen werden: Es entsteht ein kleiner Kreis in der Mitte und das Netz spannt sich.

5

Den Faden am Schluss gut vernähen. Es bieten sich dafür die „Knotenpunkte" der zwei Reihen an.

6

Alles ist möglich: Man kann so viele Federn oder Ähnliches unten an sein Netz hängen wie erwünscht. Man sollte jedoch darauf achten, dass die Federn gut festgeknotet sind. Evtl. mit etwas Klebstoff nachhelfen.

Irgendwie gehören sie zu Städten: die Straßenkünstler. Auf Reise ist es einfach, selbst einer von ihnen zu werden. Man muss dafür nicht besonders begabt sein, in vielen Ländern reicht schon die bloße Anwesenheit, um zum Hingucker zu werden. Und mit ein bisschen Ausdauer kann die Straßenkunst das Reisen finanzieren. Auch das Verkaufen von Kunsthandwerk ist eine gute Möglichkeit, das Reisebudget aufzubessern.

Wir haben unterwegs auch immer wieder Reisende getroffen, die Souvenirs aus den verschiedensten Kulturen dabei hatten und diese dann auf der Straße verkauften. Oder Postkarten: gemalt oder mit den Motiven bedruckt, die unterwegs entstanden sind.

Schmuck, Gestricktes, Seifenblasen für Kinder, kleine Blumensträuße, Marionettentheater, Gebackenes, Kunst aus Sand, Gedichte – eigentlich sind der Fantasie keine Grenzen gesetzt. Ich habe irgendwann angefangen, selbstgemachte Seifen und Traumfänger auf der Straße zu verkaufen und konnte damit zwar nicht die Reise finanzieren, aber immerhin ein bisschen zur Reisekasse beitragen. Vor allem aber hat es unglaublich viel Spaß gemacht. Manchmal tut es auf Reise auch gut, eine zusätzliche Aufgabe zu haben.

Wichtig: Man sollte sich informieren, ob in der Stadt, in der man Straßenkunst oder Kunsthandwerk anbieten möchte, eine Genehmigung benötigt wird. Falls das Verkaufen auf der Straße verboten ist, kann man sich aus einer kleinen Kiste einen Bauchladen basteln und damit durch die Straße laufen.

In Mexiko habe ich von anderen „Artesanos" gelernt, dass man seine Kunst nie unter dem Wert einer Mahlzeit verkaufen sollte.

Und falls man mit seinem Können keinen Erfolg hat: Egal, meistens kennt einen in der Stadt ja eh niemand...

Jede Kultur sieht und
konstruiert ihre Welt anders.
Jede ist ein anderes
Fenster zur Wirklichkeit.
Jede ist wertvoll,
und keine ist die einzig
richtige Sichtweise.

Wolf Dieter Storl,
„Wanderung zur Quelle"

242
Atlantik
„Alles,
und bitte gleich
zweimal...“

246
Europa
Im Laufe
der
Wochen

Viertes

Westen

Jahr

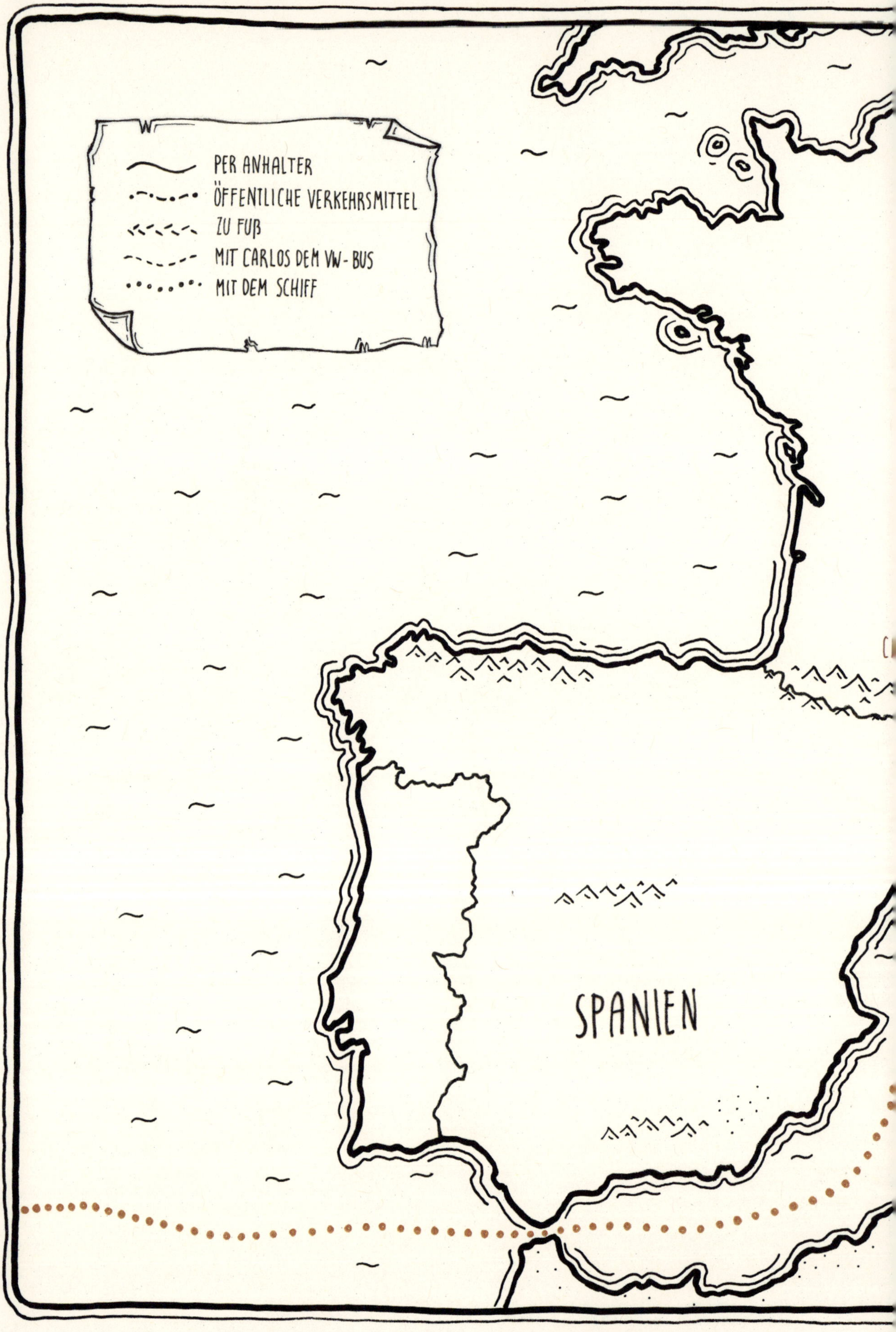
PER ANHALTER
ÖFFENTLICHE VERKEHRSMITTEL
ZU FUß
MIT CARLOS DEM VW-BUS
MIT DEM SCHIFF
SPANIEN

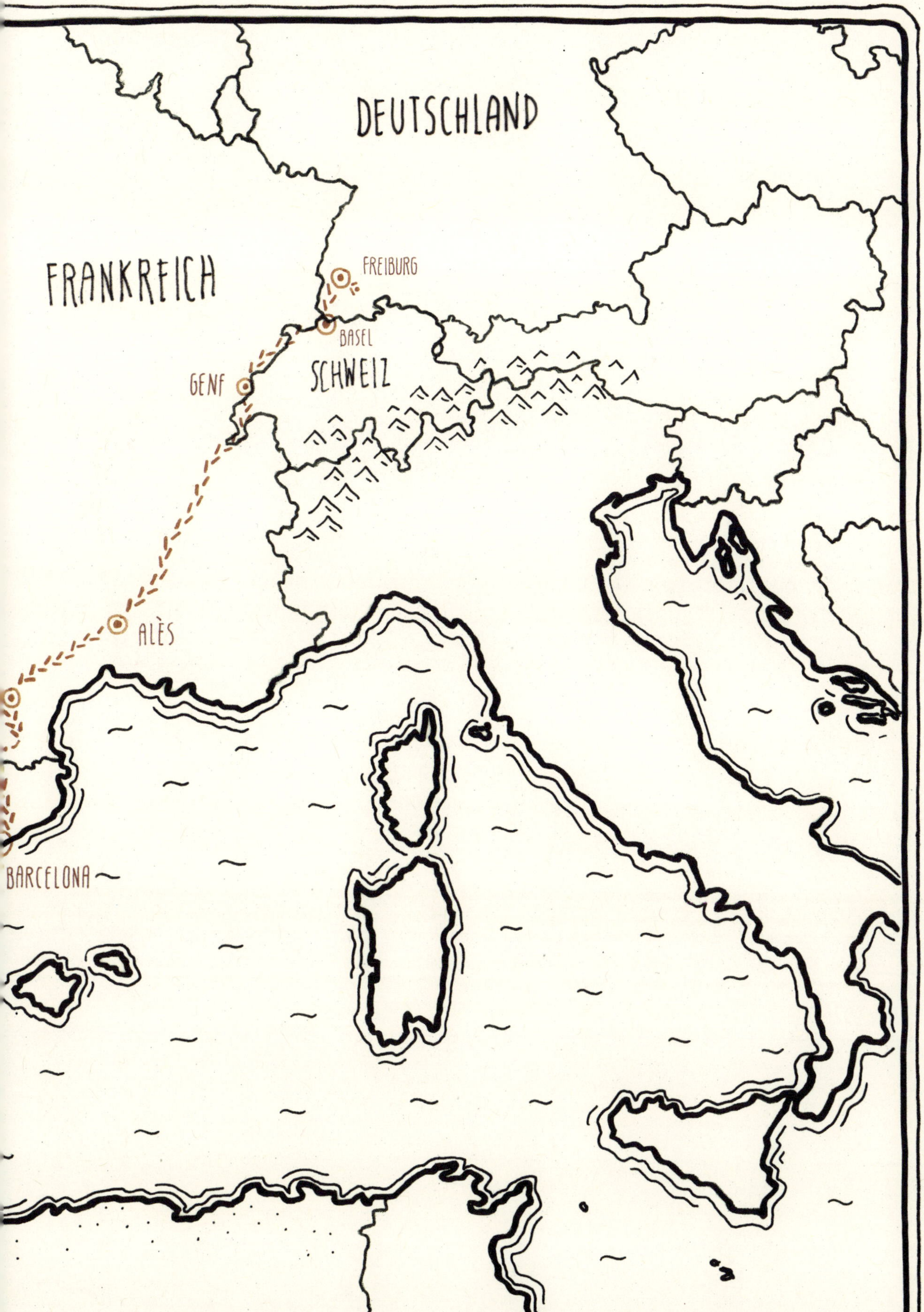
DEUTSCHLAND
FRANKREICH
FREIBURG
BASEL
SCHWEIZ
GENF
ALÈS
BARCELONA

NO DIVING

Meine Patentante hat vor einigen Monaten mal zu mir gesagt: „*Gwendelchen, falls ich jemals auf ein Kreuzfahrtschiff gehen werde, sollte dich das schwer beunruhigen.*“ Jetzt muss ich schmunzeln, wenn ich hier an der Reling des Schiffes daran denke. Vor allem, weil es sich so verdammt gut anfühlt, hier zu stehen.

„Alles, und bitte gleich zweimal…“

auf dem Atlantik

Text — Gwen & Patrick

Denn, so wissen wir, dieses Schiff macht es uns möglich, den Traum von der Weltreise ohne Flugzeug zu verwirklichen. Ja, tatsächlich, wir sind auf einem Kreuzfahrtschiff.

Auf einer Überführungsfahrt! Die großen Seeungeheuer der Tourismusbranche werden nach der Sommersaison im Mittelmeer für die Wintersaison in die Karibik gebracht, oder andersherum, wie im Falle des Schiffes, das uns zurück nach Europa bringt. Nach drei Jahren draußen, nach drei Jahren Bescheidenheit, jetzt das genaue Gegenteil: Alles inklusive! Meterlange Buffets, 12 Stunden am Tag die Möglichkeit zu essen. An Bord sind 85 Gäste, obwohl das Schiff 1800 Passagiere fassen kann. Alleine 110 Köche wuseln durch die Schiffsküchen, die „Animations-Crew“ bespaßt mit Shows und Programmen ein Publikum, das oft weniger Gäste zählt als Artisten auf der Bühne stehen. Und das alles für 650 Euro pro Person (Bruno fährt umsonst). Welch surreale, kleine Welt. Trotzdem ist die Überführung im klassischen Traumschiff-Genre nicht wirklich attraktiv. Kaum Stopps, teilweise raue See und es werden Schiffsreparaturen vorgenommen.

Natürlich war das Kreuzfahrtschiff nicht unsere erste Wahl, um den Atlantik zu überqueren. Doch Containerschiffe dürfen leider keine Kleinkinder mit an Bord nehmen. Erst ab drei Jahren, und so lange wollen wir dann doch nicht mehr unterwegs sein. Bei den Seglern hatten wir auch keinen Erfolg. Wir haben uns die Finger wund geschrieben, um eine passende Überfahrt zu ergattern. Doch entweder unsere Unerfahrenheit auf See, das Baby oder die Preise machten uns da einen Strich durch die Rechnung. Um ehrlich zu sein: Wir hatten auch einen riesen Respekt vor einer Segelfahrt, besonders mit so einem kleinen Bübchen in einer Nussschale mitten auf dem Atlantik.

Da blieben dann nur der Luxusdampfer oder das Flugzeug. Es ist ein Kontrastprogramm vom Feinsten, wie wir es hier auf der Zenith erleben, und am Anfang tut das auch mal ganz gut. Doch innerlich zähle ich die Tage. Noch acht.

Denn schon nach der Hälfte der Überfahrt ist es mir zu viel. Alles. Das „all inclusive“, das Zuviel an sich ist zu viel. Das unendliche Buffet, die Bars, der Hauch von Dekadenz, der durch die Speisesäle weht. Das Wählen zwischen allem und allem, immer und immer wieder.

Morgens Croissants und süße Teile im Café, gleich danach ein Frühstücksbrunch. Das geht dann nahtlos über in Lunch, mit mehr als zehn verschiedenen Nachtischen. Nachmittags wird auf Deck gegrillt. Es folgt eine Stunde Essenspause, um dann mit dem Abendessen den Tag kulinarisch abzuschließen: Vier Gänge, alles beliebig oft nachzubestellen. Die reinste Völlerei. Wäre ich ein Kamel müsste ich jetzt wahrscheinlich wochenlang nichts mehr trinken und essen. Wäre ich ein Bär, käme jetzt der Winterschlaf.

Auf der Reise hat mal jemand gesagt: *„Too much comfort kills you“.*

Irgendwann spüre ich keinen Hunger mehr. Nur noch ständigen Appetit. Stimmung wie im Flugzeug: Man wartet auf das Essen, damit endlich mal was passiert. Allerdings mit dem Unterschied, dass hier das Essen ständig am Buffet wartet. Oder Bier und Whiskey an der Bar. So als Zeitvertreib im Allgemeinen. Nur noch 5 Tage, dann gibt es endlich wieder Nudeln mit Gemüse auf dem Campingkocher, selbstgemacht, mit echtem Hunger und ohne Nachtisch. Ich kann es kaum erwarten..

Freiwilligenarbeit

Für Kost und Logis zu arbeiten ist nicht nur eine gute Option um mit kleinem Budget zu reisen, sondern vor allem eine wunderschöne Möglichkeit, in fremde Kulturen einzutauchen und im Ausland schöne Spuren zu hinterlassen. Neben dem bekannten „Freiwilligen Sozialen Jahr im Ausland" kann man auch schon für wenige Wochen bei Projekten, in Gemeinschaften, auf Bauernhöfen, in der Tourismusbranche oder direkt in Familien mithelfen. Im Internet gibt es verschiedene Seiten, die Angebot und Nachfrage zusammenbringen. Man richtet sich dort ein Profil ein, auf dem man sich vorstellt und die persönlichen Fähigkeiten und Wünsche beschreibt.

Während sich das bekannte Portal „wwoofing" auf ökologische Landwirtschaft beschränkt, sind viele andere Plattformen im Arbeitsangebot vielfältiger: Kinderbetreuung, Hostel-Mitarbeit, Fremdsprachen-Nachhilfe oder Renovierungsarbeiten – man kann nahezu alles finden. Es gibt mittlerweile in fast allen Ländern einen bunten Strauß an Möglichkeiten sich einzubringen, ohne spezielle Vorkenntnisse haben zu müssen.

Beliebte Angebote müssen meist mit einer geraumen Vorlaufzeit angefragt werden. Einige Wochen oder sogar Monate sind sinnvoll, da viele Projekte schon weit im Voraus geplant werden. Ebenso lohnt es sich immer gleich, mehrere Anfragen zu verschicken, da man nicht immer mit einer Antwort rechnen darf. Bei der Wahl des Projektes ist es wichtig darauf zu achten, wie aktiv die Gastgeber auf ihrem Profil sind und was andere Freiwillige in ihren Referenzen über das Projekt, die Arbeitszeiten und die Stimmung schreiben.

Wer selbst nicht plant zu verreisen und Hilfe in einem Projekt gebrauchen könnte, kann sich ein Profil als „Host" anlegen und selbst Freiwillige aus aller Welt zu sich nach Hause einladen!

Lust bekommen?
Hier die drei beliebtesten Seiten:

www.wwoof.net
www.workaway.info
www.helpx.net

Bruno ist schon eingeschlafen, das macht er nach unserer ausgedehnten Mittagspause eigentlich immer. Sein Köpfchen wippt im Takt meiner Schritte sanft hin und her. Ich trage ihn in der Kraxe auf dem Rücken und kann mit Hilfe eines kleinen Spiegels sehen, ob er es gemütlich hat. Patrick zieht den Wagen mit unseren Sachen hinter sich her. Über 40 Kilo.

Im Laufe der Wochen

Text — Gwen

aus Europa

Nie schmeckt Essen besser als nach einer langen Wanderung. Da wird schon eine einfache Suppe zur Delikatesse.

Zwölf Kilometer wollen wir jeden Tag zurücklegen, doch meistens laufen wir mehr. Es zieht uns nach Hause. Und trotzdem wissen wir, warum wir die letzten 1200 Kilometer der Reise unseren Knien und Füßen antun

Wenn ich laufe, singe ich. Melodien aus den letzten Monaten, den letzten Jahren. Lieder aus meiner Kindheit kommen mir in den Sinn.

„Ein Vogel wollte Hochzeit machen, in dem grünen Walde...“, summe ich heute mal wieder verträumt vor mich hin.

Wir sind nun seit acht Wochen wieder in Europa. Acht Wochen, in denen wir uns, Schritt für Schritt, unserer Heimat nähern. Langsam schlängeln wir uns durch den Norden Spaniens, über die Pyrenäen. Durchwandern Frankreichs Süden bis hin zur Ardeche. Dann weiter an die Rhone. Die Zeit verläuft sich dabei schön. Vergeht alles andere als im Flug.

„Der Braut, der Braut, der wurd das Hochzeitskleid geklaut...“

Jeden Tag passiert hier dasselbe: Wir stehen auf, machen ein kleines, gemütliches Frühstück vor dem Zelt und Bruno kann solange die Gegend erkunden. Dabei findet er jeden Morgen aufs Neue aufregende Stöcke und Steine, die ausführlich begutachtet werden. Wenn er wieder müde wird, laufen wir los. Wir wandern über Feldwege und kleine abgelegene Straßen, kaufen Käse und Brot in einsamen Dörfern, mundrauben Kirschen, testen in den Pausen Spielplätze, stehen unter Tannen, wenn der Regen kommt und trocknen mit der Sommersonne, wenn wir wieder weiterziehen. Noch nie hatten wir so viel Zeit wie beim Laufen.

„Der Schwan, der Schwan, der hat der Braute Brautkleid an...“

12 Kilometer wollen wir jeden Tag zurücklegen, doch meistens laufen wir mehr. Es zieht uns nach Hause. Und trotzdem wissen wir, warum wir die letzten 1200 Kilometer der Reise unseren Knien und Füßen antun: um nochmal draußen zu sein und in der Einfachheit der Natur die Reise Revue passieren zu lassen.

„Die Eule, die Eule, die kriegt vom Strauß ne Beule...“

Heute ist einer der ersten warmen Sommertage. Rote Mohnblumenkleckse inmitten goldener Felder. Auf der Straße, auf der wir unterwegs sind, begegnen wir kaum anderen Menschen. Wir orientieren uns anhand von Landkarten mit großen Maßstäben. So können wir über kleine Wege eine möglichst ideale Linie laufen. Bruno wacht auf, das Zeichen für uns, ab jetzt nach einem geeigneten Zeltplatz Ausschau zu halten.

Ein kleiner Feldweg biegt links ab und führt durch eine saftige Wiese an einen Waldrand. Ich folge dem Weg bis er sich großzügig ausbuchtet. Ideal! Sichtschutz von der Straße, genug Platz für Zelt und Feuerstelle und dazu noch eine gerade Fläche zum Schlafen. *„Du kannst kommen!“* rufe ich über die Wiese zu Patrick.

„Der Strauß, der Strauß, der spannt dem Bräut'gam die Braute aus...“

Am Anfang des Monats hatten wir viel Regen, da sind wir abends manchmal spontan in ein Hotel gegangen, wenn wir eins finden konnten. Oder wir haben den Wetterbericht angeschaut und schon im Voraus ein kleines Zimmer gemietet, um Regentage abzuwarten.

Jetzt ist es perfekt. Patrick und Bruno suchen Feuerholz, ich schnibble derweil das Gemüse und richte das Zelt ein. Jedes noch so kleine Teil hat seinen Platz. Als sie zurück kommen, hat Patrick die Arme voller Reisig und Stöcke, Bruno zieht einen kleinen Ast hinter sich her und bleibt ständig stehen, um sich die Dinge, die ihm auf dem Weg begegnen, genau anzuschauen. Auf einer Lichtung haben sie gerade eine Wildschweinfamilie beobachtet, erzählt Patrick. Ich bin fast nicht mehr überrascht, sehen wir hier doch ständig wilde Tiere: Rehe, Füchse, Schlangen, Igel, Hasen und jede Menge Wildschweine.

„Der Specht, der Specht, dem wird von zu viel Torte schlecht...“

Das Feuer knistert, ein Topf mit Tee steht in der Glut am Rand. Die Schüssel mit Couscous und Gemüse essen wir inneralb kürzester Zeit auf, wir sind nach den langen Tagen immer unbeschreiblich hungrig. Ja, körperlich ist es nicht immer einfach und doch fallen wir abends glücklich und tiefenentspannt ins Zelt. Es ist so schön, zu Fuß zu reisen. Es ist so schön, der Natur nah zu sein. Irgendwie vollkommen.

„Der Papagei, der Papagei, der kommt aus Mexiko vorbei...“

Vor ein paar Tagen hat es nachts gewittert. In kurzen Abständen leuchtete es im Zelt taghell auf und der Donner war so nah, dass wir glaubten, die Berge würden über uns zusammenstürzen. Wir konnten kaum schlafen vor Angst. Nur Bruno schien von all dem nichts mitzubekommen.

In den meisten Nächten schlafen wir jedoch tief und fest. Und das, obwohl meine Isomatte jede Nacht platt wird und es in unserem kleinen Zelt sehr eng geworden ist, seit Bruno sich bei uns eingenistet hat.

„Der Habicht, der Habicht, der kann am Datum leider nicht...“

Mit 900 Kilometern auf dem Tacho und ordentlich Muskeln in den Waden kommen wir in die Schweiz. Das Jura-Gebirge ist romantisch und erinnert schon an den Schwarzwald. Der Mont Blanc zieht eine Weile im Augenwinkel mit uns, bevor wir wieder auf die französische Seite wechseln und uns dort mit dem Fluß „Doubs“ zusammen durch wilde Täler schlängeln.

Und dann, auf dem letzten kleinen Pass des französischen Juras, können wir weit am Horizont die Silhouette des Schwarzwalds erkennen.

„Der Kuckuck reicht uns einen Strauß und ruft ganz laut „Willkomm'n zuhaus!“

Fidirallala, Fidirallala, Fidirallalalalaaaaaaaaaa..“

Wir laufen auf einer kleinen Straße als Jürg neben uns hält: „Super Teil, dieser Wagen! Woher kommt ihr denn?“ Wir kommen ins Gespräch. Jürg will alles wissen und ergänzt unsere Erzählungen mit Erinnerungen seinerseits. Ach, damals! Und: Oje, jetzt die Resozialisierung. Die was, bitte? Und was hat man da für Symptome bei so einer Resozialisierung? Klingt ja schlimmer als alle Tropenkrankheiten. Er grinst sein sympathisches Lächeln und meint: „ Ja, jetzt kommt die härteste Zeit. Der Alltag kommt so schnell zurück, er frisst dich auf, ehe du dich versiehst. Und es geht so schnell, da besitzt man wieder so unendlich viele Dinge. Man deckt sich ein, häuft sich zu mit Zeug, das man eigentlich gar nicht braucht. Neidisch schaut er auf unsere 45 Kilo, die auf dem Zentaurus thronen. Resozialisierung. Ich werde nervös. Dabei habe ich mich bis jetzt auf das „nach Hause kommen“ so gefreut. Wir reden weiter, hören uns Jürg's Fernweh-Klagen an und freuen uns über ein paar schnell vergangene Kilometer. Am Ende sagt er: *„Mensch, jetzt werde ich die nächsten drei Wochen voller Neid sein.“* Neid auf was? Resozialsierung? Wahrscheinlich werden wir die nächsten drei Wochen neidisch auf Jürg sein. Der hat das schon vor 40 Jahren hinter sich gebracht.

Mit dem „Monowalker“ laufen wir knapp 1200 Kilometer. Patrick zieht auf dem Wagen rund 45 Kilo. Gwen trägt Sohn Bruno bis vor die Haustüre der Großeltern, die nach 15 Monaten ihren Enkel zum ersten Mal bei sich zu Hause haben.

Immer wieder wurden wir gewarnt: Das Reisen mag wohl leicht sein, doch die Heimkehr ist tückisch. Da fallen Langzeitreisende in ein Loch. Die Erkenntnis, dass die Heimat einfach nicht so aufregend ist wie die große weite Welt, ist für viele eine ernüchternde, lähmende Erkenntnis. Das Tief, das die Heimkehrenden realisieren lässt, dass man nicht mehr einfach seine Sachen packen kann, wenn es mal kompliziert wird und die gesellschaftliche Anforderung, auf dem Provisorium des Unterwegsseins plötzlich wieder ein festes, langfristiges Fundament zu errichten, können erdrücken.

Als wir noch unterwegs waren, konnte ich diese Sorgen nicht nachvollziehen. Voller Freude auf das Zuhause habe ich den Heimweg angetreten. Stundenlang habe ich mir vorgestellt, was ich alles Schönes mit Freunden und Familie erleben werde. Endlich mal wieder einen Kleiderschrank, endlich mal wieder eine Brezel, endlich mal wieder wissen, wo man bekommt, was man sucht. Jetzt sind wir schon wieder vier Monate in Deutschland. Der Herbst kriecht unter der Türspalte zu uns in die Wohnung. Und langsam beschleicht mich das Gefühl, dass all die Leute, die uns gewarnt haben, vielleicht auch ein bisschen Recht hatten.

HEIMKEHR

DENN DANN SIND WIR SO WEIT
IN DEN OSTEN GEREIST,
DASS WIR ÜBER DEN WESTEN
WIEDER ZURÜCK GEKEHRT SIND.

Wir kamen zuhause an – ich habe mich unendlich auf die erste Nacht in meinem alten Bett gefreut. Doch schnell wurde mir klar, dass ich nicht wieder dort anknüpfen kann, wo ich vor mehr als drei Jahren aufgehört habe. Noch in der ersten Woche habe ich mein altes Zimmer im Haus meiner Eltern umgestellt. Habe Bilder von den Wänden genommen, das Bett in eine andere Ecke geschoben, den Schrank verrückt. Einfach, um mir Raum zu schaffen. Die Kisten mit meinen Kleidern auszupacken war ernüchternd. Wie oft hatte ich mich auf diesen Moment gefreut. Endlich wieder die alten Lieblingsstücke tragen zu können. Doch ich kam mir vor, als würde ich die hinterlassenen Kisten einer Fremden durchsuchen. Die Kleider passten nicht mehr zu der Gwen, zu der ich geworden war. Waren Vergangenheit. Wochenlang trug ich Kleidung, die ich früher eigentlich nie mochte.

Wer für lange Zeit loszieht, schließt eine Türe seines Lebens und öffnet eine neue. Es ist einer der Momente, in denen man die Möglichkeit hat, sich neu zu erfinden. Man wird mit und an der Reise wachsen, dessen ist man sich sicher. Und so kommt es auch. Die Zeit, in der man durch die Welt zieht, verändert.

Die Herausforderung der Rückkehr besteht also darin, die Person, die man auf der Reise geworden ist, mit der Person, die man vor der Reise zuhause war, zu verbinden. Gelingt das nicht oder verfällt man gar komplett wieder in die alten Muster, entsteht das Gefühl, nur auf Reise sich selbst zu spüren, ganz das neue Ich zu sein. Man muss wieder los. Die Heimat erscheint zu eng.

Wenn das erste wirkliche Tief kommt, wird es wahrscheinlich schwer sein, nicht dem so verinnerlichten Impuls zu folgen, die Sachen zu packen und wieder loszuziehen. Denn letztlich funktioniert Reisen auch nach diesem Schema. Und es ist auch das ein Teil dessen, was wir als so großen Freiheitsgewinn empfinden, wenn wir auf Reise gehen: Immer aus dem Moment heraus zu entscheiden, ob man an dieser Stelle bleibt oder lieber weiterzieht. Man neigt dazu, bei Konflikten oder Unwohlsein den Rucksack zu packen und geografisch als auch innerlich mit der Situation abzuschließen. Der eine mag das als Flucht bezeichnen, der andere als maximale Freiheit.

Wer zurückkommt von einer großen Reise, wird sich mit einer schwierigen Situation konfrontiert sehen, da bin ich mittlerweile sicher. Ohne dass wir es lange und ausführlich durchdacht haben, ist uns diese Rückkehr gut gelungen. Zum einen weil wir sie langsam, Schritt für Schritt, angegangen sind: Wir haben uns nicht innerhalb weniger Stunden von einer Welt in die andere geworfen und von der neuen Person in die alte zurückverwandelt. Ganz intuitiv haben wir uns Zeit gelassen, uns langsam wieder an das „Früher“ heranzutasten. Zum anderen haben wir uns zuhause gleich ein neues Projekt gesucht, dass uns sehr beansprucht hat und uns eine Aufgabe gab.

Und auch Bruno hat einen großen Teil dazu beigetragen, dass wir weich landen konnten. Die Rückkehr war durch ihn sowieso ein Neuanfang.

Lasse dich fallen.
Lerne, Schnecken zu beobachten
Pflanze unmögliche Gärten.
Lade jemand Gefährlichen zum Tee ein.
Mache kleine Zeichen, die „ja" sagen und
verteile sie überall in deinem Haus.
Werde ein Freund von Freiheit und Unsicherheit.
Freue dich auf Träume.
Weine bei Kinofilmen.
Schaukle, so hoch du kannst mit einer
Schaukel bei Mondlicht.
Pflege verschiedene Stimmungen.
Verweigere dich, „verantwortlich" zu sein.
Tue es aus Liebe.
Mache eine Menge Nickerchen.
Gib weiter Geld aus.
Mache es jetzt.
Das Geld wird folgen.
Glaube an Zauberei.
Lache eine Menge.
Bade im Mondlicht.

Träume wilde, phantastische Träume.

Zeichne auf die Wände.

Lies jeden Tag.

Stell dir vor, du wärst verzaubert.

Kichere mit Kindern.

Höre alten Leuten zu.

Öffne dich.

Tauche ein.

Sei frei.

Preise dich selbst.

Lass die Angst fallen.

Spiele mit allem.

Unterhalte das Kind in dir.

Du bist unschuldig.

Baue eine Burg aus Decken.

Werde nass.

Umarme Bäume.

Schreibe Liebesbriefe....

und ich sage: Tanze so viel wie möglich!

HOW TO BE AN ARTIST
SARK

Noelia

Schweizer, Deutschland; Felix Hosenseidl, Deutschland; Yvonne, Patrick, Lilli und Mayla, Deutschland; Jan und Anne, Basel; Flammenku- milie Bernhard und Christine, Frankreich; Stephan, Frankreich; Stefan, Schweiz; Michael und Nathalie, Frankreich; Katharina und Silvan, ich; Karin und Francois, Frankreich ; Daniel und Kinder, Frankreich; kiffender Ziegenhirte, Frankreich; Cornelius, Frankreich; Die Pferdefrau Wohnwagen, Frankreich; Samir und Gloria, Katalonien; Violan und Georgi, Katalonien; die Wurst Familie, Katalonien; Mirjam, Paulina, Indra, nd Elmi; Kai Fuchs und der Monowalker, Deutschland; Konrad, Atlantik; Gosia und Michal, Atlantik; Agi, Costa Rica; Jorge aus Merida, Me- ri und Wolf, Mexiko; Martin und Familie, Mexiko Thomas und Marie, Belize; Gloria und Familie von Sattvaland, Belize; Grenzbeamtin die uns umfänger abkauft, Belize; Micha und Sina für den Kameraversand, Deutschland; Arjen und seine Eltern, Nicaragua; SAT Behörde, Nicaragua; into, Nicaragua; Jürgen, Theo, Anabelle und Wolfi, Nicaragua; Colibri Escuela, Nicaragua; Frank und Jessy, Nicaragua; Noelia, Nicaragua; mechaniker die in 10 Minuten unser monatelanges Kupplungsproblem lösen, Nicaragua; Papageien, Honduras; Bananenverkäufer, Honduas; Ruinen-Kontrolleur, Honduras; Pupusas, El Salvador; Michelle und Jared von Love Probiotics, Guatemala; alle lieben Leute aus dem Cafe ido, Guatemala; Sasha und Ian, Guatemala; warmer Wasserfall, Guatemala; blauer Mais, Guatemala; Frau auf der Straße, schenkt Bruno ein d, Guatemala; Shad und Atitlan Organics, Guatemala; Hans, Guatemala; Luisino und Familie, Guatemala; Thomas und Manuela, Deutsch- arlene und Uwe, Mexiko; Alle an uns denkenden für die lieben mitgeschickten Geschenke, Mexiko; Klara, Mexiko; Christopher, Amelia und n, Mexiko; Hannah, Mexiko; Chugas, Andrea und Metseri, Mexiko; Alle Mechaniker, Mexiko; Pepe und Alexandra, Mexiko; All die State Troo- uns vor den mexikanischen Aliens beschützt haben, USA; Francesca und Lupita, Mexiko; Julia und Carsten, Mexiko; Miguel, Mexiko; Stefan, Carlos, Mexiko; Julia und Carsten, Mexiko; LKW Fahrer nach Guadalajara, Mexiko; Juliano, Pazifikfrachter; Marian, Pazifikfrachter; Sayo, Paar mit Tour, Japan; Japaner mit den vielen Geschenken, Japan; Ali, der japanische Pakistaner, Japan alle Käufer unserer mongolischen Südkorea; Kimbab (Koreanische Sushirolle), Südkorea; Adam und Rachel, Südkorea; Dungge und Familie, Südkorea; Das Auto voller High- Freundinnen, Südkorea; DJ bringt uns zurück auf Highway, nachdem uns Polizei dort weggefahren hat, Südkorea; das wieder gute chinesi- sen, China; Josh und Wendy, China; chinesisches Päarchen, das uns vom verlassenen eisalten Highway rettet, China; Mathematikprofessor ne Schüler, China; Leifur, Alex, Ronan und Gloria, Mongolei; Mendes Schamanen Freunde und Familie, Mongolei; 3 russische Geschäftsmän- die Vodka-Salami-Pause, Sibirien; Maschrutkafahrer will kein Geld, Sibirien; Vitalia und Valeria, Sibirien; die Quelle am Waldrand, Sibirien; der Maschrutka die uns segnet, Sibirien; Nathalia, Slava und Sascha, Sibirien; Engel Marina, Sibirien; Vasiliy, Sibirien; Elena, Sibirien; Mar- omas und Muemmelmann !!! , Sibirien; Walddorfschule Irkutsk und alle lieben Menschen, Sibirien; Igor, Sibirien; Die im Auto singenden, , russische Band, Sibirien; Natsagdorj Togtokhbaatar von Nomaden Reise fuer das Mitbringen der Reisepaesse, Mongolei; Sanddorn Fami- golei; Den Eisverkaeufern beim Trampen, Mongolei; Baggi und Schampaa, Mongolei; Dem schoenen Fluss in der Nähe von Moron und seiner schung, Mongolei; Tome und ihre 7 Kinder, Mongolei; Baga und Shampa, Mongolei; Mendee, Altantoulou und Familie, Mongolei; Ijiriskul mpa, Mongolei; Oonoo, Mongolei; 600km Mann im schnellen Auto, China; Omar und Anwar, China; Jarod und seine liebe Mum, China; Dong Zi, Photostudio, China; Wang Dan, Wang Ning, China; Emely, Mr. Loo und Dodo und der Ausflug ins Atomkraftwerk, China; Jacques Geffrier, Der uigurische Strassenkünstler ohne Namen, China; Abdilla und die; Music Typen, China; Jen und Alan, China; BABA JEE KULFI, Pakistan; st- und Gemüseverkäufer um Mohammad, Pakistan; Qayum, Pakistan; Noor Ali die 2 te, Pakistan; Anila und Familie, Pakistan; Azum Chitzakaz n Gopal, Nepal; Super leckeres und billiges Restaurant ohne Namen, Nepal; MANGOS, Nepal und India; Roel, Pablo, Sophie und Gens, Me- utschlandIndien; Yungdrung und Tsering, Nepal; Allen Yaks um den Annapurna für ihren Käse, Nepal; Lassi Stube Kathmandu, Nepal; Anna, oe, Nepal; Krankenwagen, Indien; Sandesh und Familie, India; Bus nach Varanasi, India; 2 Männer im Renault nach Allahabad, India; Laive ieler, India; Giri der Schneider aus Pushkar, India; Bang Lassi und Schokokuchen, India; Ram und Familie, India; Half Moon Beach Freunde, lefanten am See und im Wald, India; Sarjeev und Familie, India; Vanamoolika, MR. Chakkochan, MR. George, Tangomaze, Bushba, Rita, die Damen aus dem Office und alle anderen, India; Maria und Anith, India; Touristenbuero in Allepy, India; Lake and Paddy in India; Sandosh aus den Backwaters, India; Christian, England; Hotel Krishna in Calicut, India; Sophie fuer Freund- und Lachen, India; Nirav und Kisscut, India; Nisarg, die ganze Familie und Verwandtschaft, India; Sanjay und Fami- a; Golden Tempel, India; Ali zur Grenze, Pakistan; Noor Ali und Cousin, Pakistan; Lahore Backpackers von Pakistan; Patrick, Irland; Asif und Anwar, Pakistan; Abdull Habib, Yasser und seine Familie, Pakistan; Khalib unde, Pakistan; Railway Baba, Mister Anita und; Mis- ter Bart, Pakistan; Belal Polizei Quetta, Pakistan; Alle Eskorts der LEVIES, Pakistan; Amir and Family, Iran; Hamid, Iran; Reza, Iran; Taxi, Iran; Mohammad und seine te Familie, die uns nicht im Freien schlafen lassen wollten, wegen der Diebe, Iran; Hussein, Abusan, Abus- 3 von der Tankstelle, Iran; Ayria, Badman, Mister T, Iran; Ramin, Iran; Iman, Iran; Anette, Daniel, Julia, Karl, d Erwin, Iran; Ali, Marzie and Family, Iran; Die Motor- radverleiher, Iran; Pascal, Deutschland; Anette Bernbeck, hab Wüstenjunge, Iran; Die Fossiliensucher aus Ano- rak, Iran; Lubo, Slovakia; Ahmad, Iran; Mohammad, Iran; ran; Opium-rauchender LKW Fahrer, Iran; Tabi, Iran; Ibra- hin nach Khaled e Nabi, Iran; Hossein, Iran; Mahbube und Iran; Gwen und Patrick als Küken, Iran; alle (gefühlt) 138 Cousins und Onkels von Majid, Iran; Majid und seine wunderba- rn, Iran; Arman vom Hotel Babol, Iran; Amir, Iran; Soudeh, Sara und Amra, Iran; Farzad, Nasi, Arad und Familie, Iran; Karam und Familie, Iran; pfelmann und Schwester, Berg-Karabach; Samuel, Berg-Karabach; Huk der Geologe, Berg-Karabach; Emma und Elmi, Deutschland; süßer rer, Armenien; Jura mit Bier, Armenien; Remi und Matruschka, Armenien; Streifenpulli Russen, Armenien; Esperanto Georgier, Georgien; schönes TBILISI, Georgien; Ulrich Drescher, Deutschland; Goga und Georgie, Georgien; Anna, Georgien; Die Datscha von Tsira, Georgien; scher Kamaz und Fahrer im Regen mit Vodka, Georgien; Georgischer Wald und Pilztown, Georgien; Georgie vom Stadtstheater Tbilisi, Ge- Eva und Anne, Deutschland; Paata und Konsorten, Georgien; Retter im Regen Suleman, Türkei; Rize Sahil Lahmacun Salonu, Türkei; Metin, hrender Strassenpädagoge, Türkei; Pauli und Chredou, Deutschland; Elisabeth und Sibylle, Deutschland; Bäcker Vakho, Georgien; Leon an, Georgien; Die grüne Hof Tbilisi WG. Mit Harald, Mathis, Sven, Moritz,Tsira, Boris und Bibbi, Georgien; Murat alias Marco und Ismael, dschan; Sharif und Familie, Aserbaidschan; der alte Bauwagen am Strand, Aserbaidschan; Serena und Mädels, Aserbaidschan; Gurbanaly, dschan; Grünwald, Aserbaidschan; Pavis, Aserbaidschan; Agadashs çay Cafe, Aserbaidschan; die 10 cent Apfeltaschen in „Final" in Baku, dschan; Hotel Noahs Ark Baku, für kostenlose Registrierung, Aserbaidschan; Mutlu, Aserbaidschan; Solvej und Michael, Deutschland; Rafis , Kasachstan; Maxim durch die Wüste, Kasachstan; Dr. Igor, Kasachstan; Aksal und Familie, Kasachstan; Maxim, Kasachstan; VW Bus Maxim, stan; Sascha uns Sascha, Kasachstan; Langstrecken-sergey, Kasachstan; Diesel Cowboy, Kasachstan; Captian, Kasachstan; Adilby und Fa- asachstan; Miram und Familie, Kasachstan; Sir Plov, Kasachstan; Betonmischerfahrer, Kasachstan; Kioskverkäufer Shymkent, Kasachstan; Kasachstan; Musiker Mahamad und Artik, Usbekistan; Mohammed Busjunge, Usbekistan; Bimp, Usbekistan; Stanislav und Familie, Uzbekis- ra und Ibrahim, Tadschikistan; Suchrob, Tadschikistan; Grenzpolizisten mit Arbus, Tadschikistan; Mohamed Kengulina, Tadschikistan; Kefir kistan; Davronbek und Familie, Tadschikistan; Murat der Kuhhändler; Nina, Pamir; Dunja, Mann und Brautpaar, Tadschikistan; Maradona Familie Picknicktisch, Pamir; Muslim, Pamir; chinesische LKW Fahrer, Pamir; Nadja und Onkel, Pamir; Familie Mayedan, Pamir; die Hütte Eselhirten, Pamir; Esel Kjiescha und Malinka, Pamir; Hotel Pamir für Dusche, Pamir; Usenbei and Familie Murgab, Pamir; Schutka Schutka Mischa Achsenbruch, Pamir; Ibrahim Honigmann, Kirgistan; Munduz Tourist Osh, Kirgistan; die Pferdehüter, Kirgistan; das Pferd ohne Na- rgistan; Temir, Ruslan and Family, Kirgistan; das tote Schaf..., Kirgistan; Omur and Ulan, Kirgistan; Familie Sakirov; Crazy Elias, Kirgistan Kirgistan; All Kids in Almaty Center, Kasachstan; Impossible Sebastian, Belgien; Uki Uki, Kasachstan; Walepa, Kasachstan; Russlan der König, Kasachstan; Simjon, Kasachstan; trampender Russischlehrer Jergen, Kasachstan; Sleepless Andrej, Kasachstan; Dick und Doof, Russ- f Raudi, Russland; Vladimir, Natascha und Baba Soja, Russland; 3 betrunkene Baschkiren, Russland; Dinara und Musch, Russland; Früchte- ; Armen, Russland; Stephan und Dimitri, Russland; Valnus, Russland; Ali Hustuvastia, Russland; LKW Fahrer Victor, Russland; Frank Klaafs hland; Florian Kech, Deutschland; Stephan Schneider, Deutschland; Lotte, Laila und Felix Deutschland; Ingo und Capuccino, Deutschland Janna, Russland; Anton auf dem Roten Platz, Russland; Ivan und Nadja und süßer Hund, Ukraine; Baba Uljana, Ukraine; Alle Freunde vom estival Obyrok, Ukraine; Leonid, Diana, Patagonia, Magda,Katja und Max, UkraineM Oli und Alji, Ukraine; Max, Ukraine; Leo, Ukraine; Jäger oldawien; Faisil Hanif, Moldawien; Sergiu, Moldawien; Ciprian Cucu-Man, Rumänien; netter Chef aus Tankstelle in Tecuci, Rumänien; OMV lle Galati, Avadamii Catalim, Rumänien; Holy Arpat Globadroder, Rumänien; Tador Petrov, Bulgarien; Donaufischer Sascha, Dragan und Cira ; Taxi Ljuba, Serbien; Rade und Familie Tomic, Serbien; Metzger Slobodan, Serbien; Marko, Kafana Karadorde, Serbien; Marie, Arnu, Philipo Oblique, Slowenien; Jaka, Slowenien; Raststaette Rosenberger, Herr Koenig und Frau Brigitte, Oesterreich; Machil, Deutschland; Christine go und Wolf Dieter Storl, Deutschland; Sabri, Deutschland; Jasmin, die erste die uns mitgenommen hat!; Wolfgang Sebert, Deutschland; alle iter der ADCO; Josef Gharibian, Deutschland; Lennart Schweizer, Deutschland; Philip Rämsch, Deutschland; Julian Henschel, Deutschland eukert, Deutschland; Familie Weisser, Familie Allgaier für Liebe und Vertrauen; alle Partygäste

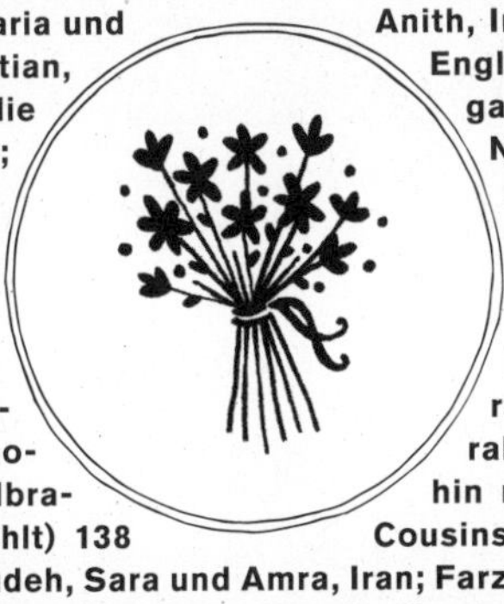

Reklame

Die self-made Doku „WEIT." erreicht im Freiburger Programmkino in nur wenigen Wochen über 25.000 Zuschauer und wird, zur Überraschung der Kinobetreiber und Filmemacher selbst, einer der erfolgreichsten Filme in der Geschichte des Freiburger Kinos. Authentisch und besonders nah zeigt „WEIT." die bunte Vielfalt der Welt und gleichzeitig, dass Gastfreundschaft und Offenheit überall zu finden sind. Mit reisephilophischen Gedanken und dem Vertrauen in Mensch und Natur entlassen die Globetrotter ihre Zuschauer aus dem Kino und hinterlassen eine nachhaltig positive Stimmung.

Nachwort

„Es ist eine Reise um die Welt, eine weite Reise. Sie führt uns durch viele Länder und auch über die Meere. Nur fliegen, fliegen werden wir nie. Immer wollen wir die Erde berühren. Ein kleines Budget und zwei oder drei Jahre lang Zeit!"

Mit diesen Worten haben die 28 Episoden unserer Webserie „WEIT. Geschichten" begonnen. Mit diesen Worten wollen wir nun das Magazin schließen. Denn für uns bedeutet die Abgabe der Druckdaten, genau wie die Fertigstellung des Filmes „WEIT. Die Geschichte von einem Weg um die Welt", den eigentlichen Neubeginn. Wie es weitergeht? Das werden wir sehen. Die Reise hat uns gezeigt, dass es oft anders kommt als geplant und hat uns aber auch die Zuversicht geschenkt, dass das Träumen und Ideen zu folgen, weit bringen kann. Und an Träumen, an Träumen mangelt es nicht.

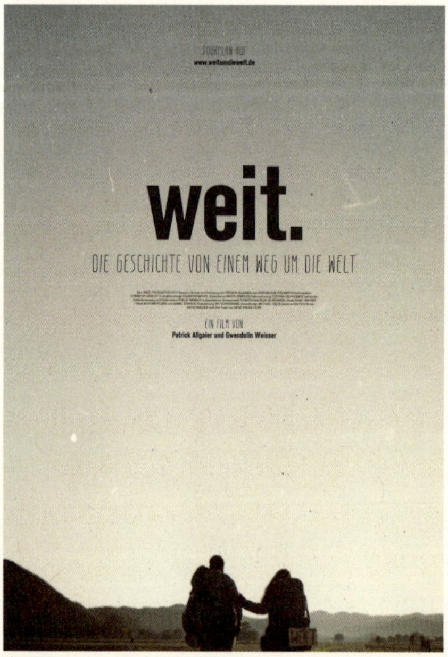

Ab dem 8. Juni 2017 läuft „WEIT." deutschlandweit im Kino und ist ab Herbst 2017 als DVD oder Blu-Ray erhältlich:

www.weitumdiewelt.de

Über uns

Gwendolin Weisser

Gwendolin Weisser wurde als viertes von fünf Kindern im Sommer 1992 im Schwarzwald bei Freiburg geboren. Schon in ihrer Kindheit verbrachte sie die meiste Zeit draußen im Wald hinter dem Haus, wo sie mit Freundinnen auf einer alten Burgruine spielte und später regelmäßig übernachtete.

Gwen hat während ihrer Schulzeit an der Freien Waldorfschule Freiburg St. Georgen viel Zeit damit verbracht, Reisepläne für die Zeit nach dem Abitur zu schmieden. Ferien wurden grundsätzlich für Reisen durch Europa genutzt – damals meistens auch schon per Anhalter. Ebenso engagierte sie sich bei der Jugend-Filmgruppe „Blackwood Films", wo sie dann den Kameramann Patrick kennen lernte.

Nach dem Abitur im Sommer 2012 arbeitete sie in verschiedenen Jobs, um Geld zu verdienen für die Weltreise. Im März 2013 machte sie sich zusammen mit Patrick auf den Weg.

Patrick Allgaier

Patrick Allgaier wurde im Sommer 1983 in der Nähe von Freiburg geboren. Er wuchs mit zwei kleineren Schwestern auf und verbrachte seine Kindheit zu großen Teilen auf dem Rasen des ansässigen Sportvereins oder im Stadion des SC Freiburg.

Patrick absolvierte 2001 das Abitur am Faust Gymnasium in Staufen. Auf seinen ersten Reisen, die ihn unter anderem nach Neuseeland, Syrien oder Afrika führten, hat er die Leidenschaft für das Filmen entdeckt und danach als freiberuflicher Kameramann erst für TV-Südbaden und später für verschiedene Produktionsfirmen und Fernsehsender (SWR/ARD) gearbeitet.

Im März 2013 packte er seine Sachen, um mit Freundin Gwen auf große Weltreise zu gehen, dabei durfte natürlich die Kamera nicht fehlen.

Seit Mai 2015 sind Gwen und Patrick Eltern von Bruno, der in Mexiko geboren wurde.

Nachruf

Ein Hirte. Geschnitzt in Holz, gedruckt auf Papier. Von POT.

Das analoge Foto, das als Grundlage für den Holzschnitt diente, entsteht 2011 auf einer von Patricks Reisen durch Aserbaidschan. Zuhause verwandelt es der Künstler, Nachbar und Freund Pot in einer Nacht zu diesem Druck.

Pot übernimmt 2013 unsere Wohnung, als wir auf Reise gehen. Wir verlassen ihn mit dem festen Vorhaben, nach der Rückkehr weitere gemeinsame Werke zu erstellen – doch leider durften wir Pot nie wieder treffen. Er verstarb vollkommen unerwartet im Frühjahr 2014, obwohl er noch einen halben Lebensweg vor sich hätte haben sollen. Wir vermissen mit ihm einen unglaublich präzise arbeitenden und feinfühligen Künstler. Aber vor allem einen Freund, der uns besonders in den letzten Monaten vor der Reise sehr ans Herz gewachsen ist.

Herausgeber
weit GbR
Bundesstraße 36
79238 Norsingen

Texte
Gwendolin Weisser,
Patrick Allgaier

Konzeption
Gwendolin Weisser, Patrick
Allgaier, Julian Henschel

Gestaltung
Julian Henschel
http://julianhenschel.com

Fotos
Patrick Allgaier, Gwendolin Weisser,
Patrick Burke (S. 124-128), Anne
Danner (S. 60), Janik Gensheimer

Illustrationen
Marta Samalea
http://rovingsnails.com

Lektorat
Urs Eckelt, Martina Weisser

2. Auflage
3.500

Papier
Papyrus RecyStar© Nature

Druck
PFITZER GmbH & Co. KG
Benzstraße 39
71272 Renningen
Deutschland

Kontakt
http://weitumdiewelt.de
weitumdiewelt@gmail.com

Danke
Martina Weisser, Elisabeth Brückner,
Meera Stenger, Oma Rita Allgaier,
Indra Küster, Emma Weidner, Anselm
Salewski, Mark Schulze, Micha Klein,
Maike Schamotzki, Janik Gensheimer,
Thomas Weisser, Martin Weisser,
Eva Allgaier, Alfred Allgaier

ISBN 978-3-00-055458-2

Wenn das Magazin ausgelesen ist und niemand mehr gefunden werden kann, um darin zu stöbern, bieten sich die Seiten bestens als Starthilfe für ein Lagerfeuer an. Irgendwo, mitten im Zauber dieser Welt...